人性較 量

人工智慧？
憑什麼勝過
我們

布萊恩・克里斯汀——著
朱怡康——譯

BRIAN
CHRISTIAN
Co-author of
*Algorithms to
Live By*

THE
MOST
HUMAN
HUMAN

What
Artificial
Intelligence
Teaches Us
About
Being Alive

現代人在螢幕前消磨的時間越來越多。
不論是在螢光燈下或是在小隔間裡，
大家不是在傳輸就是在接受電子資訊。
在這樣的互動裡，什麼叫「做人」？什麼叫「活著」？
人性又該怎麼表現？
——大衛·福斯特·華萊士（David Foster Wallace），美國作家

獻給我的老師們

本書用法

本書原註、譯註和編註都放在出現的頁面下緣，少數註解會落到下一頁，此時請參照編號閱讀；參考資料條列在各章末尾，參考資料前的數字為出現於原著中的頁碼，中文版排於左頁左側和右頁右側邊緣，加了底線的數字即是原著頁碼。

原著頁碼

中文版頁碼

原註、譯註和編註

目　錄　　　　　　　　　　**Contents**

如果有一天我們造出精巧到可說能思考的機器，要怎麼知道它有這個能耐？電腦科學先驅艾倫‧圖靈為此提出一項實驗：分別讓電腦程式和真人參賽，由評審團透過電腦終端機向他們提問，再分辨哪個是人、哪個是電腦──這就是今日人工智慧（AI）族群年度盛事「圖靈測驗」（羅布納獎）的由來。不論有沒有程式通過圖靈測驗（騙過三成評審），比賽都由得到最高票和最多信心分數的程式獲勝，頒予「最人模人樣電腦獎」與獎金；獲得最高票和最多信心分數的人，則會獲頒「最人模人樣人類獎」。為了與世界頂尖的 AI 程式對決，我得設法釐清人和機器的差異，並且盡力表現人味……

在機器的世界，驗證身份靠的是內容（密碼和PIN等），在人類的世界，靠的則是形式（如聲音、筆跡和說話風格）。「設計機器人不是寫程式，而是寫小說。」程式三度獲得亞軍的程式設計師丹辰科和維索洛夫如是說。他們強調由單一設計師構思機器人的反應很重要：「得先選好由誰負責勾勒機器人的個性。寫處理流程的知識基礎就像寫書……」講到「寫書」，就不能不談風格和內容孰重，以及如何表現獨到眼光，近來關於翻譯機的辯論多半圍繞這類問題打轉。幾十年來，翻譯機計畫的目標多半是以語法為基礎去理解語言，不過到了 1990 年代，運用統計運算的機器翻譯方式異軍突起，讓意義的問題憑空消失。

[3] 遊走的靈魂

57

The Migratory Soul

電腦科學領域很早就分成兩個陣營：有些研究者追求更整潔的演算法結構，另一些人則投入較為雜亂的結構。神經網絡、類比計算和統計式運算等，至少從1940年代早期起就引起科學家的興趣，但直到本世紀之交，主導的始終是以規則為基礎的演算法模式。機器翻譯暴露了演算派的偏限──在2006年的NIST機器翻譯賽，大獲全勝的一支Google隊伍中，沒有人懂比賽裡的阿拉伯文和中文。五年過後，雖然「統計式」翻譯技術仍不完美，但規則式翻譯程式已看不到它的車尾燈。另一個讓左腦式嚴謹分析方式徒呼負負的是使用者經驗，它重視的並非機件的純科技性能。電腦研發重心的這種轉變，反映出不獨以人類智能的複雜性和能力為尚，也珍惜它感性、靈活、能反應的特色。我們忘了什麼值得讚嘆，而電腦正提醒我們。

[4] 量身打造 vs. 統一規格

95

Site-Specificity vs. Pure Technique

最早引起廣泛注意的電腦對話程式是ELIZA，由約瑟夫・維森班在麻省理工學院完成。ELIZA程式碼只有幾百行，表現卻好得令人尷尬：很多第一次和她談的人都深信，自己在和真人交談；有些人和她聊了數個鐘頭後表示，這是非常有意義的治療經驗。醫界有專家表示：「若能證實這種方式有益，它可望成為普遍運用的治療工具，彌補治療師不足的問題。一套電腦系統同時和好幾百名病患談一小時應該不成問題。系統的設計和操作都需要人類治療師參與，因此電腦非但無法取代他們，反而能讓他們提升效率。」然而維森班卻立刻掉轉職涯方向，成為最激烈反對AI研究的科學家。ELIZA是他的遊戲之作，以羅傑斯派心理治療師為範本去設計，擷取使用者話裡的關鍵詞彙當作回應，不知如何回話時就丟句無關痛癢的話──它只會這一招。

20世紀最大的AI戰役發生於1997年5月，由超級電腦深藍對戰西洋棋特級大師加里・卡斯帕洛夫，獲勝的是電腦。這下大家要不認為人類囂張不下去了，就是自我安慰下棋不過是雕蟲小技，但卡斯帕洛夫賽後表示：「這不算。」他認為深藍也沒贏。在電腦互相對奕時，開局棋譜往往能直接決定勝負，到21世紀初新一代棋士以電腦記譜成風，死背幾千種開局棋譜就可能勝過真正具分析資質的棋士，對此棋王鮑比・費雪驚駭地說：「對弈雙方真正開始思考的時間越來越後面。」許多世界級棋士都服膺「棋譜稱不上人」，據說連深藍首席工程師許峰雄也講過，他想「真正下一場世界棋賽，而不是在家裡寫開局作業」。

羅布納獎剛舉辦那幾年，主辦方為了讓電腦有機會拚命一搏，於是給對話設定主題。當時的AI研究多半聚焦於「專才系統」，亦即只專精特定任務或技能（例如西洋棋程式）。「要是把話題縮到一定程度，假裝對話和真對話的界線會漸漸消失。」人工生命領域的學者戴夫・艾克利教授說，「客服電話選單的語音辨識系統就是這樣。你把他們框在幾個選項裡，他們要嘛報數字，要嘛說『總機』，不然就是摜一句『幹恁老師』。」限定對話範圍因爭議不斷而在1995年取消，不料參賽者好像都有用泛泛之談煩死對方的默契，結果慘不忍睹。有些人批評獲獎者都是些「玩票的」，其實他們百分之百是專業人士，只是他們設計來賺錢的機器人是「專才型」，用來贏圖靈測驗的是「通才型」。

電腦科學理論的第一個分支是「可計算性理論」，它關切計算機的理論

模型和這類機器能力上的理論限制；它只在乎可不可能計算，完全不管計算得花多少時間。後來的電腦理論家則發展出「複雜性理論」，它不只思考機器的終極能力，也將時間、空間等因素納入考量，在資源有限的脈絡下評估其表現能力。語言學家諾姆・杭士基的理論類似圖靈時代的可計算性理論，他視為研究客體的典型語言形式顯然排除「實際運用語言知識時……非關文法的因素」，聊天機器人的語言模式也是這種高度理想化的典型語言，由此看來，語言學和電腦科學的情況很像：在「典型」過程與「實際表現」之間，有相當大的變化空間。身為人類參賽者，我打算卯足全力運用這個空間。

[8] 地表上最糟的證人
The World's Worst Deponent

在討論西洋棋程式時，我們基本上把「極小－極大」和「極大－極小」演算法當成同一種競賽邏輯。棋賽是「零和」遊戲，一個人要贏意味著另一個人得輸，沒有「雙贏」這回事，所以從數學上說，極小化對手的贏面和極大化自己的贏面是一體兩面。從哲學角度來看，對話和下棋間最重要、或許也最南轅北轍的差異正在於此。對話在圖靈測驗裡的作用是「展現人性」，非零和的性質無庸置疑。好的對話不是「極大化極小」或「極小化極大」，而是「極大化極大」，讓雙方都能講出精彩的東西──對話是合作演出，而非一較高下。有趣的是，很多羅布納獎評審把參加圖靈測驗當開庭，常自動切換成詰問、作證和交叉辯論模式，更詭異的是，有不少人類參賽者也以為進了法庭。

[9] 汝不可一成不變
Not Staying Intact

繼ELIZA之後引起大轟動的聊天機器人是1972年的PARRY，由精神病學家肯尼斯・寇爾比設計。ELIZA模仿心理治療師，PARRY模仿妄想型思覺失調症病人；ELIZA依循「案主中心療法」的理論，奉行「反映式傾聽」；PARRY則一馬當先取得對話主導權，並死抓不放。這兩個程

式在1970年代早期對談了幾場，彼此特色盡顯，並完美反映出對話的兩大災難：一個極端是冷血、不夠自我，另一極端是溫血、太過自我。圖靈測驗難度極高的原因之一是：語言不是棋局，它沒有固定規則與必殺絕技，它不斷在變，雲遊於一切「解決方案」之外。正如ELIZA的設計者維森班所說：「我很驚訝居然有那麼多人聽說ELIZA之後，以為它對電腦理解自然語言的問題提出了通解……我一直想講清楚：這問題不可能有通解，這樣說吧，連人類都不算是這種通解。」

[10] 高度驚異　　257
High Surpisal

加快簡訊打字速度很依賴「預測」演算：手機要能猜出你接下來想打什麼字、要能自動更正錯字（有時還更正過頭），要會很多諸如此類的事──這就是資料壓縮起作用的時候。夏農在〈通訊的數學理論〉裡得出如下驚人結果：預測文字和產出文字在數學上是相等的。能像人一樣穩定預測你想打什麼字的手機，就跟能像人一樣回信給你的程式一樣聰明，美國青少年可說平均每天參加約莫八十場圖靈測驗。「東西的資訊量可以測量」是最基本的「資訊熵」概念，而有損壓縮乃是語言的本質，它既暴露語言的缺陷，也彰顯語言的價值。大家經常批評一般人貪圖便利，只讀書摘卻不好好讀書──拜託！假如《安娜・卡列尼娜》的資訊熵超低，用篇幅百分之一的書評就能講完它六成內容，那問題出在托爾斯泰身上。

萬千美麗就在林間

當變色龍變換膚色

當螳螂撲上枝葉

當枝葉抽出新芽

當新芽茂密成蔭……

——理察‧威爾伯（Richard Wilbur），美國桂冠詩人

———————

如果形上學能改善日常生活，倒是不錯，不然還是忘了它吧。

——羅伯‧波西格（Robert Pirsig），美國作家暨哲學家

———————

身為總統，我相信機器人學能啟發年輕人，

能鼓勵他們進而探索科學和工程學——

我也會留意這些機器人的一舉一動，免得它們做出什麼別的事情。

——美國前總統巴拉克‧歐巴馬

人性較量

我們憑什麼勝過人工智慧？

The Most *Human* Human

What Artificial Intelligence
Teaches Us About Being Alive

[0] 楔子

Prologue

人工智慧先驅及資訊理論奠基人克勞德・夏農（Claude Shannon）是在職場裡認識了他的妻子瑪麗・伊莉莎白（Mary Elizabeth）。當時是1940年代早期，他們倆一起在紐澤西默里山（Murray Hill）貝爾實驗室工作。夏農是工程師，專責研究戰時密碼通訊及信號傳遞。

瑪麗是所謂「computer」。

[1] 序章：最人模人樣人類獎

Introduction: The Most Human Human

　　我在離家五千哩的旅館醒來，浴室沒有蓮蓬頭，我只好十五年來第一次泡澡。早餐頗為老派：幾個看來有點嚇人的烤番茄，一勺焗豆，兩片對半切好的土司排在小鐵架上，平平整整地像一列書。吃完後我一腳踏進略帶鹹味的空氣，信步晃到海邊走走。我的母語是這個國家發明的，不過路邊的標語我多半看得霧煞煞。就拿「LET AGREED」來說好了，字體大得唯恐天下不知，乍看之下好像很威風，可是我完全不知道那是什麼意思。

　　我停下腳步呆望大海，在腦子裡翻來覆去思索那個標語的意思。我平常就對語言問題很感興趣，對文化差異也相當好奇，但今天，我得認真運用這份嗜好做件大事：接下來兩個鐘頭，我會在電腦前面嚴陣以待，用即時通訊軟體跟幾個陌生人聊天，每一個各聊五分鐘。傳輸線另一頭是評審團，包括一位心理學家、一位語言學家，以及一名英國大眾科技節目主持人，而我得透過這些對話達成的任務，絕對是我這輩子最詭異的目標之一──

　　說服他們我是個人。

　　幸運的是，我的確是個人；不幸的是，我不見得能讓他們相信我是人。

4

○ 圖靈測驗

　　人工智慧（AI）族群每年都會舉辦這個領域最吸睛、也最受爭議的比賽──圖靈測驗。這個測驗以英國數學家艾倫・圖靈（Alan Turing）為名，他是電腦科學的開創者之一。1950年時，他嘗試回答這領域裡最早的問

題：機器會思考嗎？換個方式說：我們可不可能造出一台夠複雜的電腦，精巧到能說它能思考、有腦袋，甚至有意識？此外，如果有一天真的出現這種機器，我們怎麼知道它有這個能耐？

圖靈不打算從純理論層次探討這個問題，相反地，他提出一項實驗：分別讓電腦程式和真人擔任參賽者，再由評審團透過電腦終端機向他們提問，在問答中分辨哪個是人，哪個是電腦。對談內容不拘，可以小聊幾句，可以問具體事實（例如「螞蟻有幾隻腳？」、「巴黎在哪個國家？」），也可以聊名人八卦或嚴肅的哲學問題——總之，只要是人與人之間會出現的話題，評審團全都能問。據圖靈預測：到2000年時，電腦就能在閒聊五分鐘後騙過三成的評審。若能達成這項目標，「我們就能大聲說機器能夠思考，不必擔心受到質疑。」

雖然圖靈的預言尚未實現，但已近在咫尺：在2008年於英國瑞丁（Reading）舉行的比賽中，電腦程式僅以一票之差落敗。換句話說，2009年在布萊頓（Brighton）的比賽很可能是關鍵之役。

我正是為此來到英國。我要和其他三名人類參賽者一起，與世界頂尖的AI程式正面對決（或者該說鍵盤對決？）。每一回合，我和其他參賽者都會和一個AI程式配對競爭，爭相說服一位評審我們才是貨真價實的人類。

評審會和其中一個「選手」聊五分鐘，然後再和另一個聊五分鐘，接著有十分鐘思考哪個應該是真人。除了投票認定孰真孰假之外，評審也會以分數表明對自己的判斷有多大信心，如此一來就更不必擔心分不出高下。不論有沒有程式「通過圖靈測驗」（亦即騙過三成評審），比賽都由得到最高票和最多信心分數的程式獲勝，並須發「最人模人樣電腦獎」（Most Human Computer）。研究團隊奮力爭取的就是這份榮譽（當然也有獎金），主辦單位和觀眾最關注的也是這個獎獎落誰家。但除此之外，這個比賽也挺幽默地準備了另一個獎給參賽人：獲得最高票和最多信心分數的人，可

以贏得「最人模人樣人類獎」（Most Human Human）。

1994年，這個獎由《連線》（Wired）雜誌專欄作家查理・普萊特（Charles Platt）奪下，他也是最早的獲獎者之一。他是怎麼脫穎而出的呢？他說訣竅是表現得「情緒化一點、暴躁一點、惹人嫌一點」——我簡直不敢相信我的耳朵，這未免太搞笑也太悽慘了吧？不過，我被這樣一激反而開始思考：我們該怎麼做才能讓自己更像人呢？——而且不只在這個測驗設定的條件之中，也在日常生活之內？

○ 毛遂自薦

圖靈測驗比賽的正式名稱叫羅布納獎（Loebner Prize），出錢出力的舉辦者是個既有趣又有點怪的人：塑膠製可捲可攜迪斯可舞池地板大亨休・羅布納（Hugh Loebner）。有人問過他為什麼願意投入時間和金錢籌劃比賽，他說最大的原因是懶：在羅布納先生的夢想烏托邦裡，失業率顯然是百分之百，所有需要人付出精力的事情統統外包，全丟給智慧型機器處理就夠了。我得說：這樣的未來對我實在沒吸引力。對於 AI 普及的世界該是什麼樣貌，我的想法和羅布納不同，我想參加圖靈測驗的原因也不一樣。但無論如何，我們顯然都很在意的關鍵問題是：電腦會如何重塑我們的自我意識？這個過程又會帶來何種結果？

6

我完全不曉得該怎麼報名參賽，所以我直搗黃龍——試著向休・羅布納本人問問。我一下子就找到他的網頁，匆匆一掃發現簡直是大雜燴：有關於伸縮欄柱的資訊[1]，有性工作倡議活動[2]，有爆料奧林匹克獎牌成分不

---

1 羅布納的公司叫皇冠工程（Crown Industries），是羅布納獎的主要贊助商，他們最近的主打商品好像變了，從可攜式迪斯可舞池地板改成伸縮欄柱。

2 我想我鐵定不是唯一一個覺得這件事很諷刺的人：這人不是全心投入改進與人工物體的互動嗎？但你看看，為了人類之間的親密行為，他居然樂意（或不得不）花上大把銀子、甘願上脫口秀拋頭露面、還在《紐約時報》發表長文耶！

純[3]，喔，對了，還有以他為名的那個獎的資訊——以及他的電郵地址。他回信要我去找薩里大學（University of Surrey）教授菲利浦·傑克森（Philip Jackson），今年是由他負責統籌羅布納獎的幕後工作。2009年的比賽將由Interspeech語言與通信科學會議主辦，預計在布萊頓舉行。

我用Skype跟傑克森教授講上了話。這傢伙年輕、聰明又滿腔熱血，一看就是那種爆肝當進補的學術界新人。這種態度加上他那迷死人的英國腔（例如把「skeletal」說得跟「a beetle」成韻），我馬上就喜歡上這個人。

他問了些我的事，我說我是非虛構寫作者，報導領域以科學和哲學為主，我尤其關注科學和哲學在日常生活中的交集，還有我對圖靈測驗和「最人模人樣人類獎」非常感興趣。我覺得人和機器對決聽起來很酷，頗有幾分「人類榮辱就在我肩上」的英雄氣概，就像加里·卡斯帕洛夫（Garry Kasparov）對戰深藍（Deep Blue），還有益智節目之王肯·詹金斯（Ken Jennings）對戰IBM電腦「華生」（Watson）。我也忍不住想起《魔鬼終結者》和《駭客任務》的幾個場景——人類與AI之戰多有血性、又多可歌可泣啊！（只不過機關槍在圖靈測驗裡顯然毫無用武之地）。所以2008的比賽結果簡直讓我捶心肝：一票，就差那麼一票，機器就能通過圖靈測驗了！我霎時想到2009可能就是它們侵門踏戶的關鍵時刻，正要頓足長嘆，內心深處卻傳來堅毅淡然的聲音：**只要有我在，它們想都甭想。**

除了事關人類面子之外，這個測驗也同時牽涉電腦科學、認知科學、哲學和日常生活領域，其所引發的問題雖然有趣卻也讓人不安。這些領域我都有研究也都寫過，我甚至還發表過通過同儕審核的認知科學論文，而圖靈測驗呢——簡直像是設計來貫串這些領域的。我對傑克森教授說：我

---

3 照網站上的說法：奧運「金」牌顯然只是銀牌鍍金而已。好啦，我承認這樣是有點怪，可是羅布納似乎覺得是可忍孰不可忍，心中一把怒火那個激烈啊！為了這件滔天醜聞，他老兄十多年來到處抗議、演講，還辦了份叫《白賊新聞》（*Pants on Fire News*）的刊物。

覺得自己不論是實際參加比賽，或是從更廣闊的角度把相關議題報導出來，都能為羅布納獎帶來不一樣的東西。我也相信：如果有更多人透過報導接觸到這些議題，一定能為大眾文化帶來良好而深遠的改變。傑克森似乎相當認同我的想法，馬上答應讓我參賽。

跟我稍微介紹這個比賽的相關事宜後，他給我的建議跟我預料中一模一樣：「不用想太多。你**本來就是人**，做你自己就好。」我之前已經問過以往參賽者的意見，他們也是這樣講。

「做你自己就好」，是啊，從 1991 年羅布納獎首次舉辦開始，參賽者的口號就是這個，但在我看來，這似乎對人類本能太有信心了點，自信得近乎天真──說難聽一點，簡直讓參賽者難以發揮。我們自己固然花了幾十年才變成現在的樣子，但我們的 AI 對手可是科學家幾十年來的心血結晶。AI 研究團隊有龐大的資料庫不斷測試程式，也會認真分析測試結果，為比賽做足準備。他們了解該如何巧妙引導對話，知道該怎麼轉移不擅長的話題，盡可能讓程式發揮長處。他們當然也研究過怎麼勾起評審的談興，怎麼聊又會聊不下去──我就直說了吧：我們要是吊兒啷噹地只帶個「本能」跑去參賽，實在不是個好主意。光是看看以「約會教練」為業的人有多少，就知道我們社會多需要談話和公開講話的能力，所以，爭奪羅布納獎怎麼能只「做自己」呢？我覺得這個建議很怪，但也饒富深意。2008 年的比賽紀錄正好說明了這點：評審們覺得對人類參賽者不太好意思，因為他們的對話枯燥無比──「我覺得對參賽者有點抱歉，老是談天氣一定讓他們覺得很無聊。」另一位評審說得比較委婉：「抱歉，我這個人有點乏味。」在此同時，螢幕另一頭的程式顯然迷倒評審，還狂丟表情符號──真的，我們人類可以表現得更好。

所以，我老實招認：我從一開始就打定主意不甩籌辦者的建議。「只要九月記得去布萊頓，然後做你自己就好啦。」──呿！我比賽前要做的事可多了，我打算盡可能做好準備、收集資訊、聽取經驗，到了布萊頓我

8

要火力全開。

　　一般來說，做好準備是基本常識。不管是參加網球比賽、拼字比賽，還是考入學測驗，沒有人會毫無準備隨便應付。圖靈測驗有什麼不一樣嗎？既然它的目的是評估我有**多像人**，應該代表做人（還有做自己）不只是記得出席而已。至少我覺得不是人到就好。那麼，除了出席之外，我該怎麼證明自己很有人樣呢？這就是這本書的主旨了。我也認為：這一路上所找到的答案，絕不僅止於挑戰圖靈測驗而已——它們對人生更有意義。

O 愛上伊凡娜

　　來說一個詭異又超級諷刺的警世故事：羅伯・艾普斯坦（Robert Epstein）博士是加州大學聖地牙哥分校心理學者，著有《爬梳圖靈測驗》（*Parsing the Turing Test*），同時也和休・羅布納共同創辦羅布納獎。艾普斯坦博士在2007年冬加入一個線上約會網站，開始寫長信給一位名叫伊凡娜（Ivana）的俄國女子。這名女子剛開始也總回長信，娓娓道出自己的家庭背景和生活點滴，也款款傾吐她對艾普斯坦日益深厚的情感。可是不知怎的，伊凡娜的信越寫越短，互動也越來越不對勁，艾普斯坦最後總算恍然大悟：原來他掏心掏肺寫了**四個月**情書，追到了一個——是的，你猜到了——電腦程式。淒涼啊，淒涼，每天被垃圾郵件疲勞轟炸還不夠嗎？那群網路混帳不但攻陷他的信箱，還攻陷他的心。

　　某方面我只想翹起二郎腿恥笑這個傢伙——我的老天鵝啊，這個歐吉桑創立了羅布納獎耶！是有沒有這麼蠢啊？但笑完之後，我還是挺同情他的：21世紀是垃圾郵件鋪天蓋地的世紀，它們像蟑螂一般爬滿你的信箱，像攔路虎一樣霸佔你的頻寬（垃圾郵件大約佔**全部電郵**的九成七，意思是每天有幾百億封垃圾郵件四處打劫，全世界每天用來處理垃圾郵件的電量

都夠小國用了[4]）。不僅如此，垃圾郵件還有更惡劣的影響：它會逐漸侵噬我們的信任感。我恨透了收到我朋友的訊息還得確認一下是不是**真的**是他們寫的，哪怕確認一下只需要花我兩秒鐘，哪怕我只要讀幾行就能判斷真偽，我還是厭惡透了幹這種事。21世紀的數位生活讓我們不得不提高警覺，於是所有溝通都成了圖靈測驗，每次溝通我們都得留份戒心。

　　這是數位生活比較負面的版本，當然還有較為正面的版本。我敢打賭艾普斯坦有學到教訓，而且這一堂課意義深遠，絕不只是「想跟住下諾夫哥羅德的某人發展關係是蠢事」而已。我想他起碼會好好想想自己為什麼會上當，為什麼會花了四個月才發現他和「伊凡娜」之間沒有火花。要是他以後又在網路上找到一位靈魂伴侶，應該會想趕快跟她碰個面吧？但願他的下個女友是位善良誠懇的**智人**，住得離他近一點，起碼不要一隔隔了十一個時區。如果他們終成眷屬，我想那位女子會感謝「伊凡娜」教了她另一半一課。

10

○ 假作真時真亦假

　　克勞德・夏農在貝爾實驗室邂逅貝蒂（Betty）[5]時是1940年代，貝蒂就是傳說中的「computer」。我們現在聽來可能覺得頗為古怪，但那時毫無引人側目之處。他們的同事對這種組合習以為常，在貝爾實驗室裡，這甚至是典型的愛情故事：工程師和computer向來是天造地設的一對。

　　艾倫・圖靈在1950年發表〈電腦與智能〉（Computing Machinery and Intelligence），這篇論文開啟了我們認識的AI領域，也引發了圖靈測驗的爭議（圖靈測驗亦稱「模仿遊戲」〔Imitation Game〕，這是圖靈提出時給它的稱呼），相關討論至今未歇──只不過，圖靈說的「computer」和我們

4　比方說愛爾蘭。
5　編註：Betty即〈楔子〉當中提及的瑪麗・伊莉莎白。

現在理解的不同。21世紀的「computer」是數位程序處理機，不但辦公室裡看得到，家裡和車上也有，連口袋裡都找得到，放眼望去到處都是。可是在20世紀初，「computer」不是機器，而是職稱——計算師是也。

從18世紀中葉開始，計算師就是公司行號、機械工廠和大學院校的常備員工，通常由女性擔任。他們負責計算工作和數據分析，有時也會使用早期計算機。從首次運用牛頓引力理論預測哈雷彗星的折返時間（在此之前，這只能以行星軌道檢證），到曼哈頓計畫造出第一顆原子彈（在洛斯阿拉莫斯〔Los Alamos〕，諾貝爾物理獎得主理查·費曼帶領一群計算師參與計畫），凡是與數字有關的任務，背後一定有這群人類「computer」的身影。

回頭看看電腦科學最早的幾篇論文很有意思，你會發現那些作者絞盡腦汁，很想解釋清楚這種新玩意兒究竟是什麼名堂。拿圖靈的那篇論文來說，他把這種聞所未聞的「數位電腦」比作人類計算師：「或許可以這樣解釋數位電腦背後的概念：只要是人類計算師能做的工作，這種機器都能做。」當然，幾十年後的我們已經知道，「computer」的指涉現在倒過來了：如今數位電腦才是「computer」這個字的正主，說某人是「computer」反倒不倫不類。在20世紀中，對尖端數學機器的最高讚譽是「像計算師一樣」，但到了21世紀，我們是誇心算天才「簡直跟電腦一樣」。詭異吧？我們當初想發明一種像人類的東西，現在卻是誇獎人類像那種東西。換言之，我們在模仿以前模仿我們的東西。在尋找人類獨特性的漫長歷史上，這大概是最奇怪的倒轉之一。

定義人類

哈佛大學心理學家丹尼爾·吉伯特（Daniel Gilbert）講過：心理學家在職涯生活的某個階段，多半會提出自己的人類定義。格式是這樣：「人類是唯一一種會＿＿的動物」。壯哉斯言！不過，打從人類有歷史以來，好

像哲學家和科學家都和心理學家一樣愛湊熱鬧，總對改寫這個定義樂此不疲。然而我們可以中肯地說：人類自我感受的歷史，就是人類定義不斷栽跟頭或被戳穿的歷史。只不過現在更慘，能挑戰這個定義的不只動物而已。

我們一度認為只有人類使用具有語法規則的語言，實則不然[6]；我們一度認為只有人類會使用工具，實則不然[7]；我們也一度認為只有人類會數學，現在我們簡直不敢相信有人比計算機更能算。

檢討人類定義轉變的方式很多，其中一種是回顧歷史，看看這個定義如何因各種發展而改變（例如我們對世界的了解和科技的演進等等）。從這個角度切入，我們可以探討的是：各種變化如何形塑人類的身份認同？舉例來說：在我們發現創作對電腦多不容易之後，藝術家的價值是否變得比以往更高？

我們最後或許終須自問：我們對於自身獨一無二的定義，難道真的應該**被動地**隨科技發展而調整嗎？此外，我們為什麼非要覺得自己獨一無二不可呢？

「我有時候覺得，」認知科學學者及作家侯世達（Douglas Hofstadter）說：

6 神經科學家麥可·葛詹尼加（Michael Gazzaniga）在《人類》（*Human*）一書裡，引述類人猿基金會（Great Ape Trust）靈長類專家蘇·薩維基－藍保（Sue Savage-Rumbaugh）的話說：「語言學家一開始告訴我們：假如我們想說人猿學得會語言，就教會牠們以象徵方式使用符號吧。好，我們教，牠們也學會了。這時語言學家又說話了：『不不不，那不算語言，因為根本沒有語法。』好啊，我們再教，也證明我們的人猿懂得結合符號，結果語言學家說那還稱不上語法，或者不算正確的語法。反正不管我們怎麼做，他們總覺得不夠格。」

7 舉例來說，研究人員在2009年發現：章魚會用椰子殼當「盔甲」。發表這項新發現的論文摘要，儼然就是一部「人類獨一無二」信念的崩壞史：「我們原本以為人類是唯一一種懂得使用工具的物種，可是我們慢慢發現不只其他靈長類會使用工具，也觀察到越來越多具有這項技能的哺乳類和鳥類。然而到目前為止，關於無脊椎生物取得物件並加以應用的紀錄仍付之闕如。本文旨在說明研究團隊一再觀察到的現象：棲息於軟沉積層的章魚會隨身攜帶兩半椰子殼，只在有需要時闔上防身。」

「雖然我們不斷開發人工智慧，但每次在 AI 領域更進一步，不但沒有逐漸形成何謂真正智能的共識，反而一再揭露真正的智能不是什麼。」乍看之下這令人欣慰——我們可以繼續宣稱只有人類能整體思考，讓自己一直維持獨一無二的地位，這有什麼不好呢？可是換個角度想，這不代表我們節節敗退嗎？那幅畫面就好像中世紀軍隊從城牆撤到塔頂一樣，而我們心知肚明：退無可退只是遲早的事。請仔細想想：我們總以為某些東西必須經過「思考」，但要是它們其實**都不需要**思考，那麼……到底什麼是思考？這樣追究下去，我們要嘛不得不承認思考是大腦的副產品（某種可割可棄的「廢物」），就是得舉手投降，接受思考只是幻覺。

○ 人類「自我」的最後防線在哪？

從某方面來說，21 世紀的故事就是這條戰線一再位移的故事，智人試圖捍衛自身的獨特性，無奈他們的理據已地動天搖，人的地位在野獸和機器之間搖擺，在茹毛飲血和數學演算之間選邊站。

一個與此相關也極其重要的問題是：防線不斷後撤是好事還是壞事呢？舉例來說，電腦數學這麼厲害，究竟是**剝奪**了人類的表現空間，還是**免除**我們做非人工作的負擔，讓我們能**自由自在**地過更像人的生活？後一種詮釋顯然更吸引人，可是真的如此嗎？如果未來有待「免除」的「人類活動」所剩無幾，我們是更自由還是更失落？那一天到來之後又會發生什麼事呢？

○ 反轉圖靈測驗

沒有什麼更廣闊的哲學意涵……這跟其他事什麼關係也沒有，也沒什麼啟發可言。

——諾姆・杭士基（Noam Chomsky），與作者的電郵通信

[1]

　　艾倫‧圖靈想出模仿遊戲的目的，是為了衡量科技的進展程度，但反過來說，我們也能用它來衡量**我們自己**的進步程度。牛津大學哲學家約翰‧盧卡斯（John Lucas）就講過：要是我們沒辦法擋下機器通過圖靈測驗，「那不是因為機器太聰明，而是因為大多數人太呆板。」

　　簡單來說是這樣：除了作為科技進展判準，除了啟發哲學、生物學和道德問題，圖靈測驗歸根究底是溝通行為。在我看來，它最具深意的提問就是最實際的提問：在語言和時間受到限制的情況下，我們該如何盡可能有意義地與彼此溝通？在這種情況下，默契會如何發揮作用？另一個人會如何進入我們的生命，並在我們心中佔有一席之地？對我來說，這些才是圖靈測驗最核心的問題——這些才是人之所以為人最核心的問題。

14

　　研究以往在圖靈測驗中表現傑出的程式，最有趣（也最心酸）的部分，就是看對話如何在毫不涉入情感的情況下進行。

　　看圖靈測驗以前的對話紀錄，某種程度上就是觀察我們如何以各種方式裝正經、躲問題、殺時間、炒熱氣氛、改變話題，還有顧左右而言他——我認為：過不了圖靈測驗的對話，也稱不上人與人間的對話。

　　討論圖靈測驗技術層面的書籍已有不少，例如如何巧妙設計圖靈測驗程式（或稱聊天機器人或機器人）。事實上，幾乎每一本關於圖靈測驗實務層面的書，重點都是怎麼創造更好的機器人，提到怎麼當個好評審的部分只有一點點，給參賽者的建議呢？沒有，完全沒有。我覺這很怪，因為我覺得人類參賽者才是賭注最高的一方，才是答案千奇百怪的一方。

　　《孫子兵法》說得好：「知己知彼，百戰不殆。」而在圖靈測驗裡，了解對手其實就是了解自己的一種方式。所以在這趟旅程中，我們雖然會去打探這些機器人的設計過程，並討論理論電腦科學中最基本的原則和最重要的成果，但我們也會始終關注人類這方的問題。

　　因此，雖然從某個意義上說，這本書談的是人工智慧，主題是它的歷史和我個人在其中小小的探索。但本質上，這本書是關於人生。

15　　電腦對我們的生活日益重要，我們是能把它們當成敵人，就像《魔鬼終結者》裡的天網或《駭客任務》裡的母體，彼此不是你死就是我亡，完全沒有共存的可能。不過，我出於某些原因，其實比較傾向把電腦視為「對手」——我們表面上當然想贏，但也知道競爭的主要目的是提升比賽水準。比賽裡的每個對手都需要彼此，都必須共生，彼此之間坦誠以對，也都讓對方變得更好。科技進步並不必然代表剝奪人性或失去靈魂，而你也會看到，實情恰恰相反。

　　在比賽到來之前的幾個月裡，我全力以赴盡量準備，除了自己做研究之外，我也四處拜訪相關領域的專家，請教他們兩個主要問題：第一，我該怎麼在布萊頓好好表現，讓評審覺得我「最人模人樣」？第二，人之所以為人的精髓究竟是什麼？我求教於語言學家、資訊科學理論學家、心理學家、律師和哲學家等等，這些對話不僅讓我獲得參加比賽的實際建議，也讓我得以一窺圖靈測驗（及隨之而起的人性問題）如何影響工作、學校、棋奕、約會、電動、精神醫學及法律等諸多領域——當然，它本身也受到這些領域影響。

　　對我來說，在布萊頓的比賽是我全力發揮人類特性的機會，我想成功阻止機器通過測驗，同時奪下那有點古怪的殊榮——最人模人樣人類獎。但當然，最終極的問題還是：人之為人到底意味什麼？圖靈測驗又能讓我們對自己產生哪些新的認識？

參考資料 ───

4　Alan Turing, "Computing Machinery and Intelligence," *Mind* 59, no. 236 (October 1950), pp. 433–60.

4　圖靈一開始提出圖靈測驗時，舉的類比是評審透過「電傳打字機」（teleprinter）和兩名人類對話──一名男性，一名女性，但兩名受試者都要宣稱自己是女性。由於圖靈語焉不詳，當時的人不太清楚圖靈到底是什麼意思。他是說讓一台電腦和一位女性一起參加圖靈測驗，但電腦和女性都宣稱自己是女性人類嗎？有些學者認為，在圖靈測驗（性別中立）的後續發展裡，這個帶有性別色彩的問題基本上被掩蓋掉了。可是圖靈在1951和1952年接受BBC訪問時，其實已經很明確地澄清：他是要讓人和機器都宣稱自己是人（他的用字是「man」，但在談話脈絡裡，這個字是性別中性的），之前之所以會以男女受試者都假裝自己是女性為例，只是想解釋這個測驗的基本前提。更多相關討論，請見Stuart Shieber, ed., *The Turing Test: Verbal Behavior as the Hallmark of Intelligence* (Cambridge, Mass.: MIT Press, 2004).

5　Charles Platt, "What's It Mean to Be Human, Anyway?" *Wired*, no. 3.04 (April 1995).

6　Hugh Loebner's Home Page, www.loebner.net.

6　Hugh Loebner, letter to the editor, *New York Times*, August 18, 1994.

7　*The Terminator*, directed by James Cameron (Orion Pictures, 1984).

7　*The Matrix*, directed by Andy Wachowski and Larry Wachowski (Warner Bros., 1999).

8　*Parsing the Turing Test*, edited by Robert Epstein et al. (New York: Springer, 2008).

8　Robert Epstein, "From Russia, with Love," *Scientific American Mind*, October/November 2007.

9　97 percent of all email messages are spam: Darren Waters, citing a Microsoft security report, in "Spam Overwhelms E-Mail Messages," *BBC News*, April 8, 2009, news.bbc.co.uk/2/hi/technology/7988579.stm.

9　比方說愛爾蘭。根據美國中情局《世界概況》（*World Factbook*）調查報告，愛爾蘭每年耗費的電力是25,120,000百萬瓦時（megawatt hours）（www.cia.gov/library/publications/the-world-factbook/rankorder/2042rank.html），而根據邁克菲公司（McAfee, Inc.）和ICF國際（ICF International）2009年的〈垃圾郵件的碳足跡調查報告〉（The Carbon Footprint of Email Spam Report）（newsroom.mcafee.com/images/10039/carbonfootprint2009.pdf），全球每年處理垃圾郵件須耗費33,000,000百萬瓦時。

10　David Alan Grier, *When Computers Were Human* (Princeton, N.J.: Princeton University Press, 2005).

11　Daniel Gilbert, *Stumbling on Happiness* (New York: Knopf, 2006).

11　Michael Gazzaniga, *Human: The Science Behind What Makes Us Unique* (New York: Ecco, 2008).

12 Julian K. Finn, Tom Tregenza, and Mark D. Norman, "Defensive Tool Use in a Coconut-Carrying Octopus," *Current Biology* 19, no. 23 (December 15, 2009), pp. 1069–70.

12 Douglas R. Hofstadter, *Gödel, Escher, Bach: An Eternal Golden Braid* (New York: Basic Books, 1979).

13 Noam Chomsky, email correspondence.（粗體為我所加）

13 John Lucas, "Commentary on Turing's 'Computing Machinery and Intelligence,' " in Epstein et al., *Parsing the Turing Test.*

[2] 認證
Authenticating

○ 驗證：形式與內容

全國公共廣播電台（National Public Radio）《晨間新聞》（*Morning Edition*）最近有則報導：有個叫史提夫·羅伊斯特（Steve Royster）的人自小相信自己嗓音獨特。為什麼呢？他說：「我每次打電話，別人一聽聲音就知道是我。可是情況反過來，每次別人打電話給我，我都完全聽不出他們是誰。」這位先生直到年近三十，才總算（驚訝萬分地）發現：原來其他人多半都能聽聲音認人。天啊！這些人是怎麼練的啊？！真相其實很簡單：羅伊斯特先生，你的確非常特別，但特別的不是你的嗓音，而是你有一種十分罕見的症狀──失認症（*phonagnosia*），又稱「聲盲」（voice blindness）。就連羅伊斯特的媽媽打電話給他，他都是彬彬有禮地客氣應答，渾然不知「這個突然打電話給我的怪女人就是生我的那個」。據記者愛莉克絲·史匹格（Alix Spiegel）說：「失認症患者聽聲音分得出男女老幼，也聽得出諷刺、生氣和高興的語氣。他們只是聽不出你是誰而已。」

當然，這讓羅伊斯特的立場奇囧無比。

其實在網路上人人都是如此。

2008年9月16日，20歲的大學生大衛·柯奈爾（David Kernell）一時興起，想登入副總統候選人莎拉·裴琳（Sarah Palin）的Yahoo信箱看看。他完全不知道裴琳會怎麼訂密碼，想猜也無從猜起，但他靈光一閃：既然猜不出來，我改了它總可以吧？說做就做：先點糊塗使用者救援神器「我忘記自己的密碼了」，接著，Yahoo會按規矩先問幾個「驗證」問題（例如

17

出生日期、居住地郵遞區號等等），好「確認你的身份」。這有什麼難的？
——上維基百科查就好了（據柯奈爾說，前後只花了「15秒鐘」左右）。
結果一次賓果，順利得連作案者本人都難以置信。他「把密碼改成『爆米
花』，然後去沖了個涼」，準備面臨最高20年的刑期。

在機器的世界裡，驗證身份靠的是**內容**，也就是密碼、PIN、社會安
全碼後四碼、令堂的娘家姓這些資訊。可是在人類世界裡，驗證身份靠的
是**形式**，例如臉孔、聲音、筆跡、簽名等等。

當然了，說話風格也是判斷身份的重要形式。

我有個朋友最近寄電郵給我：「我這幾天用email在另一個城市租屋。
我想給接洽者留個好印象，不想被當成詐騙集團或胡亂撒信，所以我索盡
枯腸，盡量寫得至情至性，誠懇動人，表現得有血有肉。仔細想想這還真
怪，什麼世道啊！你懂我意思嗎？」懂，我當然懂，這百分之百就是他的
說話風格——只有他還在用什麼「接洽者」、「世道」這種詞，動不動就摺
成語也是他的作風。沒錯，這封信鐵定是**他本人**寫的。

言行舉止帶有個人風格是件好事，至少對喜歡你的人來說，這讓你顯
得個性十足又有魅力。在網路時代，文字具有個人風格還有另一個好處：
保障網路安全[1]。

南極洲企鵝有個本領：在群居地，牠們有辦法從十五萬戶同胞中認出
自家兒女的叫聲。科幻小說家唐納德‧巴塞爾姆（Donald Barthelme）說得

1　如果我在網路上看到我認識的人會感興趣的消息，可是我和對方其實並不夠熟，我轉寄
　　時一定會多加幾句話，寒暄或稍微說明一下之類的，絕不會草草寫個「嗨，這你應該有
　　興趣：_____（連結）。祝好」——這種信八成會被歸為垃圾郵件。
　　舉例來說，我前陣子收到一封長度跟推文差不多的信，據稱是《圍籬》（Fence）雜誌新詩
　　編輯寄的：「嗨，窩24歲／女／饑渴……窩要暫時離線，私訊聊：_____（連結）」。誠
　　實說：本人絲毫無動於心，堅持保持專業往來即是上策，完全沒想怎麼禮貌回覆我受寵
　　若驚——我一秒移動滑鼠按下「檢舉垃圾信」。

好：「感恩巴別塔讚嘆巴別塔！」抹除說話風格不只是文學災難，更是**安全漏洞**。從某個角度來說，被機器逼著在與人溝通時多流露一點人性，或許是好事一樁。

○ 熟悉：形式與內容

我大學老友愛蜜莉最近到鎮上來，下了飛機還沒進旅館，就先在市區跟我們另一個朋友吃午餐，一起去的還有我們朋友的同事莎拉——就這麼巧，她正是敝人的女友。我和愛蜜莉是約那天晚上一起吃飯，所以我女朋友比我還先見到她。這實在很妙：我還沒來得及跟愛蜜莉介紹莎拉，她們兩個就先碰面了。我講起這件奇遇眉飛色舞：「酷耶，我還沒介紹，妳們兩個就先對彼此有些認識了。」結果愛蜜莉更酷地接了一句：「嗯，嚴格來說，我還不算認識她這個人。」她邊想邊說：「那比較像是……『我知道她長什麼樣子』……或是『我跟她接觸過了。』」

聽到這種分法，我悟了——

了解一個人（having a *sense* of a person）跟**知道**這個人的事（knowing *about* them）並不一樣，前者是懂得一個人的脾氣、性格以及「處世之道」，後者則是曉得他們在哪成長、有幾個兄弟姊妹、主修是什麼、在哪工作等等。熟悉就和安全一樣，分成形式和內容兩個部分。

「**快速約會**」（Speed dating）是種規劃嚴謹、步調緊湊的「循環賽」社交方式，1990年代晚期在比佛利山出現。參加快速約會的人每次花七分鐘彼此交談，然後在卡片上寫下想和哪個人進一步認識，如果剛好有兩個人一拍即合，主辦人便將雙方的聯絡資訊交給對方。雖然「快速約會」已經變成流行用語，但大多數人有所不知：「SpeedDating」這個詞（「或是其他讓人混淆的相似詞」），在技術上其實是註冊商標，持有者是猶太組織「妥拉之火」（Aish HaTorah）的旗下團體，而妥拉之火的創立者雅各・戴祐（Yaacov Deyo）呢，嗯，是位拉比。

19

　　我對圖靈測驗最早的想法之一，就是它似乎也算某種快速約會：你有五分鐘讓別人知道你是怎麼樣的人，表現得真實、具體、獨特，栩栩如生，與眾不同，像個有血有肉的人。這可沒表面上看起來那麼簡單，而且對對話雙方都不容易。

　　我有朋友最近參加了一場在紐約的快速約會。「靠，怪到爆炸，」他說：「我好像非得一直插科打諢不可，就為了看看有沒有天殺的化學反應。那些女的好像稿子都一樣，每個問的都是你哪裡人啊、你做什麼啊，弄得像是在給你做問卷或掂量你的斤兩。我完全不鳥這些東西，所以乾脆開始胡說八道，問什麼我都隨便答，反正能把場子炒熱就行了。就醬。」

　　快速約會的確常常變得像亂槍打鳥。強者我朋友的經驗應該不少人懂，畢竟連《慾望城市》(Sex and the City) 都酸過這種場面：

「嗨，我是米蘭達‧霍布斯。」
「我是杜懷特‧歐文斯；摩根史坦利私人理專，為高淨值客戶及幾筆退休基金計畫提供投資管理服務；我喜歡我的工作，在職五年。已離婚，無子女，無宗教，住紐澤西，會說法文和葡萄牙文。華頓商學院畢業。您對上述任何一項感興趣嗎？」

　　答案當然是統統無感。

　　有些人做事仔細，把心中理想對象該有的條件列得一清二楚──可是往往想到的全不是重點，像是身高多高、薪水多少、職業性質等等等等。這種事我見多了：機關算盡寫好清單，結果渾然不覺有個符合所有條件的傢伙正從身邊走過。

　　快速約會剛出現時，這種「杜懷特‧歐文斯」式的萬箭齊發戰術屢見不鮮，雅各‧戴祐決定撥亂反正，訂了一項簡單但兇猛的規則：快速約會**禁談**工作。這下可好，大家開始繞著「住在哪啊？」、「哪裡人啊？」這種

20

問題打轉，戴祐拉比一不做二不休，又規定這種問題不准談。連下兩道禁令之後，他對結果非常滿意，對自己能逼參加者絞盡腦汁「突破潛能」甚至有點沾沾自喜：「老天鵝啊！你真該看看他們那種『那我還能談什麼？』的表情。」他哈哈大笑：「不准談工作、不准談我住哪裡⋯⋯這個不准那個也不准⋯⋯好吧！那我好像非談談自己不可了。」換個方式說：參加者總算必須做自己，表現自己的樣子，而不只是描述自己。

○ 圖靈測驗裡的形式與內容

第一屆羅布納獎在1991年11月8日舉行，比賽地點是波士頓電腦博物館（Boston Computer Museum）。最早幾屆比賽會為電腦程式和參賽者指定「話題」，以便劃定對話範圍。從某些層面來看，第一屆比賽就像風格和內容的對決。當時的參賽者之一是莎士比亞專家辛希雅‧克萊（Cynthia Clay），她因為被三名評審判定為電腦而名留青史。評審為什麼以為她是電腦呢？因為他們覺得：「不可能有人對莎士比亞這麼熟。」（因此，克萊對自己被當成電腦深感榮幸。）

羅布納獎那一年的話題是「閒聊」（whimsical conversation），而勇奪首屆最人模人樣電腦獎的是PC Therapist III，開發者是約瑟夫‧懷恩陶伯（Joseph Weintraub）。仔細看看PC Therapist III的表現，你會發現「閒聊」根本稱不上「話題」，嚴格來說是讓「人」展現風格，就事論事和秀自己當然很不一樣。懷恩陶伯的確有兩把刷子，他不但看出比賽規則的漏洞，也熟悉聊天機器人原本的行為模式，更了解一般人對電腦和人類有什麼刻板印象。就策略運用來說，他表現得無懈可擊，克萊和其他參賽者就老實得多，他們認真發揮自己的所知所學，知無不言，言無不盡，怎奈態度顯得一板一眼又掉書袋——正符合一般人對電腦的刻板印象。

21

評審：你對莎士比亞的劇有什麼看法？

遠端：這個問題太大，你可以問更具體一點嗎？無論如何，整體來說我是喜歡。

陪評審「閒聊」的那個傢伙態度截然不同：

評審：這一天好漫長啊！我想該找點樂子了。今天天氣不大好，是吧？說個笑話來聽聽吧，好歹讓氣氛別跟天氣一樣陰沉。

遠端：對啦對啦，每個人都抱怨天氣，可是有試著改變氣氛的沒半個。你跟我說你想找點樂子又能怎樣呢？唉～～～

……

評審：你覺得閒聊的定義是什麼？

遠端：你想知道我怎麼看閒聊是吧？好，我告訴你：我覺得閒聊就跟棋盤上那梅[2]騎士一樣，繞來扭去橫蔥直撞，一點也不老實——屁啦！你問這幹嘛？我的回答你滿意嗎？呿！你只想得到這種問題啊？

評審：這個比喻不錯啊，騎士在棋盤上橫衝直撞的畫面挺貼切的。所以閒聊根本不必動腦囉？

遠端：現在是怎樣？輪到你定義閒聊了嗎？？好，請叫一下：你怎麼定義閒聊咧？你這個人是有病嗎？？？？？你幹嘛跟我報告你喜歡騎士在棋盤上橫衝直撞的畫面啊？

　　擔任評審的一位哈佛研究生說：「我真的覺得這傢伙（按：電腦治療師）是人，怎麼說呢……呃……它怪怪的——正面意義的怪啦——跟它聊天很好玩。」懷恩陶伯的程式說話天馬行空，狂放不羈，時而神經時而搞笑，表現得非常有「人味」——在我知道這種顛三倒四的「人味」多好模仿之前，我的確佩服得五體投地。

2　錯字一枚，如實保留。懷恩陶伯的程式會故意拼錯字，後來很多程式也都用這招。

○ 陰謀論？大風吹？其實只是鍋大雜燴

2005和2006的最人模人樣電腦獎是由Cleverbot連莊，設計者羅洛·卡本特（Rollo Carpenter）把這個程式放上網頁，我上去刺探敵情之後發現一件有趣的事：原來懷疑這個網站在耍人的有一拖拉庫。

「我跟它聊了一陣之後開始懷疑：Cleverbot真的是機器人嗎？」某使用者寫道：「Cleverbot一直強調自己是真人，我才是機器人，挖咧……我是不是其實在跟真人聊天啊？搞不好我們都被拐了，都以為自己在跟Cleverbot講話？」這也難怪，因為有些對話實在太神奇了。比方說有使用者撂過法文：「Je habite dans les Etats Unis（我居住美國）。」結果Cleverbot不但沒被考倒，還反過來糾正他的法文：「On dit J'habite AUX Etats-Unis（一般會說我住在美國）。」

也有人拿皇后樂團〈波希米亞狂想曲〉（Bohemian Rhapsody）的歌詞當哏，Cleverbot很配合地跟著一搭一唱：

使用者：小丑啊小丑

Cleverbot：你願為我跳支方當戈（fandango）嗎？

使用者：雷聲大作，閃電交加

Cleverbot：我心何其驚恐！

使用者：伽俐略啊

Cleverbot：伽俐略

有使用者拿那時的流行笑話測試──

使用者：喂，你知道Xbox 360為什麼叫Xbox 360嗎？

Cleverbot：為什麼？

23

使用者：因為你打開一看，就轉360度跑掉啦啦啦啦啦～

——結果機器人實事求是地毀了這個笑話：

Cleverbot：不對啊，你轉360度不是正好面對它嗎？是要跑去哪？

有些使用者顯然不死心，想試著矯正一下這個笑話的邏輯問題（結果弄得有點不好笑）——

使用者：你知道Xbox 360為什麼叫Xbox 360嗎？
Cleverbot：為什麼Xbox 360叫Xbox 360？
使用者：因為你打開一看，就轉360度然後月球漫步倒退嚕[3]

——結果機器人把樓歪得更難笑：

Cleverbot：不，你搞錯了，那是因為你打開一看，就微調三度[4]偷偷走掉

是不是？會這樣講話的最好是機器人啦！這些回話實在對流行文化太熟，也太具機鋒。但客觀來看，有些對話的確很爆衝，話題一直跳來跳去，而且前言不對後語。

羅洛・卡本特很樂意解釋Cleverbot的設計原理，但也堅決否認前述

3　譯註：麥可・傑克森的經典舞步「月球漫步」（moonwalk）：goo.gl/Gy5xwq
4　譯註：此處的「三度」應是暗指歌手Xavier Rudd專輯《Solace》中的一段獨白〈3 degrees〉。

陰謀論。他在 Cleverbot 的網頁寫道:「不論訪客覺得多像在跟真人聊天,
本人保證各位的聊天對象絕不是真人。」他完全不理鄉民議論也就算了,
這樣一寫反而越描越黑,很多使用者更懷疑案情不單純。

　　在 1990 年代早期的網路世界,使用者的身份比現在更加不明。不論
在地區 BBS(電子布告欄)、在 Prodigy 或 AOL 等網路提供者╱社群的「圍
牆花園」聊天室,或是在 IRC(Internet Relay Chat,多人線上交談系統)的
聊天頻道,陌生人隨時能加入交談。2000 年代晚期到 2010 年代初期,大
規模的社交網路(如臉書)興起,網路文化才幡然一變。最近則吹起復古
之風,Chatroulette 和 Omegle 等網站刻意帶回網路早期的匿名性和隨機
性,讓使用者重新享受隨緣交流的輕鬆。你可以選擇視訊或文字通訊,接
著完全隨機和另一名使用者配對,然後開始對話[5]。不過,你們任何一方都
能隨時終止對話,一旦其中一方無意繼續,你們兩個人都會被重新配對,
和另一名陌生人從「哈囉」開始重頭聊起。每個使用這類網站的人多少都
有點緊張,擔心對方突然不想聊了,這樣就又得和另一個人重新開始,這
種機制在江湖上以「換貨」(getting nexted)聞名。

　　現在請想像一下:要是電腦系統會**自動**中斷對話重新配對,可是完全
不讓使用者知道自己被(電腦)「換貨」了,使用者會怎麼想呢?比方說 A
和 B 正在聊棒球,C 和 D 正在討論藝術,而電腦突然重新把 A 配給 C、把 B
配給 D,C 前一秒鐘還在講羅浮宮,收到的回覆卻是:「那你挺大都會隊還

5　匿名性雖然讓人較為輕鬆,但也存在風險。我看過別人首次使用 Chatroulette 的經驗,
他說自己最先接收到的二十個視訊聊天裡,有十二個是怪叔叔在打手槍。一方面是這個
經驗談太令人反胃,另一方面是我想模擬圖靈測驗,我選了文字通訊。不過我運氣也沒
多好,我在 Omegle 上最早碰到的兩個對話者油腔滑調,滿口挑逗,顯然是網絡性愛咖。
但我遇上的第三個聊天對象就很好:她是高中生,住在芝加哥近郊。我們聊了千禧公園
的雲門雕塑(*Cloud Gate*)、芝加哥藝術學院(the Art Institute),還有成長和離鄉打拚
的正反理由──這才是人聊的話題嘛!「你好正常喔!!」她興奮地說,驚嘆號還用了兩
個,我的想法跟她一模一樣。

24

25

41

是洋基隊？」而B呢，他才剛剛評論完最近的職棒總冠軍賽，就馬上被問去過西斯汀禮拜堂沒？由於Omegle大幅減低使用者更換聊天對象的主控權，也無怪乎大家會懷疑Cleverbot耍詐（在此同時，他們對類似Cleverbot的程式也不甚信任，例如羅伯・麥德克薩〔Robert Medeksza〕的Ultra Hal）。試想：如果電腦隨機為你切換聊天對象，而且完全沒讓你和你的聊天對象知道，你們的談天內容很可能就像Cleverbot的對話記錄一樣。

解答時間到：Cleverbot沒呼攏你，使用者的確不是在跟真人聊天——不過也相去不遠。

「Cleverbot借用了使用者的智能。」卡本特在布萊頓對我解釋。在科學頻道的電視專訪裡，卡本特則是將Cleverbot比作「對話版的維基百科」。它的運作原理是這樣的：Cleverbot先起個話頭（例如「哈囉」），使用者的回覆可能有千百種，從「哈囉」到「你好」到「你是電腦嗎？」都有可能。但不論使用者的回覆是什麼，Cleverbot都把它們存進資料庫，標上「真人對『哈囉』的回答」。這樣一來，以後如果有使用者對Cleverbot說「哈囉」，Cleverbot就能從資料庫裡撈個回答來用（例如「你好」）。隨著類似對話一再出現（精確點說，統計學家謂之「齊夫分布」〔Zipf distribution〕），Cleverbot的資料庫會越來越豐富——這倒不難，畢竟隨時都有幾千名用戶想和Cleverbot聊聊，而它已全年無休、24小時待命了好幾年。於是，不論使用者用的哏多刁鑽（例如「小丑啊小丑」），Cleverbot都有適當的應對方式。

換句話說，Cleverbot是鍋「對話菜尾」大雜燴，而且搜羅的菜色數不勝數。它不是真人，但的確拾人牙慧無數。所以嚴格來說，使用者的對話對象其實是真人語句菜尾湯，是真人的幻影，是以往對話的回聲。

何以Cleverbot看似嫻熟基本事實（「法國首都在哪？」、「法國首都是巴黎。」），又對流行文化瞭若指掌（如八卦、笑話、歌詞等等），這正是原因所在——這些問題都有**標準**答案，不論誰來作答答案都一樣。只要資

26

料庫夠大，就不怕怪問題踢館，千千萬萬個臭皮匠，完勝一個諸葛亮，可是──要是你一直問它「你住哪裡？」，它可能每次答的地方都不一樣，這時便露出了破綻。只不過對陰謀論者來說，他們結論的不是「聊天對象不是真人」，而是自己不是在和同一個人說話。

○ 不論好壞，都要獨一無二

我不禁想起籌辦者給我的建議：「做自己就好。」這句話說來容易，但很多哲學家為此絞盡腦汁。對某些存在主義者（如沙特）而言，「做自己」代表擺脫外在影響，追求真實、獨特與自由，但19世紀德國哲學家尼采的看法更為激進──用布朗大學哲學學者伯納德・瑞金斯特（Bernard Reginster）的話來說，尼采認為：「做自己」最重要的一點，就是「做獨一無二的自己，不論是好是壞」。

尼采說這是「為一個人的個性注入風格」，他認為人就像藝術品一樣，價值高低在於「雅緻」（concinnity）與否，亦即部分是否妥當地組成整體：「在作品終於完成時，一切昭然若揭：各部分無分大小鉅細，都是由那一丁點的獨特品味主導和形塑。」

對於去中心化的計畫（如維基百科），有些電腦文化批評者深表質疑，例如傑容・藍尼爾（Jaron Lanier）就說：

> 不論是《模擬市民》……iPhone、皮克斯電影，或是其他廣受歡迎的數位文化傑作……都具有個人風格。沒錯，它們常常是團隊工作的心血結晶，但它們一定源自核心個人眼光，也一定都有靈魂人物主導，像是威爾・萊特（Will Wright）、史提夫・賈伯斯（Steve Jobs）或布萊德・博德（Brad Bird）這樣的人。是他們具有這份眼光，也是他們付薪水並指導一整個團隊。

27 對尼采來說，最重要的也是這份「核心個人眼光」，他甚至說：「只要這份品味獨一無二，它是好是壞其實不像一般人以為的那麼重要。」

無論是藍尼爾口中的「核心個人眼光」，或是尼采念茲在茲的「獨特品味」，都是絕大多數聊天機器人恰恰缺少的。舉例來說，我和聊天機器人「喬安」講過話（它也是 Cleverbot 一系的聊天程式，2006 年最人模人樣電腦獎得主），雖然它的回應分開來看沒什麼不對勁，甚至頗有人味，可是合起來看就完全破功，整段對話支離破碎，前言不對後語：

使用者：妳有男朋友嗎？
喬安：現在沒有，但我希望很快會有。

我斗膽自薦：
使用者：不如我當妳男朋友吧？
喬安：恐怕不行，我婚姻幸福。

婚姻幸福？我決定問清楚一點：
使用者：妳有男朋友嗎？
喬安：沒有，我還沒碰上真命天子。
使用者：妳有丈夫嗎？
喬安：我沒有丈夫，這不合法，因為我是男的。

喬安是男的？！
使用者：呃⋯⋯妳的性別是⋯⋯？
喬安：女性。

好吧，我從頭再試一次好了：

使用者：妳有男朋友嗎？

喬安：現在沒有，但我想交一個。

使用者：我當妳男朋友好嗎？

喬安：不行，我是異性戀。

　　大多數人的性格完整一致，這沒什麼好奇怪的，畢竟性格是人從小到大慢慢形成的產物。可是圖靈測驗只能聊短短五分鐘，所以我參賽時必須特別留意，盡可能在短時間裡表現出完整一致的性格，好讓評審相信我是人。舉例來說，我隊友戴夫（Dave）就出了紕漏：評審跟他說「哈囉」時，他熱情洋溢地回了句：「G'day mate（你好啊哥兒們）。」

　　現世報馬上來了，評審的下句話是：「你來這一趟很遠响？」我想評審八成以為他是澳洲人，因為只有那裡會把「G'day mate」掛在嘴邊，但戴夫不疑有他，老實回答：「我從美國東南來滴。」我想評審這時也許有點小驚訝，因為剛剛那句回話明明很澳洲，可是這傢伙卻說自己不是澳洲人。更複雜的是：戴夫既說自己住在美國新墨西哥州阿布奎基（Albuquerque），但又是從紐約州威斯特徹斯特郡（Westchester）搭機過來。雖然戴夫沒因此出局（他沒過多久就讓評審重拾信心，投他是人類一票），可是讓自己顯得身份不清實為敗筆，收拾不好可能全盤皆輸。

　　同理，我一發現跟我對話的評審把「color」拼成英式的「colour」，幾句話後卻又打了紐約的縮寫「Ny」（其實他要打的是「My」，他打錯，我腦補），我馬上問他是哪裡人。他似乎知道我想確認什麼，回說：「那是加拿大拼法，不是英式拼法（按：說法有誤，原文照錄）。」我的策略是：盡量展現我很關注對方在言詞之間透露出的身份，也很留意這些言詞的一貫性——既然機器人不會注意**自身**身份的一貫性，想當然爾也不會在意評審的身份。我這樣反向操作，應該可以顯得更像人吧？

　　「設計機器人不是寫程式，而是寫小說。」程式設計師尤金·丹辰科

（Eugene Demchenko）和弗拉德米爾·維索洛夫（Vladimir Veselov）如是說，他們的程式「尤金·古斯特曼」（Eugene Goostman）在2001、2005和2008年三度獲得亞軍。他們很強調由單一設計師構思機器人反應的重要性：「得先選好由誰負責勾勒機器人的個性。寫處理流程的知識基礎就像寫書。要是讓團隊裡每個成員都設計一個橋段，但彼此之間又不互通資訊，你能想像會做出什麼東西嗎？！」

其實想像起來也不難：「尤金·古斯特曼」的那些競爭對手就是如此。在設計聊天機器人時，是該盡力維持它性格（或風格）的一貫性，還是設法擴大它所能回答的問題範圍，一直是設計師們難以取捨的問題。如果以「群眾外包法」大量收集使用者回覆，聊天程式的「談資」確實能迅速暴增，但內容前後矛盾的情形恐怕難以避免。

○ 作者之死，死黨從缺

你要誰陪嗎？或者……你需要我嗎？
——《說點什麼……》

既然講到「寫書」，就不能不談風格和內容孰重，以及如何表現獨到的眼光。近來關於翻譯機的辯論多半圍繞這類問題打轉，這類問題對文學翻譯又尤其重要。

羅伯·洛克哈（Robert Lockhart）是Wolfram Alpha的研究人員和聊天機器人設計師，他說聊天機器人設計圈大致分為兩派，一派是「純語意派」（pure semantics），另一派是「純經驗派」（pure empiricism）（名字都是他取的）。簡單來說，語意派著力於將語言**理解**（linguistic understanding）程式化，希望藉此導出他們期待的行為；經驗派則試圖直接將語言行為（linguistic behavior）程式化，希望能自動產生「理解」，或證明聊天不需以理解為中介。這兩種方法也在電腦翻譯發展史上各自發揮。幾十年來，翻

譯機計畫的目標多半是以語法為基礎理解語言,先拆解句子結構,再推敲其中蘊含的普遍意義,最後再以另一種語言的語法將句意重新編碼。不料到1990年代,運用統計運算的機器翻譯方式異軍突起(也就是Google使用的方式),讓意義的問題憑空消失。

　　Cleverbot就是如此。它不必知道皇后樂團,不需聽過〈波希米亞狂想曲〉,但只要看到「小丑啊小丑」,就知道後面應該接上「你願為我跳支舞嗎?」它需要知道小丑是17世紀義大利搞笑劇的重要角色嗎?不必;它需要知道方當戈是安達魯西亞民間舞蹈嗎?也不必。它只要知道對方出的「對子」該接哪句「下聯」就行了。Cleverbot和運用同樣原理的聊天機器人,就是這樣用以往使用者的句子回敬現在的使用者。Google翻譯也是一樣,只要有強大的統計功能,再加上海量的聯合國認證翻譯人員文獻庫(謂之「大全」〔corpora〕),就能回收利用前人的翻譯。但Google翻譯和Cleverbot有兩個弱點:一,它們不善於處理罕見及/或非字面意義的句子;二,它們在觀點和風格上難以長久保持一致性。事實上,這兩個罩門是機器翻譯的普遍問題,雖然機器翻譯已越來越能運用於商業領域,但翻譯文學小說仍是機器未能克服的難關。

　　這也有力地點出一件事:翻譯(或寫作)文學小說的工程,沒辦法切成一塊塊分給不同的人去做,不論集體創作、群眾外包或找幽靈寫手都不可能。對文學來說,視角穩定和風格一致太重要了。但奇怪的是:我們創作時還真的這樣搞。

　　身而為人,便是身為獨一無二的人,有自己獨特的個性、看法與人生歷程。人工智慧的個性則是各色人等的大雜燴,智慧型機器和人類的分野並不清楚。所以,仔細想想我們多愛東拼西湊出「藝術創作」,還真是詭異得讓人無言,何況我們這個國家老愛拿「個人主義」說嘴。

　　英國電視影集《辦公室風雲》(The Office)共14集,全都由瑞吉・葛文(Ricky Gervais)和史蒂芬・默錢特(Stephen Merchant)兩名製作人編劇及執

導。這部影集在英國大獲成功，美國版則拆成130集，每一集都由不同的人編劇及執導，結果是每週劇情坑坑窪窪，好像只有演員是連貫的。美國藝術怪異之處正在於此：我們在意的好像是眼光都往哪飄，而非那是誰的眼光。

我小時候很迷富蘭克林・W・狄克森（Franklin W. Dixon）的哈帝男兒（Hardy Boys）探險故事──但只喜歡最早那幾本，後來出的沒什麼意思。我超過15年後才發現：原來根本沒有富蘭克林・W・狄克森這個人，哈帝男兒前16本是個叫萊斯利・麥法連（Leslie McFarlane）的人寫的，接下來20本是由11名不同作者操刀。這下冤有頭債有主了：後來那些故事之所以讓我覺得興趣缺缺，老覺得隱隱約約少了什麼東西，是因為它們的確沒安排好最核心的角色──作者。

對我來說，這種檔次的美感經驗就像不斷盲目約會卻從不深交，就像一直在公車（或網路）和陌生人閒聊卻連對方的名字都不知道。這沒什麼不對，畢竟這些邂逅有時挺愉快，有時讓人難忘，有時甚至能讓你茅塞頓開，何況很多友誼就是從這裡開始的。可是，**一輩子**這樣過有意思嗎？我實在難以想像。

2010年6月，《紐約時報》登了篇文章叫〈死黨從缺〉（The End of the Best Friend），內容是說有些大人出於好意，會刻意干預孩子們的交友情形，如果發現學校或夏令營裡有幾個孩子特別好，他們會介入阻止他們形成小圈圈[6]。報導裡還說：紐約州有個過夜營隊甚至找了「交友教練」來，他們的任務就是留意是否「有哪兩個孩子太膩在一起……（如果有這種情況，）就把他們分到不同運動隊伍，或是吃飯時安排兩人坐遠一點」。聖路易有

---

6 這些大人的動機，有的是希望孩子別在同一個人身上投注太多情感；有的是希望孩子開拓人際關係，增加新的視野；也有大人擔心黏得太緊，以後一旦被排擠會對孩子造成心理傷害。

個輔導老師說：「我覺得孩子們天生就愛膩在一起，把彼此當知心好友。但身為老師和輔導員，我們大人會鼓勵他們不要如此。」Chatroulette 和 Omegle 的使用者沒有話聊可以「換貨」，這些孩子則是**太有話聊**就會被強迫換貨。

○ 客服裡的「換貨」現象

打客服電話時偶爾也會遇上這種事，這時破壞熟悉感幾乎成了客服對客戶的策略。最近有家公司出錯，害我信用卡帳單多了一筆消費，我立馬撥電話過去要他們銷帳，結果如陷五里雲霧，跟個遊魂一般在錯綜複雜的官僚系統裡漂泊。我從來沒遇過這種事，其中最長的一通電話打了有 42 分鐘，總共轉接八次！

這通電話給我的最終結論是：「請明天再來電洽詢。」

每通電話、每次轉接，都把我帶向不同的客服人員，而他們每一個都對我的銷帳要求多疑、警戒、不耐煩。每當我試著激發他們的同理心、請他們站在我的立場想想、開始建立一點小交情──總之，試著讓他們把我看做「有血有肉」的人──沒過多久，我就又被轉給另一個客服人員，再次變成身份不明的「客人甲」。於是我又一次報上名字、卡號、PIN、社會安全碼、我媽的娘家姓、地址、我打電話來的原因……喔，是的，那個方式我試過了……

在研究如何設計圖靈測驗機器人的過程裡，我不禁產生一種熟悉感：我們和其他人的互動過程裡，不也常常不被當人看，憋著一肚子氣浪費一堆時間嗎？我頓時發現我們**為什麼**常常不被當人看，也靈光一閃，想出我們該怎麼解決這個問題。

把人與人的互動燴成一鍋，並沒有辦法造就人際關係。50 次一夜情無法建立關係，50 次快速約會無法建立關係，而當然，在官僚機器裡轉接 50 次電話也無法建立關係。大樹不是一天長成的，把一車樹苗綑起來

也許很壯觀，但那終究不是大樹。片段的人性不叫人性。

○ 一人服務，貫徹始終

如果對話雜燴和正常對話的差異是連續性，那麼，化解客服鬼打牆的方法其實超級簡單：一件問題交給一位客服人員處理，從頭到尾由同一個人負責。

我的手機有幾天出了問題：卡住SIM卡的小塑膠片鬆了。所以呢，我如果要用手機，就非得用根指頭壓住它不可，結果就是我只能打不能接。而且要是我講到一半指頭不小心鬆開，那通電話也就斷了。

那個小塑膠片看起來跟罐裝飲料拉環差不多，但稍微值錢一點，再怎麼說，手機要正常運作非得靠它不可。偏偏這支手機保固期過了，所以照標準程序來，我應該摸摸鼻子老實認栽，再花個幾百美元買支新的。「可……可是這卡樺才一克重啊！買來自己修只要一分錢吧！」我抱頭呻吟，「我懂。」客服人員淡定地說。

那個……我就不能跟你們買個零件嗎？不行？真‧的‧不行？？？

「我想恐怕沒辦法，」她說：「請您等一下好了，我去問經理看看。」

沒過多久，同一位客服拿起電話：「抱歉，經理說愛莫能助。」「可是……」我跟她繼續嚕了一陣。「好……那我問問資深經理好了，請稍等。」她說。

在等她回來的時候，我發現，我那緊緊壓著命運的卡樺快15分鐘的手，開始顫抖了——要是我指頭不小心滑開，要是她不小心按錯一個鈕，要是我電信公司突然出了什麼差錯，要是她電信公司這時意外跳電什麼的——我就又變成客人甲了！我又會變成一個電話號碼，什麼人都是，也什麼人都不是。那位客服小姐和我再也接不上線。

而我到時只能再撥一次電話，再次自我介紹，再次說明問題，再聽一次重購新機的建議，然後再次苦苦哀求裝可憐。

要讓客服機制確實發揮效果，通常得一次次嘗試客服人員建議的方式又不斷失敗，讓他們慢慢對你產生同理心。如果客服甲請你試某種辦法但不奏效，他會對你稍有歉意，因為他讓你白費了一些時間，如此一來，他就稍稍要為這個問題**負責**了。可是這時要是換了客服乙，他可不會為你試了他同事的辦法卻失敗感到歉疚。雖然剛才如果是他接了你的電話，他也會提供一模一樣的建議，但這不是重點，重點是他不是親口告訴你那個建議的人，所以他不須為浪費你的時間負責。

我腦中的小劇場正演得熱鬧，奇蹟出現，**同一位**客服小姐回來了：「我們可以為您破例。」

破例？我腦子一轉：每次軟體出了什麼紕漏，工程師好像總惡狠狠地叫那個問題「例外」（exception）。

○《我的失憶女友》

有些時候，即使視角穩定、風格連貫、觀點一致、眼光不變、品味如———仍舊不夠，你還需要**記憶**的加持。2004 年有部喜劇叫《我的失憶女友》（*50 First Dates*），亞當‧山德勒（Adam Sandler）在劇中熱切追求茱兒‧芭莉摩（Drew Barrymore），後來才發現她出過意外，無法形成新的長期記憶。

對友誼、愛情和親密關係感興趣的哲學家，最近開始把「喜歡的對象」細分為二：一種是我們喜歡的人的**類型**（或者說，我們喜歡的人會有的**特質**），另一種是我們喜歡的**特定的**、與我們生命有連結的人。多倫多大學哲學學者珍妮佛‧懷汀（Jennifer Whiting）把前一種稱為「義理朋友」（impersonal friends）。義理朋友或多或少是可取代的，而且可能滿街都是，但我們**特別**在意的是少數幾個人，世上也沒有人能取代他們。懷汀說，這兩種朋友的差別在於有沒有「往事」（historical properties）。換個方式說，真正的本命朋友和無數的義理朋友**原本都是**可取代的——直到你們開始建立關係。關係會生根發芽，讓你們產生共同的歷史、共同的默契、共同的

34

經驗，以及相互的犧牲、讓步和勝利……

芭莉摩和山德勒的確很登對，簡直是天造地設的一對，但芭莉摩在山德勒心中具有特殊地位，山德勒卻只是芭莉摩「喜歡的那型」。對芭莉摩來說，他和其他**這種型**的人沒什麼兩樣，所以當然可以被另一個人取代。只要芭莉摩的餐廳哪天出現一個同樣開朗、有魅力又討人喜歡的小伙子，山德勒很可能出局。

好在山德勒想出了解決之道：把他們的愛情故事剪成一小段影片，每天一早重新播放。為了讓自己成為芭莉摩無可取代的唯一，山德勒天天為她開往事速成班。

○ 當個有頭有腦的對話者

只要稍稍踏進幾個聊天機器人的「主場」，就會發現設計師們有意把我們變成茱兒‧芭莉摩——甚至更糟，畢竟芭莉摩一再清空的只有長期記憶。在2008年羅布納獎得主Elbot的網頁，每次輸入新的對話，舊的對話就隨之清除，新的句子不斷蓋掉談話紀錄，2007年得主Ultra Hal的頁面也是如此。Cleverbot的網頁也差不多，對話區裡只保留三組最新問答，舊問答則一再上推、隱去，對話紀錄悄悄蒸發，螢幕上不留一絲痕跡——最好使用者腦袋裡也不留一絲痕跡。清除長期對話紀錄讓聊天機器人的工作輕鬆不少，不論從心理學或數學層面來說都是如此。

可是很多時候，其實連清除對話紀錄都沒有必要。（2000、2001及2004年）三度奪得羅布納獎的程式設計師理查‧華萊士（Richard Wallace）說：「A.L.I.C.E.（按：華萊士的聊天機器人）的經驗顯示，大多數閒聊都沒頭沒腦（state-less），每個回答都只根據最新的提問，就算完全不曉得之前的談話脈絡都能回答。」

當然，人類聊天並不都是這樣，可是很多時候確乎如此。所以從策略上說，AI研發者應設法判斷哪些對話沒頭沒腦，並仔細算計怎麼把互動

帶往那個方向。而我們人類參賽者的任務呢，就是竭盡所能不讓它得逞。

　　至於哪些對話堪稱沒頭沒腦之典型？很巧，吵架就是其中之一。

　　1989年，20歲的都柏林大學學院（University College Dublin）大學生馬可・韓福瑞（Mark Humphrys）心血來潮，寫了一個叫MGonz的聊天機器人，連上學校電腦網路後就拍拍屁股走人。沒過多久，有個代號「路人」、來自愛荷華州德瑞克大學（Drake University）的使用者開始丟它水球，傳「finger」訊息給韓佛瑞的帳號。在早期網路社群裡，「finger」指令是詢問對方的基本資訊。令「路人」驚訝的是，回覆一秒出現：「你他媽裝個屁神祕啊？整句話好好講。」「路人」和MGonz就此擦出火花，互嗆一個半小時之久。

　　（最妙的部分是：才吵了二十分鐘左右，「路人」說：「幹你跳針跳爽的喔？你機器人喔幹」）

　　隔天一早回到實驗室，韓福瑞盯著對話記錄目瞪口呆，感覺相當詭異，一肚子五味雜陳。「靠，我的程式算通過圖靈測驗了嗎？」他想，問題是──證據這麼垃圾，是要怎麼發表蛤！？

　　聊天機器人長久以來都朝「非引導式」（non-directive）設計，亦即讓使用者主導話題。韓佛瑞的創舉不是弄出一個專注的傾聽者，而是搞出一個嘴賤的機歪人。如果沒有明確的回話線索，MGonz不是溫言軟語幾句充數（「你還好嗎？」、「我在聽」），而是火力全開冷嘲熱諷（「你他媽混蛋」、「我懶得理你」、「吐不出人話就閉嘴」）。這簡直是天才之作！為什麼呢？只要看看MGonz的對話記錄，你不得不承認吵架是標準的沒頭沒尾，鐵證如山。

　　我就聽過朋友這樣吵架：「你看，你答應好了又沒做，你就是這樣。」「對啊對啊！哪像你每次講話口氣都這麼好。」「好棒棒！要轉移話題講我的口氣是不是？玻璃心沒藥醫。」「你才玻璃心沒藥醫！你上次也是這樣！」「我講過八百萬次了，我從・來・沒・有，你才是……」下略，反正

他們就繼續這樣吵上百千萬劫。聽聽這種吵架，再想想MGonz的豐功偉業，我不禁由衷感恩讚歎：善哉善哉，他們每句話還真的都只跟上一句話有關啊！他們兩個完美示範何謂沒頭沒尾，有力地證明了即使絲毫沒有談話脈絡，還是可以「聊」到天長地久，話題走向就跟馬可夫鏈（Markov chain）一樣隨機，你嗆一句，我回一句，你再嗆一句，我再回一句……如果人類的對話可以降到這種層次，機器通過圖靈測驗也是應該。

這個故事再次說明：探索哪些人類行為是科學模仿得來的，能讓我們更深入思索何謂為人。吵架之所以比其他對話更不複雜，不是沒有理由的。看看MGonz能把吵架模仿得多像，應該能刺激我們活得更像人一點。

如果對話只是謾罵，不論是尖酸風還是罵街風，都只是做球給聊天機器人殺。相反地，如果問的是需要深入說明的問題（例如：「從什麼意義上說？」或「怎麼會這樣？」），多數聊天機器人難以招架。為什麼呢？因為聊天機器人需要寫好的劇本，而細心解釋的回答並不在劇本上。此外，要回應這樣的問題，必須能了解對話的前後脈絡及相關內容，不只是抓住上句話找答案而已。

事實上，看過MGonz的對話紀錄和相關論文之後，我對自己炒熱話題的能力更具信心。既然聊天機器人回話沒頭沒尾、吊兒啷噹，那我就該盡量表現得跟它不同：在簡短而大量的回覆裡，我要盡可能展現對實際議題和談話對象的興趣，而不僅止於回應對方的前一句話。想通這點之後，機械式回話的荒謬與可笑變得無比清晰。如果AI希望對話變得沒頭沒腦，我就要讓它見識有頭有腦的驕傲！我才不屑講話跟個機器人一樣，而我有頭有腦的回覆是：透過科學，我們應該活得更加精彩。

參考資料————————————————————————————————————

16 Alix Spiegel, " 'Voice Blind' Man Befuddled by Mysterious Callers," *Morning Edition*, National Public Radio, July 12, 2010.

17 David Kernell, posting (under the handle "rubico") to the message board www.4chan.org, September 17, 2008.

18 Donald Barthelme,"Not-Knowing," in *Not-Knowing: The Essays and Interviews of Donald Barthelme*, edited by Kim Herzinger (New York: Random House, 1997). 關於「感恩巴別塔讚嘆巴別塔」，程式設計師有個概念叫「多元保平安」（security through diversity），大意是說：駭客入侵的殺傷力只對「說那種語言」的機器有效，基因多元代表沒有一種疾病能消滅整個物種。程式設計師在編寫作業系統時，一定會讓記憶體配置的某些關鍵部分「獨一無二」。所以每台電腦都有些許不同，即使它們是在同一種基本環境下運作亦然。For more, see, e.g., Elena Gabriela Barrantes, David H. Ackley, Stephanie Forrest, Trek S. Palmer, Darko Stefanovic, and Dino Dai Zovi, "Intrusion Detection: Randomized Instruction Set Emulation to Disrupt Binary Code Injection Attacks," *Proceedings of the 10th ACM Conference on Computer and Communication Security* (New York: ACM, 2003), pp. 281–89.

19 "Speed Dating with Yaacov and Sue Deyo," interview by Terry Gross, *Fresh Air*, National Public Radio, August 17, 2005. See also Yaacov Deyo and Sue Deyo, *Speed Dating: The Smarter, Faster Way to Lasting Love* (New York: HarperResource, 2002).

19 "Don't Ask, Don't Tell," season 3, episode 12 of *Sex and the City*, August 27, 2000.

20 For more on how the form/content problem in dating intersects with computers, see the excellent video by the Duke University behavioral economist Dan Ariely, "Why Online Dating Is So Unsatisfying," Big Think, July 7, 2010, bigthink.com/ideas/20749.

20 The 1991 Loebner Prize transcripts, unlike most other years, are unavailable through the Loebner Prize website. The Clay transcripts come by way of Mark Halpern, "The Trouble with the Turing Test," *New Atlantis* (Winter 2006). The Weintraub transcripts, and judge's reaction, come by way of P. J. Skerrett, "Whimsical Software Wins a Prize for Humanness," *Popular Science*, May 1992.

25 Rollo Carpenter, personal interview.

25 Rollo Carpenter, in "PopSci's Future of Communication: Cleverbot," Science Channel, October 6, 2009.

26 Bernard Reginster (lecture, Brown University, October 15, 2003).

26 "giving style to one's character": Friedrich Nietzsche, *The Gay Science*, translated by Walter Kaufman (New York: Vintage, 1974), sec. 290.

26 Jaron Lanier, *You Are Not a Gadget: A Manifesto* (New York: Knopf, 2010).

28 Eugene Demchenko and Vladimir Veselov, "Who Fools Whom?" in *Parsing the Turing Test*, edited by Robert Epstein et al. (New York: Springer, 2008).

29 *Say Anything...* , directed and written by Cameron Crowe (20th Century Fox, 1989).

29 Robert Lockhart, "Integrating Semantics and Empirical Language Data" (lecture at the Chatbots 3.0 conference, Philadelphia, March 27, 2010).

30 For more on Google Translate, the United Nations, and literature, see, e.g., David Bellos, "I, Translator," *New York Times*, March 20, 2010; and Miguel Helft, "Google's Computing Power Refines Translation Tool," *New York Times*, March 8, 2010.

30 *The Office*, directed and written by Ricky Gervais and Stephen Merchant, BBC Two, 2001–3.

31 Hilary Stout, "The End of the Best Friend," also titled "A Best Friend? You Must Be Kidding," *New York Times*, June 16, 2010.

34 *50 First Dates*, directed by Peter Segal (Columbia Pictures, 2004).

34 Jennifer E. Whiting, "Impersonal Friends," Monist 74 (1991), pp. 3–29. See also Jennifer E. Whiting, "Friends and Future Selves," *Philosophical Review* 95 (1986), pp. 547–80; and Bennett Helm, "Friendship," in *The Stanford Encyclopedia of Philosophy*, edited by Edward N. Zalta (Fall 2009 ed.).

35 Richard S. Wallace, "The Anatomy of A.L.I.C.E.," in Epstein et al., *Parsing the Turing Test*.

36 For more on MGonz, see Mark Humphrys, "How My Program Passed the Turing Test," in Epstein et al., *Parsing the Turing Test*.

[3] 遊走的靈魂
The Migratory Soul

○ 喂，往上看，我在這裡

用最簡單的話來說，圖靈測驗的目的是判斷電腦「像不像我們」。人類向來死守自己在受造界中獨特的位置，但電腦科技在20世紀的發展，可能已首次入侵這處聖域。

因此，不論是圖靈測驗的故事，或是對人工智慧的臆想、狂熱與不安的故事，其實都是我們對自己臆想、狂熱與不安的故事。我們的本領有哪些？我們擅長什麼事？我們的獨特之處又在哪裡？電腦科技的發展只說了半部歷史，另外一半是人類對於自己的思索歷程。要回顧這段歷程，我們必須重新檢視靈魂本身的歷史，而這部歷史或許起於最不莊嚴的時刻——女人看到色鬼偷覷她的胸部，教訓他「喂，往上看，我在這裡！」之時。

說得對，看人哪有不看眼睛的？先不談人全身上下最具特色的部分就是臉，觀察另一個人眼光飄到哪裡，也是溝通的重要部分（如果對方突然看向他處，我們往往也會立刻跟著看過去）。注視彼此的眼光和表情，代表我們在意對方的感受、想法和注意的事，要是全然忽視這些東西，光顧著色瞇瞇地盯著人家瞧，百分之百是不知尊重為何物的渾球。

事實上，人類特色之一就是有雙白閃閃的鞏膜——俗稱「眼白」是也，在所有物種裡，就屬人類的鞏膜最大最明顯。科學家對此深感興味，因為這其實是挺大的缺陷。這樣說吧：請回想一下每部戰爭片都有的畫面，那些軍人不是一個個全身迷彩、臉塗得烏漆麻黑的嗎？——請問他們能拿鞏膜怎麼辦？在叢林裡偽裝得萬事俱備，但怎麼也遮不了那炯炯有神

又引人側目的眼白。人類願意花這麼高的代價演化出這麼大的鞏膜，想必有足以服人的道理，所以有人提了個「視覺合作假說」（cooperative eye hypothesis），大意是說鞏膜之所以要這麼顯眼，正是為了讓人能從一定距離之外看清楚另一個人看的方向。馬克斯・普朗克演化人類學研究所（Max Planck Institute for Evolutionary Anthropology）的麥可・托馬塞羅（Michael Tomasello）博士，在2007年發表研究指出：黑猩猩、大猩猩和倭黑猩猩這些與人類最接近的物種，注意的是彼此的**頭轉**的方向，而人類嬰兒注意的是其他人**看**的地方。由此可知，注視眼睛可能是人類獨有的特色。

可是——那位教訓色鬼的女人重點不在這裡。她的重點是：姑娘**我**位在眼球的位置。

我偶爾會做個非正式實驗，問認識的人：「你覺得你在身體哪個位置？指給我看。」大多數人會指額頭、太陽穴，或是兩個眼睛之間。我想部分原因是我們社會很看重視覺，所以很多人覺得「自我」位在視線冒出的區域，另一部分的原因挺明顯：我們21世紀的人總覺得**大腦**是一切行動的主宰。心智（mind）在大腦**裡面**，如果非給靈魂標個位置，標在大腦應該八九不離十。其實17世紀就有人這樣做過，笛卡兒（Descartes）決心找出「靈魂寶座」在身體裡的**確切**位置。皇天不負苦心人，大師最後認定靈魂位在大腦中央的松果體。「靈魂於體內直接發揮作用之處絕非心臟[1]，亦非整個大腦，」他寫道：「那地方位於大腦深處，是個非常小的腺

---

1 我大學第一次讀到這段時覺得超荒誕—像靈魂這種非物質、非空間的實體，為什麼非要**降尊紆貴**物質化成佔空間的東西，「黏」到物質性又佔空間的大腦某處呢？在當時的我看來，非給不需位置的東西定出位置實在搞笑。可是那學期還沒過完我就悟了：那天我把外接式無線網卡插進我的老筆電，在網路上悠游自在開心得很，電光石火之間，我想起我和網路的第一次接觸—我爸跟我解釋他怎麼「上網」時，我一臉天真地問他：「那個『網』在哪裡啊？」這樣說來，認定要接觸到模糊、不具體、無所不在又不需位置的東西，非得透過特定的物質部位或「連接點」，其實並不像乍看之下那麼可笑。

體[2]。」

請注意，大師說靈魂的位置絕非心臟——

在笛卡兒之前，很多文明和思想家也找過靈魂和自我的確切位置，但在人類歷史上大多數時刻，人類並不認為大腦是靈魂的住處。拿古埃及人來說，他們製作木乃伊時會細心保存所有器官——除了大腦之外。為什麼呢？因為照他們的想法[3]，大腦一點用處也沒有，所以他們總拿根鉤子從鼻孔伸進去，忙不迭地把這坨軟綿綿的勞什子摳出來。胃、腸、肺、肝等器官封進罐子好好存著，只有心臟得留在身體裡——照卡爾·齊默（Carl Zimmer）在《靈魂創造肉身》（*Soul Made Flesh*）的說法，古埃及人相信心臟是「人之存在與智能的中樞」。

其實大多數文化都認為自我在胸部某處，窩在胸腔裡的某個器官裡。過去以心臟為思考及感受核心的想法，直到現在還保存在某些英文諺語和譬喻裡，例如「衷心」（in my heart of hearts）、「心碎」（it breaks my heart）或「心意滿滿」（that shows a lot of heart）。在波斯語、烏爾都語（Urdu）、印地語（Hindi）、祖魯語（Zulu）等很多語言中，心的角色由肝取代，所以他們會說「肝意滿滿」。古阿卡德語（Akkadian）也很有趣，在不同文獻裡，*karšu*（心）、*kabattu*（肝）和 *libbu*（胃）指的都是人（或神祇）的想法、思考和意識中心。

我不禁會想：也許曾有某個古埃及姑娘抬頭一看，發現有人深情款款地凝視她的眼睛，也就是她那位在身體邊緣、毫無用處的大腦的位置。她伸手往胸口一指，開口教訓這孟浪小子：嘿，往下看，我在這裡。

41

2 從科學或宗教的某些角度切入，靈魂與身體交會之處，或許非得是相當特殊的地方不可，特殊到正常的物理因果鐵律都無法適用。從形上意義來說，這的確滿尷尬的。所以，笛卡兒想盡可能縮小這違悖物理定律的鬼地方，也許是很合理也很合邏輯的步數。

3 ！

○ 靈魂簡史

　　古希臘稱靈魂為 ψυχή（轉寫為「psyche」[4]），但經過數百年來不同哲學家的詮釋，它的意義和用法已經歷劇烈改變，要將這些差異全部分門別類十分困難。21世紀美國人的說話方式當然和19世紀時不一樣，但對於這兩百年來語感的變化，公元30世紀的學者恐怕沒辦法像我們一樣敏感。事實上，我們有時對四百年來的用語變化都相當遲鈍，例如莎士比亞不是寫了首詩給他情人嗎？「black wires grow on her head」，看到那個「wire」，腦子一時轉不過來的人應該不在少數——莎翁不是作古幾百年後才有電嗎？他顯然不可能把情人的秀髮比做五金行的電線吧？有些語感差異更是幽微，例如聽朋友用老掉牙的陳年老哏，我們可能會回上一句：「靠，80年代風，水喔～」最多也許可以損到90年代風……可是當你埋頭苦讀公元前460年的文獻，你看得出作者是**故意**用公元前470年的哏酸人嗎？

　　回頭來談「靈魂」。雖然整段故事相當長，但歷史上不同時刻冒出不少很有趣的論點。

　　在柏拉圖《斐多篇》（*Phaedo*）裡（約公元前360年成書），蘇格拉底在就義前談了談靈魂，用學者亨錐克・羅倫茲（Hendrik Lorenz）的話說：蘇格拉底認為靈魂「不像肉體那麼容易解體或毀滅，與俗見以為靈魂較為脆弱反之」。**靈魂較為脆弱**！？我眼睛一亮。在蘇格拉底看來，靈魂**超越物質**，可是他的鄉親似乎不這樣想，對他們來說，靈魂是由某種極為輕薄、細緻而精巧的物質所構成[5]（這也是赫拉克利圖斯〔Heraclitus〕的看

42

---

4 「psyche」一字也進入英文，成了個與「靈魂」相關、卻又和「靈魂」意義不同的詞，成了讓語言學和詞源學傷透腦筋的怪咖之一。它每次在歷史文獻裡現身，總要跌破一堆眼鏡，但也萬分有趣。

5 「沙一般大小的大腦，就包含十萬神經元、兩百萬軸突和一億突觸，而且全都在與彼此『對話』。」確實又細緻又精巧。

法6），所以當然比笨重、堅韌又粗獷的身體組織脆弱。由於傳統的靈魂想像已深植人心，初看這種把靈魂當成弱不禁風的物質的主張，我們也許多少覺得滑稽，可是想想腦部受創或阿茲海默症患者的情況，恐怕不得不承認這種看法有其道理（雖然令人傷心）。這個觀點也能連上墮胎議題，因為墮胎議題的焦點之一，就是爭辯胚胎是從什麼時候**變**成人的。而照公元前四世紀希臘人的看法，身體存在於靈魂之先，消滅於靈魂之後。

討論靈魂的成分及持久性的同時，思想家們也試圖回答哪些東西具有靈魂。不只心理學家愛為人類下定義，哲學家也是如此。對於智人與其他物種的差別究竟何在？人類獨特之處到底在哪？哲學家的興頭大得匪夷所思。雖然荷馬（Homer）只在述及人類時使用「psyche」一字，但在他之後，許多思想家和作家都將這個字用得很泛。舉例來說，恩培多克勒（Empedocles）、阿那克薩哥拉（Anaxagoras）和德謨克利圖斯（Democritus），全都把這個字用在植物和動物上，恩培多克勒甚至相信自己前世是棵灌木。米利都的泰利斯（Thales of Miletus）則懷疑磁鐵也有靈魂，因為它們有能力移動別的物體。

奇怪的是，古人對「psyche」一字的用法似乎時緊時鬆，與我們現在使用這個字的脈絡很不一樣。他們有時用它泛稱「生命力」，只要是生物，從人類到小草都有「psyche」；但他們另一些時候又把它看得很重，認為只有夠理智的存在才有「psyche」。柏拉圖論靈魂的主要作品有兩部，在較早完成的《斐多篇》裡，蘇格拉底是將信念、愉悅、慾望和恐懼歸給身體，靈魂則統攝這些感受，並擔起「掌握真理」之責。

在稍晚成書的《理想國》（The Republic）中，柏拉圖指出靈魂有三個部分：慾望（appetite）、意志（spirit）和理性（reason），前兩者較為「低下」，

---

6 菲洛勞斯（Philolaus）的見解雖然不同，但有點相關，他認為靈魂是身體的某種「協調物」（attunement）。

處理飢餓、恐懼等出自身體的需求。

　　亞里斯多德和柏拉圖一樣，並不認為「人有靈魂」便足以道盡事實
——他認為靈魂有三個。他的三分法和柏拉圖的不太一樣，但還是可以相
互對照。亞里斯多德認為植物和動物都有「生魂」（nutritive soul），起於生
物性成長和營養攝取，動物另外還有「覺魂」（appetitive soul），起於動作
和行為，第三個靈魂「理魂」（rational soul）則為人類獨有。

　　請注意：我刻意寫「起於」（arises from）而非「掌管」之類的詞，因為
亞里斯多德認為靈魂是行動的**結果**，而非**原因**。這種看法非常有趣。事實
上，這樣的問題至今仍在困擾圖靈測驗的討論，因為圖靈測驗純以行動為
基礎看待智能，所以照亞里斯多德的標準，我們是否能說機器有靈魂呢？

　　柏拉圖和亞里斯多德之後，希臘興起了另一個哲學學派：斯多噶學派
（Stoicism）。斯多噶學派認為心智（mind）位於心臟，同時把「靈魂」的概
念和廣義的生命力斷然分開。他們與柏拉圖和亞里斯多德不同，並不認為
植物具有靈魂。而隨著斯多噶學派在希臘盛行，大家也逐漸接受靈魂只掌
控精神和心理面向[7]，與生命力無涉。

44

7　斯多噶主義的另一個理論也相當有趣，而且正好與1990年代的電腦科學發展相契。在人
　感到心理矛盾或「三心二意」時，用柏拉圖的靈魂三分說很容易解釋：這就是靈魂的不同
　部分相互衝突，如此而已。可是照斯多噶學派的看法，靈魂只有一個，功能也只有一組，
　而且他們花了很多心思論證靈魂「不可分割」——如果是這樣，該怎麼解釋心理矛盾呢？
　用普魯塔克（Plutarch）的話來說，三心二意是「單一理性向不同方向擺動，但因為變化
　太快也太激烈，所以我們察覺不出」。
　我記得90年代時有個Windows 95的電視廣告是這樣：有四段動畫可以播放，游標每點
　一個就放一個——這是舊的作業系統。突然之間，四部動畫開始同時播放——這是新的
　Windows 95多工系統（multitasking）。然而差不多從2007年以後，多處理器系統（mul-
　tiprocessor）逐漸成為標準配備，多工系統亦相形見絀。歸根究底來說，多工系統和那個
　廣告所輕視的舊作業系統，其實都是在不同處理程序間切換，只不過多工系統是自動切
　換，而且速度確實很快——看來它是「斯多噶式」的。

o 狗狗進不了天堂

斯多噶主義是基督教吸納的重要哲學流派之一，而基督教又對笛卡兒的心智哲學影響甚巨。因此對一神論者笛卡兒來說，（柏拉圖式的）多靈魂說簡直是學術之恥（而當然，基督教的三位一體論怎麼可能有問題呢？），所以他在我們人類和其他東西之間畫出一條線，那條線就是獨一無二的**靈魂**。他比亞里斯多德更人類本位主義，對他來說，除了人類之外，動物統統沒有靈魂，管它是生魂、覺魂還是理魂，**全都**沒有。

於是，每個上過主日學的小朋友都知道，基督教神學有個部分很不近人情。當家裡的寵物開始衰老，小朋友難免會問一些挺感傷的問題，但教會給他們的答案不是語焉不詳，就是讓笨拙得讓人尷尬。主流文化也很愛拿這個作文章，例如有個卡通片就故意取名字叫《天堂狗歷險記》（*All Dogs Go to Heaven*），《濃情巧克力》（*Chocolat*）裡也有這麼一段：教友跑去教堂跟神父告解，想知道他那（沒有靈魂的）狗在齋戒期進了甜點店，不知有罪與否？神父既詞窮又困擾，遂草草要他回去念聖母經和天主經補贖，然後窗子一關，告解結束。

希臘人曾認為動物和植物都有「靈魂」，恩培多克勒甚至認為自己前世是灌木，笛卡兒顯然與他們大相逕庭，而且態度強硬，毫不妥協，連柏拉圖的靈魂三分說和亞里斯多德的三魂說都嗤之以鼻。靈魂是統一無分歧的，而且只有人類才有靈魂，狗狗當然進不了天堂。

o 一切目的的最終目的：Eudaimonia

為什麼這些思想家要討論靈魂呢？窮究生命之源的目的，是為了釐清我們的本質，認識我們在宇宙中的位置，了解人生該怎麼活。

公元前四世紀，亞里斯多德在《尼各馬可倫理學》（*The Nicomachean Ethics*）裡處理了這個問題。此書是亞里斯多德最著名的作品之一，書中論

45

點大致上是如此：生命裡有手段和目的，我們做X以得到Y。但大多數的「目的」其實只是另一些目的的手段。我們給車加油是為了開去商店，去商店是為了買列印紙，買列印紙是為了投履歷，投履歷是為了找工作，找工作是為了賺錢，賺錢是為了買吃的，買吃的是為了活下去，活下去是為了……呃，活著的目的到底是什麼？

亞里斯多德認為，唯有一個目的不是為了其他目的，這個終極目的的希臘文叫「εὐδαιμονία」，英文轉寫為「eudaimonia」，翻譯有好幾種：最常見的是「幸福」（happiness），也有人譯為「成功」（success）或「充實」（flourishing）。從字源上說，它的意義是「心神康泰」（well-being of spirit）。我比較喜歡「充實」這種譯法，因為它不像「幸福」那麼廣泛，不太容易被誤解成膚淺的享樂或消極的爽快（狂吃洋芋片能讓我感到「幸福」，但不會讓我覺得「充實」），也不像「成功」那樣隱隱帶有你死我活的血腥味（玩桌上橄欖球痛宰我中學同學是「成功」，騙到一大筆投資叫「成功」，決鬥時宰了對手也是「成功」，但同樣地，做到這些事不會讓我覺得「充實」）。「充實」有植物欣欣向榮、結實纍纍，但也有時而盡的意象，重點是過程而非結果——完成目的，實現承諾，發揮潛能，正是亞里斯多德念茲在茲的德行。

「幸福」這種譯法的另一個大問題是：古希臘人似乎對你的感受沒什麼興趣。有eudaimonia就是有eudaimonia，管你知不知道或是有沒有體驗到（就這點來說，把「eudaimonia」譯為「成功」還貼切一點）。你可能以為自己有，但其實沒有；也可能以為自己沒有，但實際上有[8]。

Eudaimonia的關鍵是ἀρετή，英文轉寫是「arete」，翻作「卓越」

8　如果看官知道現代心智哲學多重視主觀／客觀之分，一定會覺得古希臘人這種含糊的態度很有意思。事實上，反對機器智能等新興玩意兒的很多論點，都是抬出主觀經驗當神主牌，以此建構防禦工事。可是古希臘人偏偏不太把主觀經驗當一回事。

（excellence）或「目標達成」（fulfillment of purpose）。無論生物或無生物都可用「arete」形容：春天花朵盛開的樹有「arete」，切胡蘿蔔切得俐落的菜刀也有「arete」。

　　且讓另一位風格截然不同的哲學家來說明──尼采說：「沒有什麼東西比優秀（good）更好！何謂優秀？優秀便是具有運用它的某種能力。」如果把這句話改得比較柔和，也讓它更具植物意象，那就是亞里斯多德的論點了。而亞里斯多德給自己的任務，就是想出人類的能力到底是什麼。花的目的是盛開，刀的目的是切剁，那人呢？我們的目的是什麼？

○ 亞里斯多德的人類定義──及其缺點

　　我覺得亞里斯多德的思考方向很有道理：想探究人的目的何在，就去看看哪些能力是人類有而動物沒有的。植物能攝取營養並生長茁壯；動物似乎有意志和慾望，而且能跑能跳能狩獵，還能形成基本社會結構；可是有辦法**理性思考**的，好像只有人類而已。

　　因此亞里斯多德宣布：人類的「arete」在沉思（contemplation）之中──「完美的幸福是種沉思活動。」好像唯恐這樣講還不夠清楚似地，他忍不住多加了一句：「眾神的活動……必定是某種形式的沉思。」我實在忍不住要吐槽：**職業哲學家做出這種結論還真順手啊！**我覺得可以合理質疑這有利益衝突問題。但我們還能怎麼樣呢？到底是他的生活方式導致他做出這個結論，還是有了這個結論他才這樣過日子，實在很難證明，我們只能罪疑惟輕，不要太快下定論。而且……要是讓我們定義「什麼樣的人最像人？」誰不會偷渡一些對自己有利的概念進去呢？最後，即使「思想家讚美思考」這件事看來可疑，但理性似乎確實很重要。

○ 我思

　　力挺理性的希臘思想家很多，它的啦啦隊不只有亞里斯多德而已。如

47

前所述，斯多噶學派也把靈魂縮到理性範圍。不過，亞里斯多德對理性的看法還算持平，因為他認為感官印象（sensory impressions）是思想的媒介（currency）或語言（斯多噶學派的論敵伊比鳩魯學派〔Epicureans〕則認為：具備靈魂的存有的獨特特徵是感官經驗〔當時的哲學家稱作 *qualia*〕，不是智性思考）。柏拉圖就不是這樣了，他似乎想盡可能不牽扯物質世界的實際經驗，更嚮往相對完美、清晰的抽象世界。在柏拉圖之前，蘇格拉底也提過類似看法，他認為心智要是太注意感官經驗，就會「分心」、「失明」、「醉茫茫」[9]。

到了17世紀，笛卡兒綜合這些觀點，也接收對於感官的種種不信任，發展出一種激進的懷疑主義：我怎麼知道我的手真的在我眼前？我怎麼知道世界真的存在？我該怎麼知道**我**存在？

他的回答成了哲學史上最出名的一句話：Cogito ergo sum，我思考故我在。

我思考，所以我存在──不是「我品味世界」（伊比鳩魯可能會這樣講）或「我體驗」，也不是「我感覺」、「我意欲」、「我認知」或「我感受」──不，是我思考。這種最**脫離**現實世界的能力，正足以確認我們真實存在──至少笛卡兒這樣想。

在AI的故事裡，這可能是最有趣、也最諷刺的插曲之一：亞里斯多德不是發明了演繹邏輯嗎？── AI最早學會的正是這項技能。

○ 邏輯閘

這段插曲該從何說起呢？我們也許可以回到19世紀，談談英國數學

9　用亨錐克·羅倫茲的話來說：「當靈魂運用感官並注意可感之物（perceptibles），『就會困惑、暈眩、迷失方向，像是酒醉一樣』。相反地，當靈魂『以自身專注自身』並探索可思之物（intelligibles），便不再迷路，並獲得穩定和智慧。」

家、哲學家喬治・布爾（George Boole）的事蹟：他想出一套系統，可以用AND、OR和NOT當基本指令描述邏輯關係[10]。布爾主張：只要善用AND、OR和NOT編寫流程，從最簡單的句子開始組織，不論多複雜的句子都能建構或破解。可惜的是布爾的想法當時不受重視，被認為實用性不高，只有少數幾個學院派邏輯學家讀過他的論文。直到1930年代中葉，密西根大學一位學生才慧眼獨具，發現它的價值——這個大學生就是克勞德・夏農，他在邏輯課上學到布爾的概念，驚為天人。取得數學及電子工程雙學位後，夏農繼續進入麻省理工學院攻讀碩士。1937年，21歲的夏農靈光一閃，數學和電子工程兩門學科在他腦袋裡連成一氣：布爾邏輯可以透過**電子**方式加以應用！在他那篇被譽為「有史以來最重要的碩士論文」裡，他詳加解釋了應用方式。這是電子式「邏輯閘」的起點，沒過多久，它就進一步發展為處理器。

夏農也提到：我們可以用布爾邏輯的方式來看**數字**，亦即，每個數字都可視為一連串有或無的回答——一連串該數字包不包含2的升冪（1，2，4，8，16……）的回答，因為每個整數都可由整數相加而成。舉例來說，3有1和2，但沒有4、8、16等數字；5有4和1但沒有2；15則有1、2、4和8。透過這種布爾式的邏輯閘，數字可以轉化為邏輯，轉化為一組又一組的有與無、是與非。現在，即使是從沒聽過夏農或布爾的人，對這

10「OR」這個字在英文裡有語意模糊之處：「Do you want sugar or cream with your coffee?（您的咖啡要加糖或奶精嗎？）」的「or」，和「Do you want fries or salad with your burger?（您點的漢堡要配薯條或沙拉嗎？）」的「or」，其實意義不同。第一個句子如果答「要」，代表「糖和奶精都要」，如果答「不要」，代表「糖和奶精都不要」；第二個句子的「or」則是二擇一，薯條或沙拉選一種。我們不會誤會提問者的意思，也能根據喜好給予不同答案，但回答時往往不會意識到句中的「or」有微妙差異。邏輯學家則精確區分兩種「or」，把前後兩者分別定名為「兼容之or」（inclusive or）和「排他之or」（exclusive or）。布爾邏輯裡的「OR」是兼容之or，代表「A或B或A加B」，排他之or（A或B，但非A加B）則以「XOR」表示。

種表現數字的方式應該也不陌生——是的，就是二進位。

總之，21歲的克勞德‧夏農一鳴驚人，一篇碩士論文**同時**打下處理器設計和數位數學的基礎。雖然他這時還不認識他未來的妻子，但他已讓她的職業步入歷史。

從查爾斯‧巴貝奇（Charles Babbage）的機械式邏輯閘開始，一直發展到我們電腦上的積體電路，近代科學狠狠打了「唯有人類有推理能力」的主張一巴掌，而夏農在這段歷史裡厥功至偉。人之所以為人的一切，電腦統統沒有——但它偏偏有那號稱只有人類才有的能力，而且段數比我們還高。我們怎麼會把局面弄得這麼尷尬？這種情況如何影響我們的自我感受？我們的自我感受又如何影響這些發展？這一切到底是怎麼搞的？

我們就先把眼光拉近，看看「自我」在20世紀的變化吧。回顧一下與它有關的哲學，還有它怎麼給搬了家。

○ 死亡從頭來

現代醫界和法界的眼光（請容小弟繼續用「眼光」這個哏），跟前面那位被女士教訓的色鬼一樣，也像哲學界從亞里斯多德到笛卡兒的發展一樣，從人的心肺部位上移到大腦部位，大腦不只成為生命座落之處，也成為死亡降臨之處。

在人類歷史上大多數時候，呼吸和心跳被公認為判定死亡與否的證據。但到了20世紀，不僅認定死亡越來越不容易，連死亡的**定義**都不再清晰，而且與心跳和呼吸的關係似乎越來越低。之所以會出現這種轉變，一來是因為醫界對大腦的認識迅速提升，二來是重啟和／或維持心肺功能的技術突飛猛進（例如CPR、心臟去顫器、呼吸器和心律調節器等等）。在此同時，由於器官移植的可行性大增，死亡判定問題也增加了新的變因：如果能宣告仍有呼吸和心跳的人「死亡」，他們就能捐贈器官，從而挽救其他人的性命[11]。1981年夏，總統特任醫學、生醫及行為研究之倫

理問題研究委員會（President's Commission for the Study of Ethical Problems in Medicine and Biomedical and Behavioral Research）向總統雷根（Ronald Reagan）提交177頁的報告——〈界定死亡〉（"Defining Death"），擴大美國法律對死亡的定義。這份報告採納1968年哈佛醫學院臨時委員會的建議，將心肺仍能自然或透過人工方式發揮運作、但大腦遭受無可恢復之嚴重傷害的病人視同死亡。1981年《統一死亡判定法》（Uniform Determination of Death Act）通過，將死亡界定為「整個大腦（含腦幹）所有功能消失而不可逆」。

　　我們對死亡的法律與醫學定義已把焦點移向腦袋——就跟我們對「何謂活著？」的認知一樣。我們在哪裡尋找生命跡象，也就在哪裡搜羅死亡證據。

　　這項重大的定義轉折雖已完成相當時日，但仍留下不少模糊空間，牽涉到的問題沒有最曖昧，只有更曖昧。舉例來說：大腦**特定部位**重傷算腦死嗎？如果算，是哪個特定部位？對於「新皮質死亡」和「永久植物人狀態」這兩種棘手狀況，《統一死亡判定法》隻字未提，而官方雖然對這些問題保持沉默，但它們每每帶來嚴重的醫學、法律及哲學爭議。纏訟近十年的特麗‧夏沃（Terri Schiavo）案就是顯著的例子（從某種意義上說，訴訟兩造的主要爭執在於：特麗‧夏沃就法律而言是否還算「活著」？）。

　　涉及死亡的法律、倫理及神經學爭議既龐大又複雜，我無意在此攪和。我不打算討論神學問題，窮究古人認為靈魂「降臨」在身體的哪個部位；也無意深入探討笛卡兒「二元論」的形上意義（亦即「精神事物」和「物質事物」究竟是同一種東西構成？還是不同東西構成？）。這些問題可以考掘得很深，但它們和我想討論的問題隔得太遠。我想探討的問題是：我們對於「活著」和「人之為人」的**意義**的看法，如何受到這種解剖學上的焦點轉移影響？又如何影響了這種轉移？

11 心臟需要大腦——如大腦需要心臟，我百分之百同意心臟極其重要——但它可以取代。

過去幾千年來，人之為人的核心（或說本質、意義），似乎從全身轉移到胸部器官（心、肺、肝、胃），又從胸部器官轉移到頭部器官——下次轉移又該轉到哪裡？

比方說，該轉移到左腦還是右腦？

人類大腦是由兩個「腦半球」組成，「腦半球」又稱做「半腦」，左右各一。兩個半腦溝通要靠「極寬頻纜線」——擁有兩億個神經軸突的胼胝體。除了透過胼胝體往來傳送的資訊之外，大腦的兩個半球各自獨立運作——而且運作方式很不一樣。

◌ 裂腦症的啟示

問題來了：我們到底在哪裡？

在裂腦症（split-brain）患者身上，這個問題以極詭異而嚇人的方式凸顯出來。裂腦症患者的兩個腦半球各自為政，無法相互溝通（他們通常是接受胼胝體切開術有以致之，這種手術的目的是為了減輕癲癇症狀）。一位化名為「喬」的裂腦症病患說：「你知道，現在左半腦和右半腦各幹各的，不管另一個了。可是，你不太會注意到這點……感覺上跟以前沒什麼不同。」

值得注意的是：這段陳述的「你」其實說的是「我」，只是在修辭上代換而已，而它指的不再是喬的整個大腦，這個代名詞的指涉範圍縮小了——它現在只指左半腦，也就是掌管語言的半腦。在喬開口時，我們可以說只有這個半腦在講話。

無論如何，喬說「他」（或他的左半腦）不覺得有什麼不一樣。可是照他的醫生麥可・葛詹尼加的說法，喬的確不一樣了：「我們在實驗上要了點花樣，讓他那顆沉默、不講話又失去連結的右半腦接收資訊，再觀察它會產生什麼行為。從實驗結果看來，我想我們的確有理由相信：各式各樣的複雜過程在他左半腦意識之外出現。」

52

　　其中一個怪實驗是：葛詹尼加準備兩張圖片（一張是槌子，另一張是鋸子），讓它們在喬的不同視覺區閃動（例如讓左腦接收槌子圖片，右腦接收鋸子圖片），然後問他：「你看到什麼？」

　　「我看到槌子。」喬說。

　　葛詹尼加停頓一下，再說：「好，現在閉上雙眼，用左手畫出你看到的東西。」喬依照指示拿起麥克筆，開始用（受右腦控制的）左手畫圖。葛詹尼加從旁鼓勵：「放輕鬆，畫就好了。」喬的左手畫出一把鋸子。

　　「畫得不錯啊，」葛詹尼加說：「這是什麼？」

　　「好像是鋸子？」喬一面回答，一面有點困惑。

　　「沒錯。你看到什麼？」

　　「槌子。」

　　「那你為什麼畫鋸子？」

　　「不知道欸……」喬回答，或者說，喬的左半腦這樣回答。

　　另一次實驗是這樣：葛詹尼加向裂腦症病患的「多話」左腦閃動雞爪圖片，向「啞巴」右腦閃動雪堆圖片。結果那名病患畫出一支雪鏟。葛詹尼加問他為什麼畫雪鏟，他毫不猶豫地說：「噢，很簡單啊，雞爪長在雞身上，清理雞棚需要鏟子。」當然，這個解釋十足離譜。

　　左腦似乎總會依經驗做出因果推論，總是想講出個道理。葛詹尼加為這種模式（其實管它是模式還是什麼的）取了名稱，叫「解釋者」（interpreter）。裂腦症患者的例子告訴我們：要編造假因果關係或假動機，對解釋者來說完全不是問題。事實上，說這是「說謊」太沉重了點，它比較接近「信心滿滿地斷定最佳推測」。由於左腦得不到右腦的訊息，這種推測有時只是瞎猜，有雞爪故鏟子的例子就是如此。不過更有趣的是：即使大腦健康無恙，解釋者也未必總能提出正解。

　　我們來看個例子：有名女性接受治療，醫生用電流刺激她的「輔助運動皮質區」（supplementary motor cortex），導致她治療時笑得不能自已。可

53

是她不是疑惑自己為何莫名其妙發笑，反倒以為誰碰上這個陣仗都會想笑：「哈哈哈哈，你們這些人超搞笑的，哈哈哈哈……」

個人認為為人父母有時很慘：嬰兒哭時，他們往往不知道孩子為什麼哭——餓了嗎？渴了嗎？該換尿布了嗎？還是累了想睡？屁孩要是會**講話**多好！無奈寶寶不說，他們只好什麼招都試——來，喝牛奶，不行，還是哭；換尿布，不行，照樣哭；搖啊搖好不好？寶寶睡，寶寶睡……不行，照哭不誤。我不禁想到，我和**自己**的關係有時也是如此。每當我心情鬱卒，我總會想：「工作不順嗎？跟朋友有什麼問題嗎？愛情還好吧？今天喝了多少水咧？咖啡又喝了幾杯？今天吃得正常嗎？是不是運動不夠？還是睡不夠？欸，對了，是不是天氣的關係？」有些時候我能做的就是：吃些水果，在附近跑跑步，小睡一下等等等等，直到心情變好我才事後諸葛：「喔，原來是＿＿＿問題。」我實在不比嬰兒好到哪兒去。

我在研究所時也有一次，做了個不非關痛癢但也不驚天動地的決定之後，我開始覺得「怪怪的」，既然感覺怪怪的，我忍不住重新思考剛才的決定。那時我正搭公車回學校，越是思考，我越是覺得渾身不對勁，不但開始反胃、出汗，好像連全身的血都忽冷忽熱。「天啊，這下好看了！」我記得自己當時這樣想：「這個決定比我本來以為的大條得多！」——不，完全不是如此，我只是中了宿舍那個月流行的腸胃型感冒而已。

這就是「錯誤歸因」（misattribution），你在很多有趣的研究裡都看得到它的身影。舉例來說，研究證明：過吊橋或是坐雲霄飛車的時候，你會覺得身邊的人更有吸引力。為什麼呢？因為心智會強作解人，把身體因恐懼而產生的騷動重新詮釋：「喔！我的心跳得好快啊！但我不可能怕吊橋或雲霄飛車啊，這很安全，白痴才會怕。所以……這就是心動嗎？旁邊那個人一定是我命中注定的……」加拿大也做過一項實驗：請一名女性在卡皮拉諾吊橋（Capilano Suspension Bridge）附近等候，在男性登山客上橋之前或在橋中段給他們電話號碼。結果發現：在橋上遇見她的人，回電找她

約會的比例是另一組的兩倍。

　　有辦法為所作所為想出充分理據的人，比不曉得怎麼解釋自己行為的人更能讓自己脫困。可是，即使某人能對自己怪異或惹人反感的行為提出合理解釋，而且他向來為人誠實，也不代表他的解釋是正確的。很多人有憑空建立因果關係的本事，也有辦法把一件事包裝得合情合理，但這不代表他們更理性、更負責或更有道德──雖然我們常以言舉人，以為他們真的就是正人君子。

　　葛詹尼加說：「像喬這樣的病人還有很多，我們能從他們身上學到的是：心智是由百千億個獨立或半獨立單元（agent）所組成的。這些單元或程序所產生的活動，有很大一部分是我們的意識察覺不到的。」

　　「我們的意識」──看到沒有？**我們的！**葛詹尼加後來明確證實，這句話隱含的意義是：喬口中的代名詞「我」，主要、幾乎、**總是**在指他的左腦。當我們說「我們」時也是如此，葛詹尼加如是說。

⦿ 左腦沙文主義：電腦與生物

　　「神經學和神經心理學的整部歷史，可是說是探索左腦的歷史。」神經學家奧立佛・薩克斯（Oliver Sacks）寫道：

右腦或所謂「次要」（"minor"）半腦一直不受重視的重要原因是：如果是左腦的特定部位受到損傷，我們很容易觀察到對應症狀，可是右腦不一樣，右腦即使受損，對應的症狀也不明顯。有些人不太看得起右腦，覺得它比左腦「原始」，而左腦則被當成人類演化的獨特傑作。從某種意義上說，左腦的確更複雜也更特別，它是靈長類（尤其是人科生物）很晚才發展出的大腦。但另一方面，掌控認知現實這項重要能力的是右腦。不論是哪種生物，要生存就一定要有認知現實的能力。左腦就像是加在基本生物腦上的電腦，它用來跑程式、通電路，而古

典神經學確實比較關注電路而非現實。結果就是：即使右腦受損，也總算冒出一些右腦症狀，它們也只被當成奇言異行。

無獨有偶，神經學家Ｖ・Ｓ・拉瑪錢德朗（V. S. Ramachandran）也對此心有戚戚：

左腦不只擅長實際產出文句的聲音，也會把句法結構扣在文句之上，主導建構所謂語義（semantics），亦即對句意的了解。右腦不一樣，它不直接掌控言詞，但似乎更關注語言裡的幽微層面，例如隱喻、寓意和歧異詞的言外之意。我們的小學不甚注重這方面的能力，但它透過詩歌、神話和戲劇啟發文明，堪稱是文明進步的重要推手。我們常把左腦當成主要或主導的半腦，因為它就像個沙文主義者，自顧自地把所有話搶盡（也許還掌控住大部分內在思考），自以為壟斷了人類最高級的特徵：語言。

「不幸的是，」拉瑪錢德朗說：「啞巴右腦連出聲抗議都沒辦法。」

○ 稍稍偏向其中一側

身兼藝術專家、教育專家和騎士三種身份的肯・羅賓森爵爺（Ken Robinson）說，左腦得到過多注意乃至形成「霸權」的現象，從全球教育系統裡的學科地位高低就可看出：

最頂端是數學和語言，人文學科次之，墊底的則是藝術。世界上每個地方都是如此。在很多教育體系中，連藝術之內都還有高低之分。一般說來，學校對藝術和音樂的重視總超過戲劇和舞蹈。我們要孩子天天上數學，但地球上沒有哪個教育體系天天教舞蹈。為什麼會這樣？

或者說，我們為什麼不天天上舞蹈？數學是很重要沒錯，但我認為舞蹈也一樣重要。如果由著孩子們去，他們從早到晚都會想跳舞，我們大人不也一樣嗎？我們不是都有身體嗎？還是我搞錯了什麼？現在的情況是：隨著孩子們漸漸長大，我們的教育重心也逐漸轉往腰部以上，接著集中在頭部，然後又稍稍偏向其中一側。

哪一側呢？當然是左側。

羅賓森也說：美國教育體系「火上澆油，把智能和能力的概念看得太窄」。如果左腦真像薩克斯說的那樣，「像是加在基本生物腦上的電腦」，那麼從某種意義來說，我們其實已開始把自己當成電腦——我們師法左腦的運作方式、為擁有左腦驕傲，也將自己「定位」在左腦。我們十分看重大腦的功能，為了能進一步提升它的能力，我們從不吝於給予更多酬賞。我們看似想把左腦教得更好，但實際上，我們是讓自己開始變成電腦。

○ 理性人

經濟學領域同樣看得到這種左腦偏見。在經濟學中，情緒總被當成心智平滑曲線的糾結。經濟學認為：做決定時應盡量排除一切情緒，同時盡最大可能計算得失，甚至讓這個過程能透過演算完成。

史丹佛商學研究所（Stanford Graduate School of Business）教授巴巴·希夫（Baba Shiv）說：「如果你去問班傑明·富蘭克林：『我該怎麼做決定呢？』他會建議你列張清單，把你現有選項的好處和壞處全部寫下，然後選好處最多、壞處最少的那個。」

這種不帶情感的分析式決策方式，正符合經濟理論中「理性人」（rational agent）的標準。理性人模式預設消費者或投資者見多識廣，通曉當前市場的一切資訊，有辦法明快分析利弊並做出完美選擇。問題是：現實世界裡的市場、投資者和消費者偏偏沒那麼理性。

58

　　可是，儘管大家承認「決策者理性而無所不知」的預設**有問題**，經濟學家的反應似乎不是以此為基礎修改理論，而是批判這樣不對。就拿2008年出版的《誰說人是理性的！》（*Predictably Irrational*）當例子吧，在這本書中，行為經濟學家丹·艾瑞利（Dan Ariely）舉證歷歷，強調很多人類行為並不符合理性人模式，有力地暴露出這個模式只是空中樓閣。看到這裡，你以為經濟學界打算痛改前非，重新思考以往被忽略或抹黑的人類能力了嗎？只消看看這本書摺口上的「推薦詞」，你就知道答案是斬釘截鐵的「不」。這些推薦人個個不吝賜教，對於書中提到的那些違背經濟理論的荒謬行為，他們很熱心地告訴讀者應該怎麼看待：「（本書）提醒我們如何防止被騙。」哈佛醫學院雷卡納迪醫學講座教授傑若·古柏曼（Jerome Groopman）說；「足證吾等行為何其怪異。」商業作家詹姆斯·索羅維基（James Surowiecki）一嘆；「毛病無奇不有，錯誤無人不犯，洋相盡出。」哈佛心理學家丹尼爾·吉伯特咬牙；「愚蠢錯誤時而帶來災難性後果。」諾貝爾經濟學獎得主喬治·艾克羅夫（George Akerlof）切齒；「管理情緒……對每個人來說都是難題……但有益於避免常見錯誤。」財經大師查爾斯·舒瓦伯（Charles Schwab）開示[12]。

　　另一方面，諾貝爾獎得主、普林斯頓教授丹尼爾·康納曼（Daniel Kahneman）提出告誡：傳統「理性」經濟學裡視為「不理性」的東西，有些根本稱不上科學。舉例來說：如果你可以選擇直接拿走一百萬元，也可以賭上一把，有百分之五十的機會贏得四百萬元，這時該怎麼選呢？「理性」選擇「顯然」是賭一把，因為「期望結果」是兩百萬元，是選擇直接拿走的兩倍，可是大多數人偏偏選直接拿走，真是白痴！──是嗎？事實上，一個人會怎麼選擇，其實取決於他生活有多寬裕：越有錢的人越傾向

12 這本書後來出了續集《不理性的力量》（*The Upside of Irrationality*），標題對不理性的態度是正面了點，但內容並非如此。

賭一把。這樣說來，人越有錢就越有邏輯，越沒錢就越容易被情緒蒙蔽囉？或者我們的大腦就這麼小家子氣，相對於贏錢的爽快，它更不喜歡輸的感覺？但有沒有可能：有錢人選擇賭一把和一般人選擇不賭，其實都完全合乎理性？試想：如果有一家人債務沉重，連房子都要被扣押了，一百萬能**實際**解決他們的問題，而那多出的三百萬猶在未定之天，並不能幫他們多少。對他們來說，「拿四倍或空手回去」的賭注太大，根本玩不起。可是對川普那種土豪來說，一百萬只是零頭，幹嘛不碰碰運氣？整體局面對他有利，不賭白不賭。所以，雖然有錢人和一般人選擇不同，但兩種選擇都**對**。

無奈這種例子總被打入冷宮，經濟學界的氛圍很清楚：不論是認同理性選擇理論的經濟學家，或是對此提出質疑的經濟學者（他們主張「理性受限論」〔bounded rationality〕），**全都**認為不帶情感、史巴克式的決策方式明顯更優。如果可能，我們都該和猿猴祖宗割袍斷義，把牠們拋得越遠越好，但嗚呼哀哉！我們就是狗改不了吃屎，就是會受情緒影響做蠢決定，以後鐵定還是會「出盡洋相」。

不只經濟學界立場如此，從幾百年前到現在，整個西方知識界的主流思想都是如此，翻翻歷史，「生物應該師法電腦」的論調俯拾皆是，「電腦應該師法生物」的呼聲則少之又少，而且相當微弱。直到最近，情況才稍有改變。

巴巴‧希夫說，至少從1960、70年代開始，演化生物學家就在想：欸，要是情緒對做決定的影響這麼糟，人為什麼會發展出情緒呢？要是它真的爛到無以復加，我們為什麼沒演化成另一種樣子？我猜，挺理性選擇理論的人可能會說：「我們現在已經往那個方向發展了，只是演化得不夠快而已。」希夫說，從80年代末經過90年代，神經科學家開始對理性選擇理論提出「全然相反的證據」：「情緒對做出好決定是**重要**而**根本**的。」

希夫曾與一位志願參加測驗的腦傷病人合作過。那位病人因為中風的

60

關係，「情緒腦有一部分完全停擺」。做完一整天測驗和診斷之後，希夫拿出一枝筆和一個小錢包請他選，算是聊表心意。「一般人碰上這麼無關緊要的決定，大概就是看看筆，看看錢包，稍微想一下，然後隨便挑一個就是了。」希夫說：「就這樣，沒什麼大不了的，不過就是筆和錢包嘛。可是那個病人不一樣。他一開始也是看看筆，看看錢包，然後想了一下選了筆，沒想到他正準備起身離開，卻突然猶豫起來，改挑錢包。接著他走出辦公室——又折回來，改挑筆。信不信由你：他回到旅館又改變主意，打電話來留言說：『嗨，我明天過去改挑錢包可以嗎？』就這麼雞毛蒜皮的事耶！他就是三心二意下不了決定。」

南加州大學神經學教授翁湍・班克拉（Antoine Bechara）也遇過這樣的病人，當時有份文件要請他簽名，結果他盯著桌上兩支筆猶豫不決，光決定要用哪枝就花了二十分鐘[13]（由此可見，如果我們是某種電腦／生物混合體，在生物本能和能力受損時，我們很可能陷入非常電腦式的困境——累格，然後當機）。遇上這種非關理性也沒有正確答案的問題，分析式的邏輯思考只能不斷兜圈子，毫無用武之地。

有些問題就是如此，各方案間雖有不同變數，但沒有客觀上的最佳選擇，該怎麼決定端視個人主觀偏好而定（訂飛機票是如此，找房子是如此，而希夫認為「擇偶」也是如此——他的意思是「約會」）。然而過度理智的腦袋拿這種問題沒輒，希夫名之為「抉擇困境」（decision dilemma）。遇上這種情況，即使收集更多資訊可能也幫助不大。記得尚・布理丹（Jean Buridan）的驢子寓言嗎？牠眼前就有兩堆一模一樣的草料，可是牠就是決

---

13 神經學家安東尼歐・達馬吉歐（Antonio Damasio）請他看一些照片，並觀察他的反應。那些照片有斷腿、裸女、火燒房子等，一般人看了都會產生情緒起伏，但他無動於衷，幾乎毫無反應。《銀翼殺手》（Blade Runner）或菲利普・狄克（Philip K. Dick）的粉絲，看到這裡一定會聯想到「孚卡測試」（Voigt-Kampff test）。好在這個病人沒有活在《銀翼殺手》的世界，否則哈里遜・福特（Harrison Ford）鐵定會認為他是「仿生人」——然後宰了他。

定不了該吃哪堆，結果活活餓死。有些選擇就是這樣，我們該做的不是想出「正解」，而是挑出自己**滿意**的選項（然後脫離困境）。

希夫知行合一，說到做到。他和太太是相親結婚（而且談了二十分鐘就決定廝守終身[14]），房子也是兩人一眼中意便決定買下。

○ 正視感覺

這種理性至上的態度或可稱為「半腦偏見」，當然，你想叫它「理性偏見」或「分析偏見」也沒問題，畢竟它真正重視的不是左腦**本身**，而是分析式思考和語言表達。這種偏見既揉雜時代氛圍，也影響社會風氣，最後造成一些十分擾人的結果。

舉例來說，我小時候參加過CCD——基督教教理團契（Confraternity of Christian Doctrine），那是天主教辦的晚間課程，給在非教會學校就讀的孩子上課。對當時的我來說，模範信徒生活就該像隱修士那樣離群索居，盡可能把現世過得像來生，遠離生活中的「生物性」面向。換句話說，活得像亞里斯多德一樣：一輩子完全投入沉思。不吃美食，不跟風打扮，不追求身體之樂（所以不沉迷運動，不跳舞，當然更不該有性行為）。聽音樂可以嗎？適度的話可以，但音樂必須嚴守作曲規則，並符合和諧的數學比例，從而激發純淨的分析精神，抽離汙穢而紛擾的現實世界。

於是，我小時候很不信任自己的身體，對身體產生的怪異感覺更心存警惕。我覺得自己是**精神**，只是**暫時**有個身體，而身體的主要目的就是執行精神的命令（如果它不乖乖聽話，只會造成精神的困擾）。我覺得自己是意識，但處境一如葉慈（Yeats）雋永的詩句：「病於慾念，復困於瀕死之獸」。大人告訴我：等那野獸死絕了，一切也會變得美好得多——但當然，絕對不能自殺，這嚴重違反規則。我們都得待在這勞什子裡，但只要好好

62

14 這可說是**終極版**的圖靈測驗大勝。

等，它終究束縛不了我們。

　　我那時孤傲不群，看到遊樂場裡那些鬼吼鬼叫亂跑亂跳的男生，心裡真瞧不起他們——你們是尼安德塔人嗎？不過我還是有朋友的，只是我們談的不是MS-DOS就是史蒂芬‧霍金（Stephen Hawking）。我那時覺得人需要吃東西實在很煩，所以我把吃飯當例行公事，把食物放進嘴巴安撫一下胃就是了，就像爸媽餵嬰兒吃東西哄他一樣。吃飯很煩，因為它干擾我生活；尿尿很煩，洗澡很煩，每天早晚都要把齒垢刷下來很煩，人生得花三分之一的時間睡覺也很煩。性慾？性慾更煩，我很清楚我已為它付出多大代價（我當時不知為何冒出一種想法：我第一次偷偷自慰時，直通地獄的單程票就已為我準備好了）。

　　我想說的是：這種亞里斯多德／斯多噶／笛卡兒／基督教式的偏見，這種獨尊理性、思考和大腦的態度，這種對感官和肉體的不信任，已經導致一些**極其**怪異的行為。而且不只哲學家如此，律師如此，經濟學家如此，神經學家如此，教育者如此，想「忠心事主」的倒楣鬼如此，全世界幾乎無人不如此。在掙錢需要風吹日曬幹體力活的地方，只有特權階級才能四體不勤還旨酒嘉肴，於是體重超重和臉色蒼白成了身份地位的象徵；可是在靠電腦和鍵盤吃飯的地方，骨瘦如柴和皮膚曬黑倒成了奢侈，即使方法不自然又不健康也有人羨慕。這兩種情況顯然都稱不上理想，而我們如今必須刻意「鍛鍊身體」的事實，也讓我不禁會想：也許有一天，中產階級城市裡的居民要租停車位或買區間票，會故意挑在離辦公室一兩哩的距離，好讓自己多些機會走路——搞不好同一群人還花錢去健身房，然後開車或搭公車過去。我長大的地方離大西洋才三哩遠，可是每到夏天，離海灘一兩條街的日曬沙龍還是人滿為患，生意好得不得了。自以為卓然不群於其他生物，也就是自以為卓然不群於自己的**身體**。採納這種哲學的結果我們都見識到了——實在很怪。

[3]

○ 圖靈機與魂不附體的夢想

靈魂與肉體的問題就是這麼耐人尋味，我也想進一步了解這些問題和電腦科學的關係。我找上戴夫·艾克利（Dave Ackley）教授，他是人工生命領域的專家，目前任職於新墨西哥州立大學（University of New Mexico）和聖塔菲研究所（Santa Fe Institute）。

「這是我很愛靠夭的題目之一，」他說：「在我看來，這個問題是從馮紐曼（von Neumann）、圖靈和ENIAC那夥人設計機器時開始的[15]。他們是以意識心智（conscious mind）為藍本——心無旁騖，一次處理一個問題，只進行有意識的思考，不受干擾，也不與外在世界溝通。運算（computation）尤其如此，它不只對世界渾然不覺，甚至沒發現自己有身體。所以我說運算像個遊魂，名符其實地『魂不附體』。打從人類設計電腦開始，我們就欠它一個身體，這筆帳到現在都還沒還。」

我後來在想：我們真會以為自己欠電腦一個身體嗎？我們被柏拉圖和笛卡兒洗腦太久，恐怕早已根深蒂固地不信任感官，設計電腦時要是有什麼別的念頭，大概也是巴不得**我們**能更像它們吧。換句話說：我們設計電腦根本是設計心酸的，瞧它魂不附體的樣子，多令人羨慕啊！事實上，有些學派好像還真這麼想，對他們來說，運算簡直是沛然莫之能禦的狂喜。對於未來世界的樣貌，部分電腦科學家已提出預測，而在2005年出版的《奇點臨近》（*The Singularity Is Near*）裡，雷·庫茲威爾（Ray Kurzweil）預言的烏托邦未來是這樣的：到那個時候，我們將能卸下身體，把心智上傳電腦，在虛擬世界裡天長地久、永生不死、魂不附體地活下去。啊，好個駭

64

---

15 「那夥人」是賓州大學的約翰·莫克利（John Mauchly）和普瑞斯伯·艾克特（J. Presper Eckert）。ENIAC全名是電子式數字積分電腦（Electronic Numerical Integrator and Computer），1946年製造，一開始用於氫彈研發所需的計算。ENIAC是第一個全電子且通用的計算機。

客天堂！

　　艾克利也提到一點：從傳統來看，大多數運算工作不需動態系統、不需互動，也不需統整取自現實世界的即時資料。電腦的理論模型的確是如此──不論是圖靈機或馮紐曼結構，目標似乎都是為了重現完美的思考過程：有意識地、嚴謹地推理。艾克利說得好：「馮紐曼機是在描繪人思考時的意識心智：先做長除法，然後套入演算法一步一步來。問題是大腦不是這樣運作的，**心智**也只在某些時候才會如此。」

　　我接著請教的是麻州大學理論電腦科學家哈娃・席格曼（Hava Siegelmann），她也同意艾克利的看法：「圖靈（在數學上）非常聰明，於是他把圖靈機設計成了**數學家**[16]。它仿效的是人解決問題的模式，而不是人認出老媽的模式。」（如薩克斯所說，後者是「右腦」的守備範圍。）

　　18世紀的歐洲一度吹起機器生物風潮，外觀和動作像人或動物的新奇玩藝兒大量問世，其中最有名也最受歡迎的是「消化鴨」（Canard Digéra-teur），由夏克・德・沃康松（Jacques de Vaucanson）於1739年製作。這隻鴨轟動一時，連伏爾泰（Voltaire）都寫過它：「Sans . . . le canard de Vau-canson vous n'auriez rien qui fit ressouvenir de la gloire de la France（倘無……沃氏之鴨，吾等無物緬懷法蘭西榮光）。」（有好事之徒翻了個戲謔版：「要是沒有撇條鴨，我們想不到法國好棒棒。」）

　　沃康松說鴨子裡有「化學裝置」，能模仿消化過程，但事實上，他只是在肛門裡藏了一袋染綠的麵包屑，鴨子吃完一陣子就自動排出來。史丹佛教授潔西卡・李斯金（Jessica Riskin）推測，沃康松之所以對模仿消化過程興趣缺缺，應該是因為當時的人普遍認為：人體只有「整潔」的部分（如肌肉、骨骼、關節）才能用齒輪和槓桿模仿，「雜亂」的過程（如

---

16 讓我們複習一下圖靈的說法：「或許可以這樣解釋數位電腦背後的概念：只要是人類計算　　師能做的工作，這種機器都能做。」

[3]

咀嚼、消化、排泄）不能——我們在模仿人類心智時，是不是也有類似的念頭呢？

其實電腦科學領域很早就分成兩個陣營：有些研究者追求更「整潔」的演算法結構，另一些人則投入較為「雜亂」、格式塔（gestalt）導向的結構。雖然兩個陣營都有斬獲，但從圖靈時開始，電腦領域裡佔上風的一直是「演算派」，「統計派」總像個陪練的。直到最近，情況才開始改變。

○ 翻譯

神經網絡、類比計算，以及（相對於演算法的）統計式運算，至少從1940年代早期開始就引起科學家們的興趣。但直到本世紀之交，佔主導地位的始終是以規則為基礎的演算法模式。

只要將特定問題獨立出來觀察，就可以把變化過程看得非常清楚。就拿機器翻譯的問題來說好了：早期方法是建立巨型「字典」，從意義下手把不同語言的字一一配對，再依文法和句式以演算法將某語言轉換為另一語言（舉例來說，把英文翻成西班牙文時，須將原置於名詞之前的形容詞挪到名詞之後）。

為了進一步了解箇中奧妙，我打電話給加州大學聖地牙哥分校計算語言學家羅傑·李維（Roger Levy），請教一個與翻譯相關的問題：換句話說（paraphrase）。李維說：「老實講，身為計算語言學家，我實在難以想像能通過圖靈測驗的程式。如果我去參賽的話，我會挑個相對複雜的句子，跟對方說：『你剛剛說＿＿＿＿＿＿對吧？同樣一句話也可以這樣講、那樣講、這樣講或那樣講。』對電腦來說，換句話說非常難。」不過他也提醒，這樣「炫技」可能適得其反，因為實在有點做作，不然我就得解釋清楚為什麼電腦很難做到。「這取決於評審對此了解多深。」他說：「不過聊得短有聊得短的好處，因為這時會很依賴語用推理（pragmatic inferences），你們得靠對現實世界的認識回應，這對電腦來說很難。」

66

　　我請他舉幾個例子說明「語用推理」。他說：「我們最近剛好做了個實驗，是關於人對句子的即時理解。我會講一句語義模糊的句子，然後問受試者對那句話的理解。比方說：『約翰幫忙顧那個音樂家的小孩，那傢伙又踐又粗魯。』你覺得『那傢伙』指的是誰？」我說我覺得指的是音樂家。李維說：「好。如果我這樣說呢？『約翰討厭那個音樂家的小孩，那傢伙又踐又粗魯。』」我說這樣聽來，粗魯的是音樂家的小孩。「就是這樣！到目前為止，還沒有哪個系統分辨得出語義差別。」

　　這樣看來，日常對話光是靠字典和文法絕對不夠。請比較一下這幾句話：「把披薩從爐子拿出來，然後把它關上。」；「把披薩從爐子拿出來，然後把它放到櫃台上。」；「我一手拿杯咖啡一手拿盒牛奶，沒先看有沒有過期就把它倒進去了。」要分辨這幾句裡的代名詞「它」指的是什麼，得了解現實世界的運作方式，光是了解語言絕對不夠（即使程式寫得周密，有寫入「咖啡和牛奶都是液體」、「杯和盒都是容器」、「只有液體可以『倒』」等等，還是無法判斷第三句說的是把咖啡倒進盒裡，還是把牛奶倒進杯裡）。

　　所以不少研究者認為：把語言分解為同義字庫和文法規則，並無法解決翻譯的問題。於是，新的嘗試或多或少全然拋棄這種策略。舉例來說，在2006年的 NIST 機器翻譯賽裡，Google 的一支隊伍贏得壓倒性勝利。讓不少機器翻譯專家驚訝的是：在這支隊伍中，居然沒有一個人懂比賽裡的阿拉伯文和中文。其實你甚至能說：連軟體自己都不懂這兩種語言的字義和文法規則，因為它只是從量大質精的人類翻譯資料庫裡撈寶[17]（大多數是聯合國會議紀錄，由此可見，聯合國資料庫堪稱21世紀的數位版羅塞塔石碑〔Rosetta stone〕），把以前已經譯好的語句拼湊起來。五年過後，

---

17 有趣的是，這代表對電腦來說，換句話說比翻譯更難。為什麼呢？因為沒有夠大型的換句話說資料庫當統計式方法的後盾。諷刺的是，在我勉強想得到的一些例子裡，最有希望的是文學或宗教文獻的不同譯本。

雖然這種「統計式」的翻譯技術仍不完美,但規則式的翻譯程式已看不到它的車尾燈。

除了機器翻譯之外,統計式方法還有在其他領域擊敗規則式方法嗎?當然有,其中一個正是我們右腦的專長:辨識物體。

○ 使用者經驗(UX)

還有一個概念讓左腦式的嚴謹分析方式徒呼負負:UX——使用者經驗(User Experience)。它重視的是使用者使用特定軟體或科技的經驗,而非該機件的純科技性能。電腦科技剛出現時,研發者都把焦點放在科技能力上,電腦的處理能力也不負眾望,在20世紀一日千里[18]。1990年代的電腦科技發展確實亮眼,只是那實在稱不上美好時光。我這樣講不是沒原因的:我學校同學那時買了台新電腦,興高采烈地邀大家去見識見識。結果呢?那台高科技產物一直過熱,我同學只好把機殼打開,把處理器和主機板掏出來,讓它們靠電線懸在桌子邊緣,再開房間裡的電扇把熱氣吹出去。鍵盤每按必卡不說,滑鼠可能得有暴龍的爪子才能操作自如,按得人手抽筋。顯示器很小,顏色也毫不亮麗。可是從運算上來說,那玩意兒確實很了不起。

這似乎就是當時的美學。我八年級時第一次暑假打工四處碰壁:應徵餐館雜工,失敗;應徵高爾夫球場桿弟,失敗;應徵夏令營輔導員,還是失敗。最後我總算被一家網頁設計公司錄取,整家公司我年紀最小,大概跟其他人差了十歲;整家公司我也薪水最低,差不多低了百分之五百。而我每天的工作內容呢?從「欸,布萊恩,去把廁所的衛生紙和紙巾加一下。」到「嘿,布萊恩,我們幫Canon做的新e化商業內部平台弄好了,

18 這股潮流即所謂「摩爾定律」(Moore's Law)。1965年時,英特爾共同創辦人高登‧摩爾(Gordon Moore)預測:處理器上的電晶體數量會每兩年增加一倍。

你去做些安全測試。」──統統是我的業務範圍。我記得我師父有天悠悠道出網頁設計公司的心法，一字一字篤定地說：「功能重於形式。」

當時似乎整個電腦產業都把這奉為圭臬，於是乎功能開始超越功能：有好一段時間，硬體和軟體的纏鬥創造出一種詭異的局面──電腦的速度突飛猛進，但怎麼快也跟不上**使用需求**，因為軟體對於系統資源的要求越來越高，不但把硬體進步的成果吃乾抹淨，有時還把硬體能力拋在後頭（舉例來說，與 Office 2000 搭配 Windows 2000 相比，Office 2007 搭配 Windows Vista 所佔的記憶體是前者的 12 倍，處理能力需求則是前者的三倍，這種組合的執行緒幾乎是之前版本的兩倍）。這種局面有時被稱為「安迪與比爾法則」（Andy and Bill's Law）：「安迪端出什麼，比爾就拿走什麼。」兩位主角不是別人，正是英特爾的安迪‧葛洛夫（Andy Grove）和微軟的比爾‧蓋茲（Bill Gates）。使用者每次買了新機，都得面對同樣的龜速和當機，新機的運算能力是大幅長進沒錯，但這些進步也全給新「功能」吞去。兩大企業殺紅了眼，各自投入幾十億經費、幾千年研發時數，就為了在軟體和硬體之爭上贏對方一著。但不論有什麼進展，總立刻被抵銷，使用者經驗無人理睬。

不過，我覺得消費者和企業的態度在過去幾年有了改變。蘋果的第一個產品 Apple I 沒有鍵盤、沒有顯示器，甚至連包覆線路板的**機殼**都沒有。可是沒過多久，他們就開始以使用者經驗為己任，把 UX 看得比電腦能力重要──也比價格低廉重要。現在，不論是迷戀或厭惡蘋果電腦的人，都同意它確實有個特點──優雅。直到幾年以前，幾乎沒人認為電腦這種機器可能具有這項特質，或應該具備這項特質（或既不可能也不需要）。

同樣地，在運算技術逐漸應用到行動裝置之後，產品研發的重點也發生轉移，從硬梆梆的運算能力轉往產品整體設計、流暢度、反應力及操作便利性。電腦研發重心的這種轉變令人欣喜，它反映出對於人類智能更健康的態度──不獨以人類智能的複雜性和能力為尚，也珍惜它感性、靈

活、能反應的特色。研發重心的轉移可能是促成這種態度的原因，也可能是後者帶來的結果，而當然，新的局面也或許是兩者相互影響所致。20世紀的電腦發展，幫助我們注意到人類智能的另外一面。

○ 恢復平衡

　　薩克斯說我們是附在生物上的電腦，這不是在貶低生物或電腦，也不是說雙體船（catamaran）應該變成獨木舟。他想強調的並不是：人類好不容易靠理性擺脫了一些獸性，而我們應該堅定意志繼續往這個方向發展。這句話的重點是兩者之間的張力，或者換個方式說更好：這句話想強調的是兩者之間的合作、對話與共鳴。

　　Scattergories和Boggle是兩種玩法不同的文字遊戲，但計分方式一樣。每個玩家都會拿到一份字單，只要有兩份以上的字單出現同一個字，就把它畫掉，最後由字單上剩下最多字的玩家獲勝。我總覺得這種計分方式太殘忍了點，請想想：要是其中一個玩家的字單上有四個字，但其他四個對手的字單上，都正好有個字跟他字單上的字一樣。一輪下來平手，但感覺起來就是怪怪的……當人類獨特性的防線一步步退後，我們也把「人之為人」的雞蛋放到越來越少的籃子裡。然後電腦出現了，一傢伙奪走最後一個籃子，刪掉最後一個字。我們這才驚覺：原來人類獨特性跟那個籃子一點關係也沒有。我們築起層層壁壘，想方設法要把自己和機器及其他物種區隔開來，結果是我們不斷內撤。當我們打開最後一道門閃身躲進，卻發現電腦把我們吐了出去——重見天日。

　　誰想得到電腦**最早**的成就是邏輯分析，那個我們以為地球上只有人類才有的能力？誰想得到電腦還沒學會騎腳踏車，就已經懂得駕駛汽車和引導飛彈？誰想得到電腦還沒辦法好好聊天幾分鐘，就有本事以巴哈之風作出前奏曲？誰想得到電腦還不會換句話說就能**翻譯**？又有誰想得到電腦能謅出看似有理的後現代短文[19]，卻沒辦法像嬰兒那樣，看到椅

子會說「椅子」？

　　我們忘了什麼值得讚嘆，而電腦正提醒我們。

　　我有個死黨讀高中時當過咖啡師。一整天工作下來，她得為每一杯濃縮咖啡做出無數次細膩調整，從豆子的新鮮度、機器的溫度到氣壓對蒸氣量的影響，每一個環節都需要仔細留意。在她如八爪章魚般操作咖啡機的同時，還得分神跟顧客哈啦，不管什麼話題都得回應幾句。後來她上了大學畢了業，也找到人生第一份「正式」工作——從早到晚一板一眼地輸入資料。她總想回到當咖啡師的那段日子，她在那份工作上才把智慧發揮得淋漓盡致。

　　我覺得我們最好擺脫這些奇怪的偏見，不要繼續獨尊分析式思考，也不要因此貶低生物性（或所謂「獸性」）及生命的具體面向。在開啟 AI 時代的此刻，我們或許該重新恢復**平衡**，不像以往那樣總「稍稍偏向其中一側」。

　　此外，不論在資本主義或前資本主義勞動力教育體系裡，我們都已看出分工和專業化十分重要。相關案例數不勝數，但我想舉的例子是 2005 年出版的《藍海策略：開創無人競爭的全新市場》（*Blue Ocean Strategy: How to Create Uncontested Market Space and Make the Competition Irrelevant*）。這本書的主要概念是：我們應避開競爭嚴酷的血腥「紅海」，前往尚未開發的市場「藍海」。如果世上只有人類和動物，偏重左腦思考或許還有點道理，可是在電腦堂堂登場之後，局勢已大幅改變，最藍的海已不再位於我們熟悉的地方。

　　另一方面，人類也在改變。我們不再那麼輕視「沒有靈魂的」動物，

19 例如：「設若傅柯關於權力關係的前提為真，你若詳加檢視資本主義論述，將不得不面臨一項抉擇：不是拒絕虛無主義，就是認定作者的目標是社會評論。」還有：「因此，主體被捲入一種虛無主義，這種虛無主義將意識視為悖論。」這裡只引兩個句子，其他佳句請見：www.elsewhere.org/pomo。

[3]

也不再不甘承認自己源於「野獸」。我們變得更世俗化，更傾向經驗主義，也越來越珍視其他物種的認知與行為能力。毫不意外的是，我們發現有種東西比黑猩猩和倭黑猩猩更沒血沒淚——從這個層面來看，人工智慧搞不好能讓我們更重視動物權。

我們很可能已見識過左腦偏見的高峰。如果我們看待大腦、心智和人類身份的方式能恢復平衡，在我看來是好事一椿。如此一來，我們對各種任務的複雜性也會有新的認識。

我打從心裡相信：只有結合經驗和理解，才能……**真正解放認知**；只有見過真正冰冷、僵硬、抽離又隔絕感官現實的純抽象思考，才能讓我們斷然放下對它的執念。唯有如此，我們才能回復正常。

詩人理查·肯尼（Richard Kenney）是我研究所的指導教授之一，他說詩是「揉合文字和音樂的混種藝術」，就跟地衣一樣。地衣這種「生物」其實不是單一物種，而是真菌和藻類的共生，因為這種共生隨處可見，所以地衣也一直被當成一種生物。直到1867年，瑞士植物學家西蒙·許溫德納（Simon Schwendener）才言人之所未言，指出地衣其實是兩種生物。此話一出，歐洲頂尖的藻類學家全都笑他，芬蘭植物學家威廉·倪蘭德（William Nylander）還編出個拉丁文植物學名「stultitia Schwendeneriana」，意思是「白痴許溫德納」。當然，事實證明許溫德納完全正確。雖然地衣這種「生物」好像和人隔了十萬八千里，但我們之間其實有相似之處。

想到地衣，想到混種藝術，想到猴子和機器人手牽手，我覺得心有戚戚，深有所感——人類不也是如此嗎？我們打從骨子裡就是混種。有些最美好也最人性的情感，正是來自這種電腦與生物結合的地衣式狀態，慾望與理性在人身上交會、相混，使我們既意識到自己的限制，又奮力突破極限，好奇促成探索，探索帶來啟蒙，啟蒙造就奇蹟，而奇蹟引起敬畏。

拉瑪錢德朗說過一個案例：「我有個病人是神經學家，住在紐約，60歲時突然癲癇發作，原因是右顳葉出了問題。癲癇發作當然是項警訊，但

72

73

令他驚喜的是：他居然生平第一次迷上讀詩。他甚至連思考都用詩句，源源不絕冒出押韻的句子。他說詩的視野讓他活得更好，在他開始對人生有些倦怠的時候，這次意外為他開了另一扇窗。」

　　也許人工智慧正是這樣一次癲癇。

參考資料

39 Hiromi Kobayashi and Shiro Kohshima, "Unique Morphology of the Human Eye," *Nature* 387, no. 6635, June 19, 1997, pp. 767–68.

39 Michael Tomasello et al., "Reliance on Head Versus Eyes in the Gaze Following of Great Apes and Human Infants: The Cooperative Eye Hypothesis," *Journal of Human Evolution* 52, no. 3 (March 2007), pp. 314–20.

39 Gert-Jan Lokhorst, "Descartes and the Pineal Gland," in *The Stanford Encyclopedia of Philosophy*, edited by Edward N. Zalta (Spring 2009 ed.).

40 Carl Zimmer, *Soul Made Flesh: The Discovery of the Brain—and How It Changed the World* (New York: Free Press, 2004).

41 Karšu and the other terms: Leo G. Perdue, *The Sword and the Stylus: An Introduction to Wisdom in the Age of Empires* (Grand Rapids, Mich.: W. B. Eerdmans, 2008). See also Dale Launderville, *Spirit and Reason: The Embodied Character of Ezekiel's Symbolic Thinking* (Waco, Tex.: Baylor University Press, 2007).

41 "black wires grow on her head": The Shakespeare poem is the famous Sonnet 130, "My mistress' eyes are nothing like the sun..."

42 Hendrik Lorenz, "Ancient Theories of Soul," in *The Stanford Encyclopedia of Philosophy*, edited by Edward N. Zalta (Summer 2009 ed.).

42 「沙一般大小的大腦」: V. S. Ramachandran and Sandra Blakeslee, *Phantoms in the Brain: Probing the Mysteries of the Human Mind* (New York: William Morrow, 1998).

44 *All Dogs Go to Heaven*, directed by Don Bluth (Goldcrest, 1989).

44 *Chocolat*, directed by Lasse Hallström (Miramax, 2000).

46 Friedrich Nietzsche, *The Complete Works of Friedrich Nietzsche, Volume 4: The Will to Power, Book One and Two*, translated by Oscar Levy (London: George Allen and Unwin, 1924), sec. 75.

46 Aristotle, *The Nicomachean Ethics*, translated by J.A.K. Thomson and Hugh Tredennick (London: Penguin, 2004), 1178b5–25.

49 ClaudeShannon,"A Symbolic Analysis of Relay and Switching Circuits" (master's thesis, Massachusetts Institute of Technology, 1940).

50 President's Commission for the Study of Ethical Problems in Medicine and Biomedical and Behavioral Research, *Defining Death: Medical, Legal, and Critical Issues in the Determination of Death* (Washington, D.C.: U.S. Government Printing Office, 1981).

50 Ad Hoc Committee of the Harvard Medical School to Examine the Definition of Brain Death, "A Definition of Irreversible Coma," *Journal of the American Medical Association*

205, no. 6 (August 1968), pp. 337–40.

51 The National Conference of Commissioners on Uniform State Laws, Uniform Determination of Death Act (1981).

52 Michael Gazzaniga, "The Split Brain Revisited," *Scientific American* (2002). See also the numerous videos available on YouTube of Gazzaniga's interviews and research: "Early Split Brain Research: Michael Gazzaniga Interview," www.youtube.com/watch?v=0lmfxQ-HK7Y; "Split Brain Behavioral Experiments," www.youtube.com/ watch?v=ZMLzP1VCANo; "Split-Brain Patients," www.youtube.com/ watch?v=MZnyQewsB_Y.

53 "You guys are just so *funny*": Ramachandran and Blakeslee, *Phantoms in the Brain*, citing Itzhak Fried, Charles L. Wilson, Katherine A. MacDonald, and Eric J. Behnke, "Electric Current Stimulates Laughter," *Nature* 391 (February 1998), p. 650.

54 a woman gave her number to male hikers: Donald G. Dutton and Arthur P. Aron, "Some Evidence for Heightened Sexual Attraction Under Conditions of High Anxiety," *Journal of Personality and Social Psychology* 30 (1974).

55 Oliver Sacks, *The Man Who Mistook His Wife for a Hat* (New York: Summit Books, 1985).

56 Ramachandran and Blakeslee, *Phantoms in the Brain*.

56 Ken Robinson, "Ken Robinson Says Schools Kill Creativity," TED.com.

57 Ken Robinson, "Transform Education? Yes, We Must," Huffington Post, January 11, 2009.

58 Baba Shiv, "The Frinky Science of the Human Mind" (lecture, 2009).

58 Dan Ariely, *Predictably Irrational* (New York: Harper, 2008).

58 Dan Ariely, *The Upside of Irrationality: The Unexpected Benefits of Defying Logic at Work and at Home* (New York: Harper, 2010).

59 Daniel Kahneman, "A Short Course in Thinking About Thinking" (lecture series), Edge Master Class 07, Auberge du Soleil, Rutherford, Calif., July 20–22, 2007, www.edge.org/3rd_culture/kahneman07/kahneman07_index.html.

60 Antoine Bechara, "Choice," *Radiolab*, November 14, 2008.

60 《銀翼殺手》：*Blade Runner*, directed by Ridley Scott (Warner Bros., 1982).

60 菲利普‧狄克：Philip K. Dick, *Do Androids Dream of Electric Sheep?* (Garden City, N.Y.: Doubleday, 1968).

62 William Butler Yeats, "Sailing to Byzantium," in *The Tower* (New York: Macmillan, 1928).

63 Dave Ackley, personal interview.

64 Ray Kurzweil, *The Singularity Is Near: When Humans Transcend Biology* (New York: Viking, 2005).

64 Hava Siegelmann, personal interview.

65 See Jessica Riskin, "The Defecating Duck; or, The Ambiguous Origins of Artificial Life,"

Critical Inquiry 20, no. 4 (Summer 2003), pp. 599–633.

66 Roger Levy, personal interview.

67 Jim Giles, "Google Tops Translation Ranking," *Nature News*, November 7, 2006. See also Bill Softky, "How Google Translates Without Understanding," *The Register*, May 15, 2007; and the official NIST results from 2006 at http://www.itl.nist.gov/iad/mig/tests/mt/2006/doc/mt06eval_official_results.html. 值得注意的是，要翻譯德文這種與英文句法差異很大的語言（某個字在來源語言〔source language〕語句裡的位置，可能與它出現在目標語言〔target language〕語句裡的位置天差地遠），純統計方法就沒那麼成功。這時若能將實際語法規則寫死（hard-coding）或加進推論（inference）（例如：「句子通常有『主語』部分和『謂語』部分」），對翻譯軟體的運作助益很大。

69 Randall C. Kennedy, "Fat, Fatter, Fattest: Microsoft's Kings of Bloat," *InfoWorld*, April 14, 2008.

71 W. Chan Kim and Renée Mauborgne, *Blue Ocean Strategy: How to Create Uncontested Market Space and Make the Competition Irrelevant* (Boston: Harvard Business School Press, 2005).

72 awe: 與一般看法相反：最可能被轉寄或「爆紅」的似乎是能引起敬畏之情的文章，而不是網路上無所不在的驚悚、色情及／或酸文。See John Tierney, "People Share News Online That Inspires Awe, Researchers Find," *New York Times*, February 8, 2010, which cites the University of Pennsylvania's Jonah Berger and Katherine Milkman's study, "Social Transmission and Viral Culture."

[4] 量身打造 vs. 統一規格

Site-Specificity vs. Pure Technique

○ ELIZA行誼

傳送：男人都一樣。 74

接收：都怎樣？

傳送：老是拿各種莫名其妙的事煩我們。

接收：舉個例子好嗎？

傳送：嗯，我男朋友要我來這裡。

接收：你男朋友要你來這裡。

傳送：他說我每天都鬱鬱寡歡。

接收：你鬱鬱寡歡嗎？我真為你難過。

傳送：真的。我不開心。

接收：你覺得來這裡可以讓你不要不開心嗎？

傳送：我需要點幫助，這我很確定。

接收：如果你得到點幫助，你覺得會怎樣呢？

傳送：也許我會更懂怎麼和我媽相處。

接收：多跟我談談你家裡的事。

　　圖靈測驗在1950年首次提出時，它只是個假設——當時的科技還遠遠無法實際進行這個測驗。但我們現在都已知道：科技沒過幾年就追了上來。第一個引起廣泛注意的電腦對話程式是ELIZA[1]，於1964和1965年 75 由約瑟夫·維森班（Joseph Weizenbaum）在麻省理工學院完成。要談電腦

對話程式的歷史，就不能不談這些程式本身多采多姿的「個性」，也不可不提創造它們的人的脾性。ELIZA的故事高潮迭起，尤具趣味。它是以羅傑斯派（Rogerian）心理治療師為範本所設計的，運作規則很簡單：從使用者的話裡擷取關鍵詞彙，然後擺進回應裡拋回去（例如：「我不開心。」「你覺得來這裡可以讓你不要不開心嗎？」）。如果不知如何回話，程式就丟句無關痛癢的回應，例如「請繼續說」。這種方式叫「模板匹配」（template matching），把使用者的話填進事先寫好的模式裡，或以程式本身預備的句子回應——這也是ELIZA唯一的一招。[1]

　　ELIZA算是有史以來第一個聊天程式，基本上沒有記憶體，沒有處理能力，程式碼也只有幾百行而已。正因如此，ELIZA的表現好得令人驚訝，甚至有點令人尷尬：很多第一次和ELIZA談的人都以為自己在和真人交談，深信不疑，甚至連維森班親自說明「她」是程式，有些人還是不信。也有些人要求清場，希望和ELIZA談時能「保持隱私」，而且一聊就聊了好幾個鐘頭，填問卷時深感滿意，表示這是一次非常有意義的治療經驗。在此同時，學界裡的人也迫不及待發出喝采，認為ELIZA「基本解決了電腦理解自然語言的問題」。維森班深感驚駭，做了個沒人想得到的決定：立刻掉轉職涯方向，終止ELIZA計畫，不但鼓勵大家盡量批評他的心血結晶，還成為最激烈反對AI研究的科學家之一。

76

1　這個名字取自蕭伯納（George Bernard Shaw）1913年劇作《賣花女》（*Pygmalion*）的主角伊萊莎・杜立德（Eliza Doolittle）。蕭伯納的靈感來自畢馬龍（Pygmalion）神話：畢馬龍是雕刻家，他雕出一座栩栩如生的雕像，更情不自禁地愛上它（這則神話啟發出很多作品，《小木偶皮諾丘》〔*Pinocchio*〕也是其中之一）。蕭伯納融入這個主題，將它改編為一齣口音和階級的故事（這齣劇後來又被改編為音樂劇《窈窕淑女》〔*My Fair Lady*〕）：有個語音學教授跟人打賭，說他有能耐將低階級的伊萊莎・杜立德改頭換面，訓練她說出一口上流階級的英語，讓不認識她的人以為她出身貴族——從某個角度來說，這像是另一種版本的圖靈測驗，無怪乎維森班會用蕭伯納的角色幫自己的治療師命名。不幸的是，他的結局比較接近奧維德（Ovid）版而非蕭伯納版。

不過，精靈既然已跑出神燈，就再也回不去了。ELIZA的模板匹配架構和基本運作方式沒有消失，反而千變萬化成各種形式，此後幾乎每一種聊天程式都是它的徒子徒孫，其中好些也參加了羅布納獎。時至今日，這些程式引起的熱情、不安與爭議不減反增。

ELIZA故事裡最奇特的變調之一是**醫界**的反應，他們的想法也證明維森班的確有兩把刷子，居然誤打誤撞提出了既高明又實用的主意。舉例來說，在1966年的《神經與精神疾病期刊》（*Journal of Nervous and Mental Disease*）裡，有幾位專家是這麼看ELIZA的：「若能證實這種方式有益，它可望成為普遍運用的治療工具，彌補精神病院及精神醫療中心治療師不足的問題。現在和以後的電腦既有分時（time-sharing）功能，若能善用這份長處，妥善予以設計，一套電腦系統同時和好幾百名病患談一小時應該不成問題。這套系統的設計和操作都需要人類治療師參與，因此電腦非但無法取代他們，反而能讓他們提升效率，不受目前治療師和病人必須一對一的限制。」

1975年，赫赫有名的科學家卡爾‧薩根（Carl Sagan）也出言附和：「雖然目前還沒有電腦程式適合做精神治療用途，但值得注意的是，並不適任的人類心理治療師也所在多有。既然我們社會似乎有越來越多人需要心理諮商，而電腦的分時功能又已相當普遍，我能想像有朝一日會出現電腦心理治療網絡，終端機也許會像電話亭一樣普及。到時只要花幾塊錢，就能與專注、可靠，而且謹守非引導原則的心理治療師談上一節。」

不可思議的是：儘管維森班全力集結反抗力量，21世紀沒過幾年，薩根的這段預言就已近乎成真。2006年，英國國家健康與照顧卓越研究院（NICE，National Institute for Health and Clinical Excellence）建議：在英格蘭和威爾斯提供認知行為治療軟體，作為輕度憂鬱症病患早期治療選項（在這件事上，NICE倒無意假裝軟體是人）。

77

○ 治療公式化

透過ELIZA的例子，我們看到了心理學上嚴肅、深刻，甚至堪稱沉重的問題：治療必須落實於個人，但治療必須個人化嗎？？讓需要諮商的人和電腦治療師談，其實並不比請他們自己讀書更為疏離[2]。以1995年的暢銷書《想法轉個彎，就能掌握好心情》（*Mind over Mood*）為例，那就是一本宣稱人人適用的認知行為治療書。問題是：這樣處理情緒問題妥當嗎？

（在亞馬遜網路書店上，有個讀者嚴詞批判《想法轉個彎》：「所有經驗都有意義，也都植根於特定脈絡。心理治療師不能用書取代，在用這種書『自我轉化』之前，應該先去找訓練有素、心思細膩的治療師談。切記切記：你是活生生的人，不是什麼電腦軟體！」不過，每個這種評論底下大概都有35個反駁，說他們光是照著書上的步驟做，生命就起了變化。）

史汀（Sting）那首〈始終如是〉（All This Time）裡有句歌詞，我每次聽都很受觸動：「人總是一起瘋狂，但只能各自變好。」看看現代女性有多辛苦，她們從小被媒體劃一的身體意象疲勞轟炸，往往得獨自掙扎多年，才能真正跳脫這個窠臼，走出一條只屬於自己的路。疾病可以分門別類，

---

2 兩者之間唯一的不同是：書的限制和**範圍**相當明確（這或許是非常重要的差異）。只要把一本書從頭讀到尾，你就能清楚掌握它討論了哪些主題，又沒有涵蓋哪些主題。相較之下，機器人能告訴你多少就不甚清晰，你得一再摸索才能找到答案。可以想見的是，機器人也許有對使用者來說很實用的建議，可是使用者未必知道該怎麼**問出來**。早期「文字冒險遊戲」（nteractive fictions）和敘事型電玩（text-based computer games）有時就有這種問題，渾名「猜字遊戲」（guess-the-verb）；以1978年的電玩《冒險大陸》（*Adventureland*）為例，玩家必須知道「去光」（unlight）這種語法奇特的指令，才有辦法弄熄燈籠。或許可以這樣比喻：心理治療機器人之於心靈療癒書籍，就好像文字冒險遊戲之於小說。

治療方式必須因人而異（The disease scales; the cure does not.）。

　　然而，一定是如此嗎？我們和別人的身體差異有時的確不能含糊帶過（雖然大多是過敏之類的問題而已），必須由醫生安排不一樣的治療方式。那心智呢？每個人的心智有多不同？治療該為每個人量身打造到什麼程度？

　　理查·班德勒（Richard Bandler）是「神經語言程式學」（NeuroLinguistic Programming）的共同創始人，他本身也是心理治療師，精通催眠，對恐懼症尤其感興趣。這個心理治療學派頗具爭議，而班德勒的治療方式裡最有趣、也最奇怪的一點是：他從不找出病人害怕的究竟是什麼。班德勒說：「如果你相信促成改變的重要條件是『了解問題根源，並找出深藏於內在的意義』，也深信你非處理這類問題不可，那你可能得花上好幾年的時間才能改變一個人。」他說，他根本不想知道這些事，因為知不知道根本沒差，而且窮追不捨反而模糊焦點。他有本事引導病人以特殊方法治好恐懼症，而且顯然不必弄清楚病人的恐懼何在。

　　這……這實在太詭異了。我們總以為心理治療相當私密，治療師不但得了解我們，而且得了解得很深，搞不好我們打出娘胎也沒被人看得那麼透。可是班德勒說他根本不必了解這些，這種套路……還真像ELIZA。

　　「我覺得，你要是好好表現，讓你客戶以為你了解他們在說什麼，這會非常有用。」他說：「但我得警告你：你自己可別這樣以為。」

○ 一招打天下

　　我一直認為：如果一個人想幫助別人處理情緒問題，他自己必須體會對方的問題經驗。這很大一部分得靠助人者的同理心，他必須設身處地去認識這些問題、了解這些問題。我一直認為這是助人的重中之重，也是助人的基本前提。無庸置疑的是，的確有很多工具能增進治療者的想像投射，幫助他們深入了解病人的內心世界。可是現在有人主張：

79

治療過程中這麼重要的部分可以被純技術取代，一招打天下，而且居然有執業治療師跟著附和——我從沒想過會發生這種事！這樣提議的精神科醫生在想什麼呢？他們怎麼會認為在治療病人的時候，可以只靠一次簡化的、機械式的、鸚鵡學舌的科技化訪談，就掌握人與人會談的精髓？

——約瑟夫·維森班

「方法」（method）這個詞本身就有問題，因為它重視的是重複性和可預測性——換句話說，方法是任何人都能運用的手段。方法也隱含掌控和封閉，而掌控和封閉都不利發明。

——約書亞·哈拉里（Josué Harari）和大衛·貝爾（David Bell）

純技術，維森班如是說。在我看來，這正是最關鍵的區別。我認為：無論是「人類vs.機器」、「人腦vs.硬體」或「碳時代vs.矽時代」，這些看來很炫的對比方式，其實都模糊了最關鍵的對立：**方法與方法的對反**的對立。我把後者界定為「判斷」、「發現」[3]、「想像」，以及另一個我們會多花一些篇幅詳談的概念——「因地制宜」（site-specificity）。我們拿來取代人類的不是**機器**，也不是**電腦**，而是**方法**，依方法做事的是人類或電腦只是次要問題（最早的「電腦」對弈其實根本沒用上電腦：艾倫·圖靈先寫好移動棋子的演算式，然後用手、鉛筆和筆記本計算下一步該怎麼走，嚴格來說該叫「紙上對弈」。把這套流程寫成程式輸入電腦，只是讓處理速度更快而已，依演算式下棋的原理不變）。21世紀的我們要捍衛的，是繼續保

3　建築師格蘭·穆卡特（Glenn Murcutt）講過：「我們學到的向來是：建築設計最重要的是創意。老實說，我不這麼認為。我認為創意過程能帶來發現，而發現才是最重要的。」關於格蘭·穆卡特，我們在這章後面還會多談。

有未被預定的結論，是繼續保有判斷、發現與想像的意義，是繼續運用這些能力的權利。

○ 隨機應變

「培養搖滾巨星需要給予信任、自主和責任。」身兼程式設計師和商業作者的傑森・福萊德（Jason Fried）和大衛・海涅邁爾・漢森（David Heinemeier Hansson）寫道：「如果做什麼事都要取得許可，只會弄出個不會思考的文化。」

和他們同行的商業作者提摩西・費里斯（Timothy Ferriss）對此心有戚戚。費里斯說微管理（micromanagement）是種「賦權失敗」（empowerment failure），也舉了自己的親身經驗當例子。他有一次把自己公司的客服業務外包，打算讓公司外的人代他處理這些瑣事，沒想到負擔一點也沒減輕，每天要他回覆的問題還是多如牛毛。客服人員不斷向他請示：我們該退款給這個人嗎？要是消費者說這樣那樣，我們該怎麼做？案子太多也差異太大，根本不可能制訂標準處理流程。此外，費里斯自己其實也沒見過這些千奇百怪的情況，更沒有處理這些問題所需的經驗。即使他火力全開，還是趕不上問題湧入的速度。突然他靈光一閃，想通了——欸，老兄，你知道哪些人**見識**過這種場面，也**知道**怎麼處理這些匪夷所思的問題嗎？答案明顯得讓他覺得自己像白痴：「就是那些外包員工自己啊！」

他原本的構想是寫份「教戰手冊」，但他改變主意，寄了封信給客服人員，裡頭只簡單地說：「不用跟我徵求許可，你覺得怎麼做才對就那樣做吧。」一夜之間，客服部門海量湧入的電郵乾涸了。在此同時，公司的客服品質也大幅提升。「這實在太驚人了！」費里斯說：「給他們責任，並講明你信任他們，居然能把人的智商一下子提高兩倍！」說得沒錯，我想很多人也可以證明：要是你收回責任和信任，他們的智商也會立刻

81

折半。

在美國，我們的法律系統大致上是把公司（corporation）當做「人」來對待，有趣的是，「corporation」這個字的字源正好與身體有關[4]。此外，我們談組織機關時也常使用身體比喻，相關例子比比皆是。英國電視劇《辦公室風雲》裡有一段相當精彩：大衛・布蘭特（David Brent）鼓起如簧巧舌，向上司解釋他為什麼無法解雇任何一名員工──公司就像隻「大動物」，樓上撥電話那些人像嘴巴，樓下倉庫幹體力活兒的人是手，大衛的直屬上司珍妮佛是資深經理，差不多等於「大腦」。而這一幕的笑點是：大衛不知道該把自己比做哪個器官，也講不出自己在公司裡的角色──顯然他才是最該解雇的人，而偏偏解雇業務歸他管。

這種比喻還有更深的意義值得觀察：公司裡的上下關係是我們模仿種姓制度所設立的，而種姓制度又是我們從自己身上得到靈感建構出來的。我的手是我的，而我的腦就是我。這種想法如實反映出我們的內在圖像：我們身體裡有個小控制室，位在眼球後面，裡頭有個侏儒在操控拉桿，掌管整個身體的運作。這幅圖像何其契合亞里斯多德的看法！──思考才是人之所以為人最核心的行為。而當然，我們為這種想法付出了龐大代價。

這種過度看重有意識的自覺與思考的偏見，既醞釀出唯運算是重的圖靈機，也被獨尊思維的文化進一步強化，今日無所不在的電腦，也全都具體而微地反映出這套價值。我不禁在想：微管理的概念是否也出自同樣的偏見？相信決定該從上而下，行為要符合邏輯，一切舉動都要按部就班，對每一個細節都該覺察。可是，身體和大腦的互動顯然不是這麼回事。

微管理和巨額主管薪資都是怪象，其荒誕之處正如我們獨尊理性、以

---

4 譯註：「corporation」源於拉丁文「corporare」，意思是「形成身體」。

為靈魂超脫身體、以為大腦躲在控制室裡操控一切。當我消滅入侵細胞的病菌；當我在看似最疲倦的時刻精準分散精力，欣然收集廢物；當我在冰上滑了一下，左扭右擺一陣卻沒跌倒；當我騎腳踏車轉大彎時不自覺地偏向一邊，佔盡我不懂的物理學定律的好處，使上我根本沒察覺自己在使的技巧；當我發現自己伸手之前，就已穩穩接住落下的橘子；當我忘了理會自己的傷口，它卻自行癒合──我知道，我絕不僅僅是會思考的那個我。這些所謂的「低階」程序何等重要，我的整體福祉十有八九得歸功它們，相對於那些時而令我抓狂、失望或驕傲的「高階」程序，它們大多時候重要得多。

82

　　軟體開發神人安迪‧杭特（Andy Hunt）和戴夫‧湯瑪斯（Dave Thomas）講過：只要能有一定程度的自由和自主性，就能讓人對一項計畫產生更強的**歸屬感**，**藝術性**也能同時提高。舉例來說，參與建造大教堂的石匠絕不只是「幹苦力的」──他們是「手藝高超的職人」：

　　藝術自由的概念之所以重要，是因為它能提升品質。比方説，如果你負責雕刻建築頂上某一角的滴水獸，規格圖上不是沒有指示，就是寫得很清楚你該雕成什麼樣子。可是你實際站到上面，總會發現規格圖有考慮不周的地方，你會想：「嘿，如果我把滴水獸的嘴刻成這樣，雨水就能落在這裡，然後排到那裡。這樣弄比較好。」在設計師不知道、沒想到、不夠了解的地方，照實際情況隨機應變比照表操課更好。如果今天滴水獸歸你負責，你當然可以加進自己的想法，這能讓最後的整體成果變得更好。

　　對於大型計畫和大型企業，我不傾向把它們想成階級森嚴的金字塔，因為那失於片面，整體結構也顯得支離破碎。每個層級的決策性質和藝術品味並非天差地別。

83

也許大企業未必是好例子。我們不妨看看另一個字源和身體相關的組織——美國海軍陸戰隊（U.S. Marine Corps）[5]。請看看他們的經典手冊《教戰守則》（*Warfighting*）裡的這一段：

> 下級指揮官必須根據自身對於長官意圖的了解，主動做出決定，而非將情報上傳指揮鏈，坐等命令下達。此外，在需要做決定時，稱職的下級指揮官會以當前實際情況為重，而非拘泥於身在遠處的上級指揮官的指示。個人主動決定並承擔責任是重中之重。

從某個層面來看，關於管理風格、個人責任和主動性的問題，其實不僅橫跨傳統區分的「藍領」與「白領」，也同樣滲透「技術工作」和「非技術工作」。反覆進行的公式化思考過程，其實跟反覆進行的勞動過程沒什麼兩樣（換句話說，是有「不假思索地思索」這種情況存在）。同樣地，即使是複雜、精密、高技術的過程，如果一再重複，難度也跟不斷重複的簡單的過程沒什麼不同。因此，比「勞心」、「勞力」、「複雜」、「簡單」這些區別更重要的是：我們有沒有辦法隨機應變？能不能因應需求而量身打造特殊對策？還有，我們的工作需不需要我們靈活應對？或者說，容不容許我們靈活應對？

2010年3月，全國公共廣播電台的《美國生活》（*This American Life*）節目製作專題，報導通用汽車和豐田汽車合資成立的「新聯合汽車製造公司」（NUMMI）。兩家公司最大的差別之一是：在豐田汽車，「如果工人提出不錯的建議，幫公司降低了成本，他可以獲得幾百美元的獎金。公司很希望每個人都去找新方法改善製造過程。日本有個『改善』的概念，意思是持續改進，他們的風氣一向如此。」美國通用汽車也派了一組員工去日本見

84

---

5 譯註：「corps」源於拉丁文「corpus」，意思是「身體」。

習，學著在豐田汽車的生產線上組裝汽車。其中一名美國員工深受這種風氣震撼：

> 從我入行之後，我從沒想過會有人問我解決問題的意見，可是他們真的想知道。我講的時候他們聽得很認真，講完之後人馬上一散。不久之後有人回來，手上拿著我剛才描述的工具──他們已經做出來了。他們對我說：「試看看。」

積極參與的結果之一，就是費里斯說的「智商倍增」效應。這種時候你不只是**做事**而已，而是像個人一樣後退一步，重新思考這整個過程。積極參與的另一個結果是**自豪**：新聯合汽車的總主管布魯斯・李（Bruce Lee）說，在他親身參與製造過程之前，他從沒為自己生產的車這麼興奮：「你們絕對想像不到我有多為它們驕傲！」

○ 機器人會搶你工作

> 難掩不滿之情的人比比皆是，而且白領階級的苦水不比藍領階級少。電焊工說：「我根本是機器。」銀行櫃台說：「我像是被關在籠子裡。」（飯店櫃台也有同感）煉鋼廠工人說：「這工作就是做牛做馬。」零工工人說：「我的工作連猴子都能做。」高級時裝模特兒說：「我只是個衣架子。」藍領階級和白領階級想說的其實一樣：「我像是機器人。」
> ──斯杜茲・特克爾（Studs Terkel），美國口述史權威、知名作家

電腦治療師的概念也許會觸動某些人的敏感神經，讓他們想起開發人工智慧的可能隱憂：失去工作。到目前為止，自動化和機械化已重塑就業市場好幾個世紀，這種變化究竟是好是壞一直頗有爭議。持負面態度者擔心機器會搶走人類的工作，另一方則認為擴大機械化能增加經濟效率，從

85

而提升全體人類生活品質，讓人類擺脫許多不愉快的工作。然而不論是哪種看法，似乎都預設科技的「進展」等於人類的「退卻」。

我們今天把科技恐懼症的人叫「啦逮族」（Luddite），這個名稱出自19世紀初的一個英國工運團體，在1811到1812年間，他們大力抗議紡織業機械化的趨勢，甚至蓄意破壞機械織布機[4]，這場文攻武鬥從此持續了好幾個世紀。不過，軟體（尤其是AI）的出現讓這場纏鬥更為複雜，因為一夜之間，竟然連勞心的工作都被機械化入侵。正如馬修‧柯勞佛（Matthew Crawford）在2009年的《摩托車修理店的未來工作哲學》（*Shop Class as Soulcraft*）中所說：「資本主義的新前線已悄悄位移，它對辦公活兒祭出它曾對工廠活兒使上的招數：吸乾這些活計的認知因素。」

小弟在此想指出一件事：關於「人做的工作被機器搶走」這個過程呢，其實還有個非常重要的過渡階段，就是人類的工作越來越機械化。

請再看看本節開始的那段引文，那出自特克爾1974年的作品《勞動》（*Working*）。請注意：藍領和白領階級雖然都在抱怨機械化的就業環境，但他們鬱悶的不是失去工作，而是自己的工作乏味至極。

把工作樂趣「吸乾」乃至分解成「機器人」行為的過程，很多時候早在科技將這些工作自動化之前就已發生。所以，問題根源是資本主義的進逼，不是科技帶來的壓力。工作一旦被這種方式「機械化」，它被機器（或AI）取代似乎也是遲早的事。這種結果十分合理，甚至值得欣慰。因為對我來說，這個過程中最令人遺憾的是前半段——把「人類」的工作化約為「機械」動作——而不是後半段。所以我認為：目前對於AI的恐懼似乎畫錯重點。

6　事實上，「蓄意破壞」（sabotage）這個詞的詞源是法文「sabot」，指的是一種木鞋。據說工人當時用自己的木鞋丟機械織布機，甚至卡住機器讓它無法運作，藉此干擾生產過程（不過，這個典故可能是瞎掰的）。

　　無論是微管理、不持續改善的生產線，或是對瑣碎流程的過度標準化，歸根究底都是同一個問題，而它們隱含的危險和AI一模一樣。這四個例子都是機器人會做你的工作，唯一的不同是：在前三個例子裡，那個為資本主義鞠躬盡瘁的機器人是你。

○「我不能溝通」

　　我們身處AI聊天機器人崛起的當口，經過多年研發，它們如今總算開始顯出商業價值。我最近才剛去過阿拉斯加航空的網站，上面大力宣傳不須撥客服電話，直接跟聊天機器人「小珍」（Jenn）問就可以了（我拒絕），這只是近來諸多例子之一而已[7]。不過，在聊天機器人問世之前，討人厭的電話選單已經橫行了好一段時間。更早以前，這種機器式的自動化工作是由接線生做。在《勞動》裡受訪的總機小姐希瑟‧藍普（Heather Lamb）說：「我們大概只會用上七、八句話：『早安，可以為您效勞嗎？』、『總機，可以為您效勞嗎？』、『午安。』、『晚安。』、『你想撥什麼號碼呢？』、『請再說一次好嗎？』、『這裡有通某某某撥給您的對方付費電話，請問您願意支付通話費嗎？』、『金額是一塊兩毛錢。』就這樣，我們能說的就這樣，重點是不可以和客戶聊……沒錯，我以溝通為業，但我不能溝通。」

　　我這幾年撥查號台的次數不多，因為他們好像多說幾個字會少塊肉似的，省話得不近人情。要是我跟他們的互動也算「人際溝通」，那我在公

87

7　例如軍方現在也有聊天機器人，叫「阿星中士」（SGT STAR），他講話一板一眼的，頗有軍人之風，但挺討人喜歡。我貼一小段在這裡：「布萊恩：『三角洲部隊（Delta Force）是幹什麼的？』阿星中士：『謠傳三角洲部隊是軍方反恐行動部隊。基於任務安全，我們不得討論或揣測該部隊之行動內容。』」他連教訓你都有軍人風格（奇怪的是，還滿可愛的）：「布萊恩：『靠，好像很秋。』阿星中士：『這位老百姓請注意你的用詞，否則我只好開火。』」我不禁由衷生起一股靠北──呃，我是說靠譜──的同感謬誤（pathetic fallacy），關閉視窗之前我低頭謝罪：『對不起。』他大度接受：『沒關係。』我心裡舒服多了。

車上踩到人的腳被瞪也叫「人際溝通」。這當然不是接線生的問題，因為他們被迫要表現得像個機器人的。但要是我在公車上遇到那種事，我還是想扮演機器人的角色，這總好過覺得自己是個冒失鬼。

好的。如果查號台那頭的接線生正好住在附近，搞不好他還能告訴你一些實用的資訊。例如：「喔，您是想查鎮中心的戴夫餐廳還是十五街的戴維小館呢？」「不過，要是您想找家好牛排店的話，我倒是推薦……」這樣不是很好嗎？如此一來，查電話號碼就完全不一樣了。可是他們偏偏不住附近（統一服務），他們不能和你多聊（為了效率），而且劇本上沒有的句子，他們不說（這就叫純技術）。

剛好就是今天，我撥電話幫信用卡開卡，結果愉愉快快地聊了十分鐘。那位客服人員在北科羅拉多州，那裡正下大雪，她希望天氣可以好一點；我呢？我在西雅圖忍受陰雨綿綿，巴不得冬天能更有冬天的樣子。我是在紐澤西海邊長大的，對我來說冬天就是該下雪，夏天才可以濕黏黏。有時我深愛西北部溫和的天氣，但偶爾也會想念東北部生猛的氣候。「哇噻！你海邊長大的耶！」她說：「我連海都沒見過咧……」我們的話匣子就這樣打開。這段時間我室友飄過客廳，以為我是在跟哪個老朋友通電話。最後我的卡總算開了，我剪掉舊卡，祝福她一切順心。

也許我們就是要經驗過機器的冰冷，才懂得珍惜人類的溫度。就如電影評論家寶琳‧凱爾（Pauline Kael）所說：「垃圾給了我們藝術品味。」沒血沒淚不僅給了我們對人的品味，也讓我們知道何謂人類。

○ 蛆療法

從這些現象看來，AI 明顯不是人類真正的敵人。事實上，我們可能還得感謝 AI 讓我們擺脫機械化程序，不必日復一日呆板執行例行公事。我有些從事軟體工作的朋友講過，他們工作的一部分往往是一邊動手解決問題，一邊開發能自動解決這種問題的工具。所以他們是想害自己失業

囉？當然不是。他們似乎認為這才是進步，這才能讓自己去處理更難、更細、更複雜、更需要思考和判斷的問題。換句話說，他們讓自己的工作更像人做的事。

同樣地，我那些從事公關、行銷，總之**並非**以軟體為業的朋友，也越來越常跟我說：「你可以教我寫程式嗎？越是聽你講這些事……我越覺得我一半的工作都能自動化。」他們大多數都對了。

我熱切期盼每個高中生都有機會學寫程式。如此一來，他們將來面對規則多如牛毛又重複性高的工作時，就更有資格憤憤不平，也更有辦法動手解決。

我想我們幾乎可以這樣講：AI 興起並不意味就業市場受到感染或罹患癌症——真正的問題是**效率**。AI 毋寧像蛆療法，它吃掉的只是不再稱得上「人」的部分，讓我們恢復健康。

○ 藝術不能框限

Arete……看不上效率，或者說，arete 追求的是更高超的效率，一種不限於生命特定部分、而存在於生命本身的效率。

——Ｈ·Ｄ·Ｆ·基托（H. D. F. Kitto），《希臘人》；轉引自羅伯·波西格之《禪與摩托車維修的藝術》

89

莫林（Moline）有位農具工人埋怨道：做事隨便的工人產量大、品質差，可是他們比做事認真、產量少、品質高的匠人更受重視。前一種人是 GNP（國民生產毛額）的盟友，後一種人是扯 GNP 後腿的怪胎——越快整死他們越好。大環境如此，為什麼還有人想認真做事呢？因為自豪就是比落入冷宮重要。

——斯杜茲·特克爾

　　法國散文詩人法蘭西斯・彭什（Francis Ponge）的《詩選》（*Selected Poems*）是這樣開頭的：「我無比驚訝自己這麼能忘，總是忘卻寫出有趣作品的至高原則，總是遺忘好好寫作的無上心法。」藝術不能框限（Art cannot be scaled）。

　　我大學論文指導老師是小說家布萊恩・埃文森（Brian Evenson），他說對他而言，寫書沒有「駕輕就熟」這回事，因為他越是成長，越是知道該怎麼寫特定類型的作品，就越不甘於重複老方法，越不想重玩曾經成功的老把戲。他不願被自己的舊方法綁住，也拒絕讓自己的創作之路更平坦。這種「管他什麼經濟全都去死」的藝術家氣魄，讓我感動得全身雞皮疙瘩。

　　彭什在前面那句話之後繼續寫道：「這無疑是因為：我從不能以典型的、無可忘懷的方式，清晰而篤定地向自己說清寫作之理。」這是不是說：成就超凡藝術之道無法言詮，不僅創作要訣難以落於文字，創作與文字的關係也無法言傳？當然，這樣詮釋未必不對，但我認為這遺漏了更深刻的意涵——即使彭什能為自己打造出創作模式，我也不太相信他會這麼做。埃文森就不願意。正如前世界棋王加里・卡斯帕洛夫（Garry Kasparov）所說：「我一發現做某件事有重複感或變得輕而易舉，我就知道該趕快給自己的精力找個新目標。」像卡特・波弗特（Carter Beauford）這樣的音樂家之所以不斷創新鼓技，孜孜矻矻，努力不懈，部分原因就是他堅決不想讓自己厭倦。

　　我也記得作曲家阿爾文・辛格頓（Alvin Singleton）講過的話。我們去年在一場藝術家聚會上碰到，他跟我說他給一首作品取了頗具機鋒的名字，我跟他開玩笑說下次再有新作，這個名字稍改一下就是雙關語，新作舊作的曲名正好相映成趣。我以為他會笑個兩聲，不料他突然嚴肅起來：「不行，我一個點子從不用兩次。」對他來說，這可不是開玩笑的事。後來我跟他聊起別的話題，說我自己每次試著作曲，雖然前三十到四十五秒的曲調會自然浮現，但接下來就卡住了。我問他作曲時的感覺是不是這

90

樣？不同的是我只能自動浮現幾十秒，而他能一次冒出一整首曲子？他斬釘截鐵否認。「你說的『卡住』，」他眼光一閃：「用我的話來說叫『作曲』。」

○ 因地制宜

我工作時很清楚：每當我第一次把事做對，那就是空前絕後最對的一次了。

──崔拉・夏普（Twyla Tharp），美國舞者，著有《創意是一種習慣》

我有個念建築研究所的朋友跟我講過：澳洲籍普立茲克獎（Pritzker Prize）得主格倫・馬庫特（Glenn Murcutt）匠心獨具，但也是出了名地厭惡擴張規模。普立茲克獎評審委員顯然注意到這點，說：「在這個迷信名氣的時代，『明星建築師』在大批員工和公關奧援下搶盡版面。馬庫特則完全相反，他維持一人工作室，在世界另一頭默默耕耘……但願意排隊等他出手的客戶還是源源不絕，因為他每一個案子都親力親為，將個人才華發揮得淋漓盡致。」雖然一人工作室在建築界相當少見，但馬庫特一點也不覺得這有什麼問題：「生命本來就不是把什麼東西都極大化。」他不只對擴大規模戒慎恐懼，對設計本身也如履薄冰，他說：「我們開發出太多加快速度的工具，這是我們時代最大的問題之一。好的解決方案靠的不是速度和可重複性，而是感知力（perception）。」

英雄所見略同，另一位普立茲克獎得主，法國建築師尚・努維勒（Jean Nouvel）說：「我認為今日城市的災難之一，就是我所說的『通用建築』（generic architecture）。那些建築像是用同一個模子造出來的，空降到全世界每一座城市。現在有電腦更方便，隨隨便便就能加個三層樓，要把整棟建築稍微加寬一點也簡單得很，可是這樣很厲害嗎？也不過是同一棟樓放大縮小而已。」

對努維勒而言，建築設計之敵同樣是標準化（電腦要做到標準化簡

91

直不費吹灰之力），而解決之道仍是感知力。「我要捍衛特色建築（specific architecture），向通用建築宣戰。」他說：「我努力當個在意脈絡的建築師……對建築來說，為什麼它非得蓋成**這樣**一定有原因。我可以為這裡做的設計，換個地方就不能照搬。」

「要是有建築師認為某種建築蓋在哪裡都合適，那實在狂妄過頭。」馬庫特說：「任何計畫開始之前，我一定先問：那裡地質如何？地形如何？有什麼歷史？風從哪裡吹？太陽從哪裡升起？光影會是什麼樣子？排水系統是怎樣？又長了哪些植物？」

當然，並不是**每個**環節都必須重新設計。據說馬庫特在開業早期就下了一番功夫，把標準建築元件的型錄背了下來，所以他現在光是想像就有很多細節可以參考，也能在腦海裡把它們用新的方式加以重組。至關重要的是：這些排列組合必須因地制宜（site-specific）。

努維勒說：「我認為每個地點、每項計畫都有權利具有特色，都有權利要建築師完全投入。」這不但對作品好，對地點好，同樣重要的是：對**建築師自己**也好。建築師也有「完全投入」作品的權利。

不過，大多數人對作品並不那麼投入。原因可能是工作環境不許可，也可能是他們看到建築被大量複製、「空降」到各個城市，就顧盼自雄、沾沾自喜，以為問題已經解決了。但對我來說，自以為是就是疏離倦怠的表現，跟絕望只有一步之遙。我可不希望人生是有待「解決」的問題，更不希望人生**可以**解決。建構方法是能讓做事方便：如此一來，我們就不必每次都得重新思考每個環節，何況我們和別人的生命經驗大同小異，現在和過去的經驗也大同小異，正因如此，我們才可能形成並傳承處世智慧。可是，如果這種智慧固著成見而不屑隨機應變，重視結果勝於作為思考起點，對更加深廣的奧祕缺乏探索的熱情，它也只是糟粕而已。我對這種「智慧」沒有絲毫興趣。**感知力**才是正確方向所在。

我認為因地制宜是種心態，是和光同塵，以柔軟的感知摸索這個世

界。我們每天早上起床不是為今昔**如常**而醒，而是為朝夕**變化**而醒。

○ 對話裡的「因地制宜」

我即使會講人間各種話，甚至於天使的話，要是沒有愛，我的話就像吵鬧的鑼和響亮的鈸一樣。
──〈哥林多前書〉13：1

只照習慣做事不算真正活著。
──電影《與安德烈晚餐》

我最喜歡的幾部電影幾乎只有對話。《與安德烈晚餐》的劇情可以一句話講完：「華勒斯·蕭和安德烈·格里高利共進晚餐」；《愛在黎明破曉時》（*Before Sunrise*）的全部情節則是：「伊森·霍克和茱莉·蝶兒在維也納漫步」。儘管如此，劇中人的對話帶我們看遍大千世界，而且弔詭的是，就像羅傑·伊伯特（Roger Ebert）對《與安德烈晚餐》的點評一樣──這些電影可能是影史上最具**視覺**刺激的電影：

《與安德烈晚餐》的出色之處在於：我們居然能一起分享那麼多經驗。雖然整部電影大多數時候是兩個人在談話，但奇特的是：整齣戲看下來，我們不只是消極地聽他們講話而已。導演路易·馬盧（Louis Malle）在開頭用了一連串平淡無奇的鏡頭（特寫、雙人鏡頭、反應鏡頭等），把觀眾的注意力帶到對話本身，等格里高利開始說話，原本就十分簡樸的視覺風格便隱沒不見。我們變成說書大師腳邊的聽眾，栩栩如生地看到格里高利描繪的畫面，直到整部電影像廣播劇一樣充滿視覺畫面──也許比一般劇情片更滿。

93

有時該說的話太多，乃至實際「場景」（site）宛如消失，化作「無形」，正如《與安德烈晚餐》一樣。蕭和格里高利選的餐館就這點來說相當「好」——「好」到可以隱沒不見，好像要是餐館吸引他們注意，反而害他們分心；好像快樂就只是抹去一切干擾和不快（這正是叔本華的看法）；好像平凡的目的就是為了讓他們享受共處的時光，完全不被任何事打擾。餐館識趣地隱身，讓他們專心談話[8]。在這部電影的特殊主題上，這種處理方式極其妥切，因為蕭和格里高利就這樣你來我往，一直聊到天荒地老（事實上，他們下一次注意到餐館的存在，就是談話結束之時——也就是電影結束之時）。

值得注意的是：蕭和格里高利是多年未見的老友，蝶兒和霍克則素昧平生，得像圖靈測驗參與者那樣從零開始建立關係。令人動容的是：在續集《愛在日落巴黎時》（*Before Sunset*）中，他們兩人漫步花都，巴黎卻比第一集裡的維也納更顯「無形」，他們**本身**成了「場景」。

語言之所以是「人性化」溝通的有力載體，部分原因在於：好的作者、演說者或對話者，會依**現場氛圍**調整說話方式。他們會留意「聽眾是誰？」、「怎麼遣辭用句比較恰當？」、「時間有多少？」、「說話時聽眾有何反應？」等各種因素，這不僅能部分說明為何「談話術」相對沒用，也能部分解釋何以某些推銷員、搭訕者和政客的話聽起來虛情假意。喬治・歐威爾（George Orwell）說過：

8 有趣的是，排除干擾的奢侈也有十分實際的缺陷。普林斯頓心理學家丹尼爾・康納曼發現：伴侶之間吵架，在豪華轎車裡吵得比在破車裡更兇。為什麼呢？**正是**因為他們花了大筆鈔票購買好車具備的優點：好車隔音效果好，外面的噪音聽不到；好車安靜平穩又舒服，停車起步不會讓你搖頭晃腦——所以你們根本不會分心，漫無止境地吵了又吵。大多數摩擦不是百分之百無法解決的，或多或少會有雙方都能接受的妥協方式，它們可以讓位給生命裡其他課題，變得不是那麼重要。境轉而心轉，摩擦就此消失。卡爾・榮格（Carl Jung）說得好：「若是出現更高或更廣的目標，一個人的視野會變得開闊，原本解決不了的問題也會變得沒那麼急迫。」干擾有時還滿有幫助的。

我們有時會在月台看到一些疲憊的工作人員，機械式地不斷重複同樣的話……這讓人不禁產生一種奇怪的感覺，覺得自己看到的不是活人，而是某種人體模型……這種感覺其實沒那麼荒誕。要是演說者也用這種方式說話，他差不多已經走在變成機器的路上了。他嘴巴裡吐出來的聲音雖然還是人話，但他的大腦沒參與說話過程，遣辭用句也不是他自己想的。要是說的內容他已經很熟，日復一日沒日沒夜地說，他甚至可能沒意識到自己在說什麼，就像教堂裡的制式問答一樣[9]。

95

機器之所以那麼會模仿陌生人寒暄，惟妙惟肖得讓評審毫無警覺，也正是因為我們對陌生人**一無所知**，沒辦法根據對對方的認識聊得更深入，於是對話內容總浮在表面，毫無獨特性可言。

這種時候，形上層次的「因地制宜」無法奏效，我們沒辦法隨聽眾特質調整說話方式；可是**現實層次**的「因地制宜」反而能發揮作用，為我們製造話題。

在《愛在黎明破曉時》裡，蝶兒和霍克在維也納首次相遇，兩個人當時**互**不相識，根本不知道該跟對方聊什麼。還好城市本身給予他們交集，鼓勵他們開口，為他們的對話提供契機，讓他們得以進一步了解彼此。這種「因地制宜」幫助多大，專業訪談者再清楚不過，對於《與安德烈晚餐》和《愛在黎明破曉時》的啟示，他們體會極深。《滾石雜誌》記者威爾‧達納（Will Dana）在《訪談的藝術》（The Art of the Interview）裡說：「和名流在好餐廳裡共進午餐是一回事，貼身跟著他們一段時間、觀察他們的舉止是另一回事。」同樣在《訪談的藝術》裡，《紐約時報》記者克勞蒂雅‧德

---

9 大致說來，我也舉雙手贊成新講出來的話更有意義。比方說辦告解，我覺得在告解亭裡支支吾吾懺悔的意義，遠大於照神父指示念聖母經贖罪的意義。在我看來，懇切懺悔比狂念死背下來的制式經文有意義。

萊弗斯（Claudia Dreifus）也說：「絕對不要在餐廳訪問。」

在圖靈測驗中，每個聊天程式設計師都擔心的問題之一，就是評審想聊聊現場話題。例如休·羅布納今天穿了什麼顏色的襯衫？你覺得大廳裡的那件藝術品如何？外頭那些攤子賣的食物你有沒有吃看看？對程式設計師來說，隨時依賽場實況更新劇本難如登天。

所以我不禁會想：要是圖靈測驗不設賽場，參加者也不集合在某城某地，而是直接從世界各地連線，**隨機**接上參賽者（或參賽機）開始聊天，人類評審要分辨誰是機器人也難如登天。

羅布納獎的對話情境常被比喻為在飛機上和陌生人攀談。之所以會有這種比喻，我猜多少是因為比賽籌辦團隊對此心有戚戚（於是每個人都巴不得飛行距離短一點）。每架飛機都**差不多**，可是鄰座之間差很多，幾乎無話可說。所以上了飛機，你們能聊的第一件事不是剛離開的城市，就是正前往的城市，不然就是對方正在看的書，或是機長剛剛講話的方式好好笑之類的——「因地制宜」是開啟話題的好辦法。

因此，當布萊頓羅布納大賽的某一回合延後十五分鐘時，我笑了。競賽流程的任何一點小紕漏，都等於是做球給人類參賽者殺。等到那一回合終於開始，我氣定神閒地開始打字，剛剛的延誤是我要提的第一件事。

○ 融入角色的問題

每個孩子天生都是藝術家，難就難在成長以後怎麼維持。
——畢卡索

演員上的課多半是關於如何融入角色，以及怎麼幫首演做好準備。對大學演員來說，他們要做好的也只有這兩件事——在大學裡每齣戲頂多演兩個週末，很多甚至只演一兩場就結束了。電影演員的情況也差不多：把戲演好，然後一輩子跟它說掰掰。可是專業舞台劇演員不一樣，他們可能

得每週演同一個角色八次，持續好幾個月，甚至好幾年。問題來了：一個角色演了十次、廿五次、一百次，你還會覺得自己是藝術家嗎？

（就如麥可・勒佛弗〔Mike LeFevre〕在斯杜茲・特克爾的《勞動》裡所說：「米開朗基羅花了大把時間畫西斯汀禮拜堂，那毫無疑問是曠世巨作。可是，要是他一年得畫一千座西斯汀禮拜堂呢？你不覺得連他那種天才都會變笨嗎？」）

藝術不能量產（Art doesn't scale）。

這個問題很吸引我，部分原因是：我覺得這也是人生問題。

要是你一而再、再而三地做同樣的事，你還會覺得自己有創意嗎？至少我覺得不可能。要感到自己有創意，你唯一的選擇是不斷創作不一樣的東西。

波特蘭（Portland）的匿名劇（Anonymous Theatre）是我最喜歡的劇場盛事之一，我搬到西岸之後每年都會參加。他們只演一晚，也只演一場。導演選好演員之後，會花幾個禮拜的時間一一為他們排練――是的，一個一個分別排練。演員事先不知道參與演出的是哪些人，正式登場之前不碰面，導演也不安排走位――演員得隨機應變，事前幾乎沒辦法想好對策。他們不能靠排練培養默契或養成習慣，只能即時磨合，在眾目睽睽下依臨場反應即時展露機鋒。現場觀賞真是妙不可言，令人嘆為觀止。

我跟幾個演員朋友聊起我的感想時，他們頗有共鳴：怎麼在不變裡做出改變？怎麼讓不斷演出的戲散發新意？長期演出的演員多多少少都得自己找出答案。

人難免會想花點時間學怎麼做事，然後再用些時間把它練熟，等熟能生巧之後，以後只要依樣畫葫蘆就能應付了。可是好演員絕不甘於如此，演員一旦安於既有模式，表演生命就算結束了――這時用機器人就能取代他們。

我想到幼態延續（neoteny）現象，也想到我四歲大的表弟玩瘋的樣子：

97

橫衝直撞、撞牆、跌倒、爬起來，然後朝另一個方向繼續衝。小孩子學滑雪之所以比大人快得多，就是因為他們不怕摔。失敗就失敗，再試試看就是了。

對建築師來說，依地景特色調整設計無可妥協；對演員和音樂家來說，隨**現場**氛圍調整演出也無可妥協。我和我朋友馬特（Matt）都很喜歡一個歌手，有一次他去聽現場，我問他表演好不好看，他面無表情聳聳肩說：「喔，他有節目表，然後一首一首從頭唱到尾，就這樣。」這是很標準的做法，很難想像有歌手**或**聽眾認為演唱會不該這樣。可是反例還真有，大衛馬修樂團（Dave Matthews Band）就是如此。他們同一首歌可以昨晚唱四分鐘，今晚唱二十分鐘。我深深敬佩這種表演方式的挑戰——以及風險。樂團總是想找出一首歌最好的呈現方式，然後定下來，以後一直用這種方式演唱。可是大衛馬修樂團偏不，他們**拒絕**相信一首歌有「最好」的表演方式，即使昨晚那樣表演反應不錯，今晚也絕不重複。他們就是想不斷出發，就是想不斷嘗試，即使新方式可能效果不佳。成長後怎麼維持藝術家本色？這就是答案所在。不論是大衛馬修樂團或他們的粉絲，都欣然接受每次表演都是一期一會。

我想，當你認真思索箇中真義，一定能發現每一件事都是一期一會。我們待人處事也可以如此。

我去年看了這輩子第一齣歌劇：《茶花女》（La Traviata），主角由女高音努琪雅·佛契雷（Nuccia Focile）飾演。節目單上有她一篇訪問，訪問者寫道：「佛契雷表示，表演者的情感不時會被一些意外插曲觸動。有時光是一個字的表達方式稍有不同，就能讓表演者突然陷入，不由自主地哽咽或流淚。」佛契雷似乎認為這些剎那有如陷阱，她說：「在碰觸某些詞句時，我得好好用上訓練基礎，因為它們挑動的情感太過強烈，我會陷得太深。」身為職業歌唱家，佛契雷想讓表演維持一貫無可厚非。但身而為人，最可貴的正是注意得到、也感受得出每場表演的細微差異，這些差異讓每場表

演都獨一無二，而那些無數訓練也填合不了的縫隙──那些讓我們突然陷入、頓時哽咽、也重新發現新鮮感的縫隙──正是我們活著的印記，也正是我們保持活力的祕訣。

參考資料

75 Joseph Weizenbaum, *Computer Power and Human Reason: From Judgment to Calculation* (San Francisco: W. H. Freeman, 1976).

75 Joseph Weizenbaum, "ELIZA—a Computer Program for the Study of Natural Language Communication Between Man and Machine," *Communications of the Association for Computing Machinery* 9, no. 1 (January 1966), pp. 36–45.

75 精確點說，ELIZA是維森班開發的軟體框架（framework）或範式（paradigm）。維森班其實為這個框架寫了好幾套「劇本」，其中最有名的顯然是這個羅傑斯派女治療師，劇名「DOC-TOR」。所以嚴格來說，大家一般講的「ELIZA」其實是「ELIZA在跑DOCTOR的劇本」。為了行文簡潔和方便了解，我在這裡依慣例用「ELIZA」這個簡稱（維森班本人也是這樣用的）。

76 Kenneth Mark Colby, James B. Watt, and John P. Gilbert,"A Computer Method of Psychotherapy: Preliminary Communication," *Journal of Nervous and Mental Disease* 142, no. 2 (February 1966).

76 Carl Sagan, in *Natural History* 84, no. 1 (January 1975), p. 10.

76 National Institute for Health and Clinical Excellence, "Depression and Anxiety: Computerised Cognitive Behavioural Therapy (CCBT)," www.nice.org.uk/guidance/TA97.

77 Dennis Greenberger and Christine A. Padesky, *Mind over Mood: Change How You Feel by Changing the Way You Think* (New York: Guilford, 1995).

77 Sting, "All This Time," *The Soul Cages* (A&M, 1990).

78 Richard Bandler and John Grinder, *Frogs into Princes: Neuro Linguistic Programming* (Moab, Utah: Real People Press, 1979).

79 Weizenbaum, *Computer Power and Human Reason.*

79 Josué Harari and David Bell, introduction to *Hermes*, by Michel Serres (Baltimore: Johns Hopkins University Press, 1982).

80 Jason Fried and David Heinemeier Hansson, *Rework* (New York: Crown Business, 2010).

80 Timothy Ferriss, *The 4-Hour Workweek: Escape 9–5, Live Anywhere, and Join the New Rich* (New York: Crown, 2007).

82 Bill Venners, "Don't Live with Broken Windows: A Conversation with Andy Hunt and Dave Thomas," *Artima Developer*, March 3, 2003, www.artima.com/intv/fixit.html.

83 U.S. Marine Corps, *Warfighting.*

83 "NUMMI," episode 403 of *This American Life*, March 26, 2010.

84 Studs Terkel, *Working: People Talk About What They Do All Day and How They Feel About What They Do* (New York: Pantheon, 1974).

85 Matthew B. Crawford, *Shop Class as Soulcraft: An Inquiry into the Value of Work* (New

York: Penguin, 2009).

88 Robert Pirsig, *Zen and the Art of Motorcycle Maintenance* (New York: Morrow, 1974).

89 Francis Ponge, *Selected Poems* (Winston-Salem, N.C.: Wake Forest University Press, 1994).

89 Garry Kasparov, *How Life Imitates Chess* (New York: Bloomsbury, 2007).

90 Twyla Tharp, *The Creative Habit: Learn It and Use It for Life* (New York: Simon & Schuster, 2003).

90 "Australian Architect Becomes the 2002 Laureate of the Pritzker Architecture Prize," *Pritzker Architecture Prize*, www.pritzkerprize .com/laureates/2002/announcement.html.

90 "Life is not about maximizing everything": From Geraldine O'Brien, "The Aussie Tin Shed Is Now a World-Beater," *Sydney Morning Herald*, April 15, 2002.

90 "One of the great problems of our period":From Andrea Oppenheimer Dean, "Gold Medal: Glenn Murcutt" (interview), *Architectural Record*, May 2009.

91 "I think that one of the disasters": Jean Nouvel, interviewed on *The Charlie Rose Show*, April 15, 2010.

91 "I fight for specific architecture": From Jacob Adelman, "France's Jean Nouvel Wins Pritzker, Highest Honor for Architecture," Associated Press, March 31, 2008.

91 "I try to be a contextual architect": *Charlie Rose*, April 15, 2010.

91 "It's great arrogance": From Belinda Luscombe, "Glenn Murcutt: Staying Cool Is a Breeze," *Time*, August 26, 2002.

92 *My Dinner with Andre*, directed by Louis Malle (Saga, 1981).

92 *Before Sunrise*, directed by Richard Linklater (Castle Rock Entertainment, 1995).

92 Roger Ebert, review of *My Dinner with Andre*, January 1, 1981, at rogerebert.suntimes.com.

94 *Before Sunset*, directed by Richard Linklater (Warner Independent Pictures, 2004).

94 George Orwell, "Politics and the English Language," *Horizon* 13, no. 76 (April 1946), pp. 252–65.

98 Melinda Bargreen, "Violetta: The Ultimate Challenge," interview with Nuccia Focile, in program for Seattle Opera's *La Traviata*, October 2009.

[5] 跳脫棋譜

Getting Out of Book

要分辨一個人到底是撒謊還是說實話，最困難之處在於……在對方第一次撒這種謊時就分辨出來。
——保羅·艾克曼（Paul Ekman），美國心理學家，是研究面部表情與情感之關係的先驅

人生是盤棋……
——班傑明·富蘭克林（Benjamin Franklin）

○ 怎麼開始

　　我終於抵達布萊頓中心參加羅布納賽。一進會場，只見座椅成排，觀眾也已三三兩兩坐下，正前方有幾個人看來很忙，一下子扯開糾結的線路插上，一下子埋頭狂敲鍵盤——顯然是機器人設計師無誤。我還沒來得好好打量他們，他們也還沒來得及好好打量我，今年的籌辦人菲利浦·傑克森便迎上來招呼我，帶我到天鵝絨布幕後的參賽者區。觀眾和評審都看不到這裡，四名參賽者圍圓桌坐，每個人面前都有一台專為比賽準備的筆電。四名參賽者分別是：紐安斯通訊公司（Nuance Communications）語言研究員道格（Doug），加拿大人；桑迪亞國家實驗室（Sandia National Laboratories）工程師戴夫，美國人；MathWorks程式設計師歐嘉（Olga），南非人；以及在下小弟敝人我。我們互相自我介紹，也聽見布幕另一頭越來越

100

熱鬧，應該是評審和觀眾慢慢到齊了。

這時，有個穿夏威夷衫的人側身進來，叼著小三明治，講話連珠砲似地。我雖然沒見過他，但馬上知道他鐵定是休‧羅布納。他邊嚼三明治、邊跟我們說一切就緒，第一回合馬上開始。我們四個人安靜下來，盯著螢幕上閃動的游標。我裝出輕鬆從容的態度，試著跟道格、戴夫和歐嘉說說笑。不過，四個人裡頭最緊張的顯然是我，因為他們都是來英國參加語言科技會議的，只是覺得這個比賽挺有趣，所以今天才會跑來參加。而我呢？我是千里迢迢專程過來參賽。我的手像蜂鳥一般懸在鍵盤上，有如全身緊繃的槍手凝神準備掏槍。

游標閃個沒完，我眼睛眨也不眨。

突然，字句在螢幕上現身——

嗨，你好嗎？

圖靈測驗正式開始。

那一剎那，我有股很奇怪的感覺——覺得自己中了**埋伏**。我好像掉進哪齣白爛電影還是電視劇，每次哪個角色面臨緊要關頭或是快掛了，一定會上氣不接下氣地說：「我有事要告訴你……」然後另一個角色一定會說：「喔！我知道！我統統知道！你要說我們帶著水肺潛水那次對吧？我們看到海星捲起來像南美洲的形狀，後來我回船上刮烤焦的皮，我說那讓我想起一首歌，可是歌名我忘了——你知道嗎？我今天想起歌名了——」感人肺腑，可歌可泣，而我們觀眾只有一句話想說：**閉嘴！你個白痴！**

我反覆研讀羅布納大賽對話記錄，學到一件事：評審分兩種，一種是閒聊扯淡型，另一種是嚴加拷問型。後一種會揪住漏洞窮追猛打，死盯遣辭用句問題、空間推理問題、故意錯字問題……等等。他們會在言詞上設下重重障礙，而你必須見招拆招。對程式設計師來說，這種攻勢很難對付，

101

因為伏兵可能來自四面八方。這也正好說明兩件事：第一，圖靈會挑語言和對話當測試工具，不是沒有原因的，因為從某種意義來說，對話的確是無所不包的大考驗；第二，從圖靈1950年論文裡假設的對話片段看來，他所想像的測試就是拷問型對話。拷問型對話的缺點在於：被逼供的人發揮空間不大，很難**表現**自我，**展露**個人智慧──要是與眾不同被當成標新立異或惺惺作態，你可能偷雞不著蝕把米，在圖靈測驗裡嚴重失分。

扯淡型對話的好處是比較感覺得出**人味**──前提是對話者**真**有一方是人。對 AI 外行的評審很容易採取這種對話方式。而基於種種原因，在羅布納賽進行過程中，主辦方也常明示或暗示評審們用這種方式。這種對話方式現在還有了名字，叫「飛機上的陌生人」模式。扯淡型對話的缺點是：從某種層面來看，這種對話十分呆板，呆板到設計師能料到大部分問題。

從「嗨，你好嗎？」這個起手式看來，我應該是遇上了扯淡型評審，正以「飛機上的陌生人」模試探我虛實。就像我剛才說的：我感覺很怪，覺得自己像是掉進哪齣白爛電影還是電視劇，而且台詞是：「我有事要告訴你。」問題是，我想講的天大祕密就是……我是人。我腦中一時閃過一整串對話：好啊，你呢？／還不錯。你從哪來的啊？／西雅圖。你呢？／倫敦／噢，那不算太遠嘛，對吧？／完全不遠，搭火車兩個鐘頭就到了。對了，西雅圖現在天氣怎樣？／哈哈，還不賴。但你知道，白天開始越來越短了……我漸漸清醒過來：這種對話樣板是我的天敵，聊越久對我越不利──聊天機器人就是設計來扯陳腔濫調的（順帶一提：陳腔濫調〔cliché〕是法文擬聲詞，模仿印刷的聲音，用來表示一句話不經大腦也不做改變就從嘴巴裡吐出來）。

我定一定神，開始打字。

102

嗨，你好！
Enter.

我還不錯，總算能真正開始打字了，感覺真好。

Enter.

你好嗎？

Enter.

4分30秒過去，我越來越焦慮，一邊敲擊鍵盤，一邊感到手指微微發抖。

我心裡雪亮：就在我們寒暄客套的當下，時間正一分一秒過去。打從「嗨，你好嗎？」跳上螢幕開始，我就迫不及待想推開劇本、打斷閒扯，談些真正有意義的事。因為我清楚得很：電腦很能扯淡，這種對話方式正中設計師下懷，他們的劇本都是這樣寫的。我一邊和對方繼續周旋，相敬如賓地回些言不及義的話，一邊絞盡腦汁想：到底該怎麼製造「閉嘴你個白痴」時刻，從這場對話太極中抽身？我還沒想到抽身之後該說什麼，但脫困以後會想到的。前提是我要能抽身。

○ 跳脫棋譜

20世紀最大的一場AI戰役發生在棋盤上，參戰者分別是超級電腦深藍，以及西洋棋特級大師（grandmaster）、世界棋王加里・卡斯帕洛夫。戰事於1997年五月爆發，戰場在曼哈頓公平大廈（Equitable Building）十五樓。獲勝的是電腦。

有人認為深藍的勝利是AI的轉捩點，另一些人則認為這根本證明不了什麼。在AI發展和人類自我意識間變動不居的關係上，這場比賽及後續爭議無疑是極為重要的里程碑。這場比賽也寫下AI對弈的新頁：電腦近年不斷刷新高階棋藝的層次，改變幅度之大，讓20世紀最偉大的棋士之一鮑比・費雪（Bobby Fischer）也不禁在2002年宣告：西洋棋這種比賽已經「死了」。

差不多是同一段時間,有個叫尼爾・史特勞斯(Neil Strauss)的記者寫了篇報導,主題是全世界的把妹族群。結果這篇報導為史特勞斯開啟一段漫長的旅程,他不但自己成為箇中翹楚,當上這個圈子的領頭人物,還變成最常為這個族群發話的人。他將這段過程巨細靡遺記錄下來,寫成《把妹達人》(The Game),2005年一出版就成為暢銷書。史特勞斯一開始就對他的師父「謎男」(Mystery)大為折服,因為他居然有一套「操弄社交情境的演算法」。不過,他跟這群人廝混久了,最初的嘆服也慢慢變為恐怖,他發現:只要照著謎男的方式,這群「社交機器人」還真能攻城掠地,悠遊於洛杉磯夜生活,把各種搭訕說笑的話活活「弄死」,變成陳腔濫調──原因和過程就和費雪說電腦「殺了」西洋棋一模一樣。

乍看之下,地下把妹團體和超級電腦棋王風馬牛不相及──天啊,這兩個東西怎麼可能有關係呢?更重要的是:我的問題是怎麼在圖靈測驗裡證明自己是人,知道答案對我會有幫助嗎?

答案說出來一定嚇死你,棋士們把這稱作「跳脫棋譜」(getting out of book)。我們接下來就談談它在下棋和對話中的意義、怎麼使出這招,還有使不出這招會有什麼結果。

○ 集藝術之美於一身

20世紀知名法裔藝術家馬塞爾・杜象(Marcel Duchamp)有則軼事:在創作生涯的某個時點,他突然決定放棄藝術,投入一項他認為更有力、更具風格、「集藝術之美於一身,甚至境界更高」的事──西洋棋。杜象寫道:「我自己逐漸做出結論:雖然藝術家未必是棋士,但棋士一定是藝術家。」

大致說來,科學界也同意這個看法。侯世達的《哥德爾、埃舍爾與巴哈》(Gödel, Escher, Bach)寫於電腦西洋棋出現25年後,1980年贏得普立茲獎,書中寫道:「從本質上看,精湛而深刻的棋藝發自人性核心。」侯世

104

達說：「這些難以言詮的能力，全都……如此接近人性本身之核心。」電腦「不過是蠻力而已……不可能規避此一事實。棋藝不可能抄捷徑」。

侯世達對此深信不疑，在《哥德爾、埃舍爾與巴哈》中，他把棋藝和音樂、詩歌並列，一同視為人類生命最獨特也最具風格的活動。侯世達信誓旦旦地說：要是有哪個西洋棋程式有辦法拿下世界冠軍，它一定具備相當可觀的「**整體智慧**」，這時還叫它**西洋棋**程式簡直小看它了。照侯世達的想法，如果你找這個程式西洋棋，它搞不好會回你一句：「我下棋下煩了，咱們聊聊詩吧。」──換句話說：有辦法拿下世界棋王的程式，一定有能耐通過圖靈測驗。

是的，文人雅士對西洋棋的評價就是這麼高。它是「君王的遊戲」，與「騎馬、游泳、射箭、拳擊、調鷹、作文」同為12世紀騎士訓練的一環。從15世紀現代西洋棋在歐洲誕生，一直到1980年代，從拿破崙、富蘭克林、傑佛遜（Jefferson）到巴頓（Patton）和史瓦茲柯夫（Schwarzkopf），政治巨人和軍事天才個個都能來上一局。棋藝被視為人類獨有的能力，與人性密不可分，像藝術一樣深具風格又幽微細膩。可是從1990年代開始，對棋藝的評價日益保留。侯世達說：「我第一次……看到……（西洋棋程式歷年勝率的）圖表，是在《科學人》（*Scientific American*）上頭……我記得很清楚，我看到時心裡在想：『哎呀，這不就沒戲唱了嗎？』結果還真是如此。」[1]

○ 為全體人類而戰

事實上，IBM沒過多久就下了戰帖，邀請加里・卡斯帕洛夫和自家研發的深藍一戰。卡斯帕洛夫是睥睨棋界的世界棋王，也是有史以來等級最高的棋士，有人甚至認為他是自古至今最偉大的棋士。比賽訂在1996年

1　See figure "Chess Computer Ratings Over Time," *Scientific American*, October 1990.

舉行。

卡斯帕洛夫接受挑戰。他說：「從某個層面來說，這次對弈是為全體人類而戰。沒錯，電腦對今日社會非常重要，它們幾乎無所不在。但我認為有條線是它們跨不過的──它們達不到人類創意的領域。」

比賽過程我們長話短說：卡斯帕洛夫出師不利，居然第一局就敗北，全人類都驚呆了。在IBM工程師狂歡慶祝的那個晚上，卡斯帕洛夫陷入某種存在危機。他走在冷風颼颼的費城街頭，問他其中一名軍師說：「菲德烈，我們會不會根本贏不了那玩意兒？」好在他急起直追，接下來五局對弈，他千辛萬苦贏下三場、和局一場，以四比二贏得比賽。《紐約時報》在比賽結束後的報導裡寫道：「人類智慧的聖域看來逃過一劫。」對我來說，這個評論太鄉愿了點。在我看來，深藍攻勢凌厲，招招見血，證明機器這個對手絕對不容小覷。比賽過程就跟大衛‧福斯特‧華萊士描繪的一模一樣：「我們像是在看一隻超大、超猛的掠食者，被另一隻更大、更猛的掠食者生吞活剝。」

IBM和卡斯帕洛夫同意隔年到曼哈頓再比一次。於是卡斯帕洛夫在1997年再度赴會，等著和他的老對手再下六盤。不過，深藍這次升級成新版本，變得更快（快了兩倍）、更精明、更複雜，所以人類這次招架不住了。到第六局、也就是這次比賽最後一局的上午，比數陷入膠著，卡斯帕洛夫拿到黑子──這是電腦給他的「伺候」。然後，在全球人類眾目睽睽下，卡斯帕洛夫吞下職業生涯中最快的一敗。機器擊敗了世界棋王。

毫不令人意外的是，卡斯帕洛夫立刻提議1998年再比一次，以「三戰兩勝制」分出高下：「我個人擔保我會痛宰電腦。」可惜IBM不領情，等媒體熱潮一過，他們立刻切斷資金，分派其他工作給工程師，讓深藍淡出舞台。

106

○ 醫生，我是屍體

即使有什麼事讓我們認知失調，或是有兩種信念在我們心裡發生衝突，我們還是可以選擇要接受哪個、拒絕哪個。在哲學研究圈裡，有個笑話相當出名：

有位仁兄來找醫生，對他說：「醫生，我是屍體，我死翹翹了。」
醫生說：「這樣喔。那我問你：屍體……**會怕癢**嗎？」「醫生，當然不會啊！」
於是醫師搔那位老兄癢，他一邊咯咯發笑，一邊扭來扭去躲開。「看吧，」醫生說：「你懂了吧？」
「天啊，醫生，你一點也沒錯！」那個人驚天一呼：「原來屍體**也會**怕癢！」

要改變信念，方法比比皆是。

○ 撤守塔頂

大家通常認為棋下得好需要「思考」。所以，如果機器下棋的問題解決了，我們就只剩下兩條路可走：不是承認機械化思考確有可能，就是進一步縮限「思考」這個概念的範圍。
——克勞德・夏農

怎麼看待深藍擊敗世界棋王這件事？

大致上說，人們分成兩個陣營：一派坦然接受人類敗北，世界上終於出現智慧型機器，而人類之於其他受造物的優越性從此劃下句點（可以想見的是，沒人真正準備好面對這般境況）；另一派則把責任推給西洋棋，讓

107

歌德筆下的「智慧試金石」背黑鍋，有趣的是，科學界裡大多數人都選擇這個立場。比賽過後，《紐約時報》立刻採訪全美最頂尖的幾個AI思想家，而我們熟悉的侯世達老師，表現得還挺像那個會怕癢的屍體：「老天哪，我以前還以為下棋需要思考咧，我現在才知道不用。」

其他學界中人一見棋王敗北，也忙不迭地把西洋棋一腳踢開。加州大學柏克萊分校哲學教授約翰‧希爾勒（John Searle）說：「純粹從數學層面來看，西洋棋不過是雕蟲小技。」（白話文：宇宙裡每個原子都可能有百千萬億兆種棋局）。《紐約時報》也說：

> 在《哥德爾、埃舍爾與巴哈》裡，侯世達將棋藝視為發揮創意之處，追求完美永無止境。棋藝就跟作曲、文學等藝術一樣崇高。但看到電腦前十年在對弈上的斬獲之後，侯世達也改變了想法，不再認為西洋棋是和音樂、文學一樣崇高的智力活動——音樂和文學都得要有靈魂。「我還是認為下棋是腦力活動，需要相當程度的智力。」他說：「可是它沒有更深刻的情感特質，也不像音樂那樣能處理人世間的悲歡離合。我還是認為詩歌和文學層次很高，和音樂是同個等級的。假如電腦有朝一日能創作出有藝術品味的音樂或文學，我會覺得那挺恐怖的。」

在《哥德爾、埃舍爾與巴哈》，侯世達曾經寫道：「一旦有哪個心智功能被程式化，人們總是立刻割袍斷義，不再認為那種功能算是『真正思考』的要素。」現在電腦下棋下贏了人，侯世達便立刻下詔把棋藝貶為庶人，夠諷刺了吧？

總之，面對深藍勝出，大家不是認為人類囂張不下去了，就是自我安慰下棋不過是雕蟲小技。但只要仔細想想，你一定能想到有人兩個結論都不接受——是的，這個人的名字就叫「加里‧卡斯帕洛夫」。你想像得到，

108 他比賽後的發言十分勁爆：這不算。

特級大師加里・卡斯帕洛夫表示：也許最後一局他是輸了，可是深藍也沒贏。

奇怪的是：從頭到尾，我最感興趣的就是這句話，我接下來也想花些篇幅談談這點。沒錯，這句話乍看之下像是輸不起說溜嘴（其實的確如此），但實際上，這句話裡有相當深層的意義，和表面上聽來完全不同。因為我認為：特級大師真的認為深藍沒贏。

好吧，問題來了：如果深藍沒贏，到底是誰贏了？或著說，是什麼東西贏了？

這個問題將把我們帶入極其詭異又相當有趣的領域。

○ 如何創造下棋程式

要解開這個疑惑，我們必須稍加了解下棋電腦的技術性問題[2]。我希望我能解釋得簡單扼要，把幾個重點說清楚，而不陷進多如牛毛的繁瑣細節。

幾乎所有電腦下棋程式的運作原理統統一樣。要開發下棋程式，你得完成三項工程：第一，找出呈現棋盤的方式；第二，想出依照規則移動棋子的方式；第三，設計最佳棋步。

電腦只會一件事：數學。從某方面來說它們運氣真好，因為生活事物能轉換為數學的比例高得驚人，例如音樂是不同氣壓的動態變化，影片是紅、藍、綠強度的動態組合。那棋盤呢？棋盤也不過是數字的坐標（用電腦黑話來說：叫「陣列」〔array〕），用以說明棋格上是哪個棋子（如果棋格

109 上有棋子的話）[3]。與編碼歌曲或影片相較，這根本是小事一樁。為了節省

---

2 我在這裡會交互使用「程式」和「電腦」兩詞，不刻意區分。這種做法有其深刻的數學原因，而且原因正好是圖靈發現的。它的正式名稱叫「計算等價」（computational equivalence），又稱「邱奇－圖靈論題」（Church-Turing thesis）。

3 關於數字陣列該如何在電腦記憶體裡呈現（例如我們得將10進位改為2進位，再將2進

時間和空間，電腦科學領域總有捷徑可抄，也總有酷炫技法可用，偷吃步的怪招有時多得不得了——不過，我們的重點不在這裡。

電腦一旦有了棋盤，就能用自己的語言（數字）加以理解，推算特定位置的棋子按規則能怎麼移動。這其實不難，甚至直接了當得有點無聊，簡單來說，它的過程像這樣：「檢查第一個棋格，如果空著，走過去；如果沒有空著，就看看裡面是哪枚棋子。如果那枚棋子是城堡，看看能否往左移一棋格。如果可以，檢查能否再往左移一棋格，如是一一確認；如果不行，檢查能否再往右移一棋格⋯⋯」當然，是有一些既聰明又靈活的方法能加快這個過程，如果你的目標是打敗世界棋王，這些方法更形重要。舉例來說，深藍的創造者、IBM電子工程師許峰雄，是靠著**手繪**在電路板上設計出含三萬六千個晶體的深藍走棋模塊——但請放心，小弟一定會竭盡所能避開這些細節。也許減低幾微秒對你來說無關痛癢，但你或許很想知道棋步怎麼決定。

好的，我們現在知道怎麼呈現棋盤，也懂得推算棋步可以怎麼走。我們現在需要的是演算法，能幫助我們決定怎麼移動棋子最有利的演算法。思考模式是這樣：

（1）我怎麼知道最佳棋步是什麼呢？簡單！最佳棋步就是你使出最佳反著（countermove）後，我還是能處在最有利的位置。

（2）好，那我怎麼知道你的最佳反著是什麼呢？簡單！就是**我**使出最佳反著之後，你還是能處在最有利的位置。

（那麼，我又怎麼知道我的最佳反著是什麼呢？簡單！請見第一步！）

你一定開始覺得這根本是循環定義（circular definition）。精確點說，電腦科學家給的稱呼不叫「循環定義」，而是「遞迴」（recursive），這是一

位轉為電子及或磁力等等），就請有興趣的讀者自行深究，可查閱電腦科學或電腦工程教科書。

種呼叫自身的函數。從某個層面來看，你可以說這種特殊函數不斷翻來覆去，一再呼叫自身——假如這一著讓情況變壞，下一著該怎麼下；假如這一著讓情況變好，下一著又該怎麼下……等等。這叫「極大化－極小化演算法」（minimization-maximization algorithm），又名「極大－極小演算法」（minimax algorithm），在賽局理論和 AI 賽局裡，極大－極小演算法幾乎隨處可見。

舉例來說，要寫井字遊戲的程式一點也不難。因為這種棋的第一步只有九個可能，第二步剩八個可能，第三步剩七個可能……簡單來說，可能性的總和是九的階乘：9!= 362,880。雖然數字看似不小，但對電腦來說根本不算什麼。就拿 1996 年的深藍來說好了，它**每秒可以掃遍三億種陣式**（position）[4]。

基本原理是這樣：如果你的「搜尋樹」（search tree）一直蔓延到整盤棋結束，結果不外乎勝、負和和局三種，你從這些結果倒推回來，便能決定這一步怎麼走最好。可是下西洋棋的問題是：**搜尋樹不會畫到整盤棋結束**。原因無它：搜尋整盤棋的各種可能性，大概得花上 10^{90} 年（據克勞德‧夏農的著名推估），**遠遠超過宇宙的壽命**（13.73×10^9 年，簡直可以略過不計）。

所以我們除了簡化別無他途。作法其實相當複雜，但最簡單的方式就是定好最大搜尋範圍，到了那一點便適可而止，不再窮追不捨（在你決定適可而止之前便停止搜尋，則叫「切捨」〔pruning〕）。那麼，要是對弈還沒結束，而你也無法進一步搜尋可能性，該怎麼評估棋局走向呢？這時就得用「捷思法」（heuristic）了——毅然停止思考下幾步棋或反著的可能結果。捷思法算是種靜態分析，對眼前的陣式好壞半猜測半推理，定神觀察誰的

---

4 相較之下，卡斯帕洛夫每秒可以評估幾種陣式呢？——三種。

棋子更多、誰的國王處境更安全等等[5]。

　　簡言之，設計下棋程式不外乎找出呈現棋盤的方式、推算棋步、預想對方的回擊手法、以捷思法評估結果，以及用極大－極小演算法挑出最佳選擇。掌握這些原則，電腦便能與人對弈。

○ 棋譜

　　除了這些以外，頂尖電腦程式還有另一項祕密武器，這也是我想多談一談的。

　　電腦程式設計師有種技術叫「記憶化」（memoization），亦即將經常用上的函數結果儲存或重新叫出來——就像很多數學奇才連算都不用算，便能隨口答出12的平方是144或31是質數。記憶化常能為軟體省下大筆時間，也常以十分特別的方式應用在下棋軟體裡。

　　從西洋棋標準起始位置開始，深藍每次出手，都會以每秒三億陣式的速度盱衡全局，稍加評估再做出選擇。因為它是電腦，所以除非程式裡有特別添加隨機性，否則它每次遇到相同的陣式，選擇都會**一模一樣**。

　　這是不是太費力了點呢？至少光從環保的角度來看，這好像有點浪費電。

　　不如咱們只**算一次**就記起來？換句話說，把做好的選擇**寫定**，以後**每次**遇到同樣的情況都照著做？

　　既然都這麼幹了，不如澈底一點，把每次對弈、每個陣式都記下來？

　　一不做二不休，乾脆把成千上萬場特級大師的賽局全部記下，上傳到資料庫？

5　歸根究底來說，深藍對卡斯帕洛夫之戰的本質，其實就是以前者極其優異的搜尋速度（以「億」為單位暴增），對上後者極其優異的切捨與捷思能力——哪幾步棋應該小心留意、這樣走可能影響全局等等，你說這叫「直覺」也可以。

都到了這番田地，何不好好研究一下卡斯帕洛夫每一場職業賽局，使出咱們每秒分析三億陣式的絕招，**事先**找出最能制他於死地的套路呢？既然都事先準備了，何不比賽開始前幾個月就起跑？對了，大家不都說閉門造車難成事嗎？不如再找幾位特級大師組成祕密團隊，集思廣益怎麼對付卡斯帕洛夫好了。

這很難說是「作弊」，因為每個西洋棋大師都這麼玩。
　　——克勞德・夏農，〈編寫西洋棋電腦程式〉

夏農說的也不無道理，我是把這整件事講得難聽了點。首先，卡斯帕洛夫對這一切心知肚明。其次，每個職業棋士在職業棋賽之前都會做同樣的事：頂尖棋士都有「棋風」，實力較弱的棋士賽前一定做足功課，拚命分析對手的棋路，雙人對弈之前是如此，巡迴賽之前也是如此。頂尖棋士不但熟知大量開局招式和開局理論，也都很清楚挑戰者事前會怎麼下功夫。棋賽就是這樣準備的。這些事前分析演練的陣式成千上萬（甚至數以百萬），既須鑽研也須強記，謂之「棋譜」。

○ 兩端：開局與殘局

每一盤棋都從同一種陣式開始。因為從原初位置起步的走法就那麼多，所以每一盤棋都得花點時間才能顯出差異。因此，如果有記錄一百萬盤棋的資料庫，裡頭有棋士從最初的佈局（configuration）開始的一百萬種棋步，其他佈局都是這個資料庫的遞減分數。越常見的棋路[6]在資料庫能保持其「密度」越久，有時超過二十五著，較罕見的棋路或奇招可能很快就消失。（近年頂尖電腦程式Rybka以「西西里防禦」〔Sicilian Defence〕開

6　每一步棋的順序。

局，有些棋路超過四十著，比很多比賽都多——舉例來說，在卡斯帕洛夫和深藍第二次對弈時，只有一局超過五十著。）

下到棋盤上的棋子所剩無多，便邁入殘局階段，此時每一枚棋子的可能佈局方式，電腦都已事先推演並加以記錄。以最寒酸的殘局為例：一方剩國王和王后，另一方只剩國王，棋盤上只有三枚棋子。換句話說，可能的陣式有 $64 \times 63 \times 62 = 249{,}984$ 種（但須減去一些非法棋步，例如碰觸國王棋[7]），如果再把棋盤水平對稱、（在這個例子裡）也垂直對稱的因素考慮進去，可能的陣式就只剩 62,496 種，處理起來並不困難。可是剩下的棋子只要多出幾枚，陣式變化便隨之倍增。不過，剩下的棋子只要在六枚以下，所有可能的陣式都已被「破解」。例如城堡和騎士對雙騎士，一般說來，只要對弈雙方棋力相當也不出大錯，一定會以和棋收場。但若陣容較強的那方完美得不像人、冷靜得沒心肝，便能以262著將對手將死[8]。這原本是世界紀錄，直到馬可·布祖茲基（Marc Bourzutschky）和雅科夫·科諾瓦（Yakov Konoval）兩名工程師精益求精，找出以七枚棋子下517著分出勝負的殘局。

個人認為這種棋路堪稱「邪惡」，因為你完全講不出道理。要是有人問：「為什麼這裡這樣下最好？」你也只能指著棋路樹聳聳肩說：「我不知道，反正它說這樣下最好。」這種棋路無法解釋、無法言傳，甚至也無法用直覺參透。《紐約時報》在1986年寫道：「以最新穎的電腦分析棋局已蔚然成風，對特級大師來說，這件事最讓他們愕然的地方或許是：**殘局未必總能以概念說明。**」（粗體為我所加）同篇報導也引美國西洋棋協會（U.S. Chess Federation）行政管理、特級大師亞瑟·比斯蓋爾（Arthur

---

7 譯註：依西洋棋摸子規則（touch-move rule），輪到行子的棋手若觸及己方棋子，必須移動該棋，若觸及對方棋子，就必須吃掉該棋。另一方面，若移動己方國王將使其限於必死位置，屬非法棋步。

8 容我補充一下：大多數棋局是三十到四十著結束。

Bisguier）的話說：「我們在棋裡尋求美感——邏輯就是美感。這在哲學上讓我困擾[9]。」

身為一個總是在構思理論、總是在以言語表達的人，令我不安的或許是：對於電腦發明的棋路，我們想不出所以然，也沒辦法用言語說清。電腦掃遍賽局樹的速度快如閃電，而且精準穩定如一——這就是 AI 對手的「蠻力」。對我來說，「蠻力」之所以為「蠻」，就是因為它沒有道理、無法說明。

無論這些棋路叫「殘局資料庫」也好，叫「殘局棋路」也罷，叫「棋路資料庫」或「終局資料庫」也無所謂，我想稱之為「棋譜」是沒問題的，因為它們的原理都一樣——對出陣式，然後照既定棋路下。

也就是說：有開局棋譜，也有殘局棋譜。

換言之：棋賽裡變化最大、也最有特色的是中局——棋子既已遠離齊一的起始點，要進入殘局也還有段距離，雙方多的是過招機會。

「破解棋局的整體戰略，就是盡可能把中局壓縮到不見，讓開局和殘局直接連起來。」羅格斯大學（Rutgers University）電腦科學教授麥可‧利特曼（Michael Littman）說。

「幸運的是，」卡斯帕洛夫說：「開局研究和殘局資料庫這兩端永遠連不起來。」

○ 兩端：問候和結尾

書信是人際關係中最能說明「開局棋譜」和「殘局棋譜」的例子，每個人學生時代都學過信件開頭和結尾該怎麼寫。它們中規中矩到近乎儀

9　他們所說的殘局資料庫，是肯恩‧湯普森（Ken Thompson）於 1980 年代在紐澤西默里山貝爾實驗室建立的——還真巧，克勞德‧夏農 1950 年那篇劃時代的電腦對弈論文，也是在這個地方寫的。

式，刻板到連電腦都會。我如果用微軟的Word檔寫東西，每次新起一段，開頭只要是「Your」，一定馬上跑出個小黃框寫「Yours truly」，我只要按下「Return」鍵就自動完成。同理，我輸入「To who」，它自動補上「m it may concern」；我打「Dear S」，它自動填好「ir or Madam」；我敲「Cord」，它接「ially」。懂得還真多。

我們在學校一定學過這些開頭和結尾。隨著年紀漸長，我們也開始懂得分辨語調裡的細微差異，並在有意無意之間學會流行語、聽出弦外之音。我記得我一開始很不習慣「咋樣（What's up）」這個問候語，覺得它太幼稚、太彆扭、太不自然也沒什麼誠意，除非刻意要講，否則我根本說不出口，但後來我說「咋樣」就跟說「嗨」一樣順口。幾年以後，我發現我爸媽也經歷一模一樣的過程：他們頭幾句「咋樣」講得有夠可悲，一聽就知道是刻意裝「潮」，可是他們越說越溜，我也漸漸察覺不出他們在說「咋樣」了。我讀中學時，幾個愛耍花俏的同學還想進一步變化「咋樣」，把它說成「嗙樣」（What up）或「醬」（Sup），一時還真有漸漸取代「咋樣」之勢，可是終究沒有成功。等我上了大學、又讀了研究所，要給教授們寫既正式又不正式、既客套又得盡快切入重點的電郵時，分寸拿捏總讓我傷透腦筋。我剛開始總不假思索以「期待盡快與您討論」（Talk to you soon）結尾，但我後來在想：這樣會不會像是在催他們回信，顯得有點不禮貌啊？於是，我開始觀察、模仿、並逐漸習慣以「祝好」（Best）收尾，但幾個月後又覺得這樣寫似乎太草率，所以又改成「祝您順心」（All the best），我在學期間的信件結尾就這樣定下來了。禮節有點像是風尚，你永遠得留意新的動向。

不過，我得強調：既然禮節有點像是風尚，你就得小心是從哪裡獲得訊息。比方說我下午窮極無聊，跑去Google搜尋「商業信件結尾」，最上面的連結有列一張表，裡頭的建議用語包括「拜別」（Adios）和「掰掰」（Ta ta）。個人認為都不是好主意。

等我開始翻譯詩作，也開始用西班牙文和一位委內瑞拉作家通電郵，因為我平常沒什麼機會講西班牙文，更從沒和以西班牙文為母語的人通過信，我馬上開始模仿那位作家的開頭致候和結尾祝福，像開頭用「Estimado amigo」，結尾用「Salud y poesía!」或「Recibe un abrazo fraterno」。我那時是有上網查過西班牙信件開頭和結尾該怎麼寫，可是我半信半疑，畢竟，你根本看不出哪個太客套或太隨便、太老派或太新潮，更別說西班牙文世界如此之大，誰知道哪個國家或地區有哪些用語差異？這非常難判斷。即使我很想把開頭和結尾寫得更有特色，但也不得不承認這難如登天──對相關例子知道得不夠多，我根本不可能寫出自己的味道。所以我別無選擇，只好照搬我知道的那些開頭和結尾。

不用約定俗成的方式開始聊天頗有挑戰，想不落俗套地結束對話更難。你會發現講起來渾身不對勁，甚至顯得唐突無禮。事實上，我們很難**憑空想出**新問候或新結尾，即使你想得出來，要講出來也十分彆扭。這套儀式把我們捆得死緊。

這樣說吧：如果你想挑一、兩句話來推測整場對話的氛圍，你顯然不會挑開頭和結尾的話當樣本，而會挑對話中段的句子，對吧？

所以從某種角度來說，十分詭異的是：禮節和社會儀式堪稱威脅，因為它們全面擴大了待人接物的「棋譜」（補充一點：社會儀式和正不正式未必有關。舉例來說，1980和90年代流行冗長而精心設計的握手過程，很儀式化，但並不正式）。

「當然是文化先寫下劇本……然候我們才跟著寫……」劇作家查爾斯‧米（Charles Mee）說。

所以我每次寫信，不但第一個字是我的文化幫我講的，除了署名之外的最後一個字也是由文化代勞。

我是能透過**選擇**開頭或問候語來呈現自我風格，但某種層面來說，這些話不是我的話，說這些話的不是我。

好在正如卡斯帕洛夫所說，這兩端連不起來。可是……你是不是也有這種經驗，覺得整段對話從頭到尾照本宣科，從一開始的寒暄一路客套到結束？用卡斯帕洛夫的話來說，這種層次的對話根本「不算數」，因為同一套辭令以前用過了。

就這麼巧，圖靈測驗裡的機器人巴不得這種對話，而人類參賽者死命頑抗的，也是這種對話（要是鍵盤也能打出火花，那現場真是烽火處處）。人際互動裡統計上、文化上和儀式上的規律性，正是聊天機器人全力猛攻的弱點。

○ 空隙

有人說特級大師的對弈是從創新開始，也就是從跳出棋譜的第一著起算，它可能是開局之後的第五著或第卅五著。我們以為棋賽是從第一著開始下到「將軍」結束，實則不然。棋賽是從跳脫棋譜後才算真正開始，回到棋譜就算結束。棋賽就像通電一樣，只有在縫隙處才看得見火花[10]。

開局棋譜又尤其龐大，你可能還沒來得及跳脫棋譜，棋賽就結束了——問題是：在跳脫棋譜之前，棋賽根本不算開始。換個方式來說：你可能沒辦法活著離開，但你離不開就不算活著。

○ 誰惡整我的騎士？棋譜的形上學

我的問題是這樣——麥可，也許你回答得了——要是加里本來就打算用e6那個士兵當餌，等著用它來扭轉大局，深藍可不可能識破計謀，先晾著它不吃？再怎麼說，深藍後來犧牲騎士不是出於自己的意思，

---

10 不妨參考強納森・謝弗（Jonathan Schaeffer）登上《科學》（Science）期刊的那篇大作：他設計的程式Chinook在即時搜尋賽局樹時，看起來就像閃電在開局和殘局棋譜間竄來竄去。

而是程式本來就這樣寫的。搞不好下一步棋開始之後，深藍會大吃一驚：**誰惡整我的騎士？**（觀眾大笑）
——特級大師莫里斯・艾胥黎（Maurice Ashley），第六局棋評

不論是深藍的開發者或是加里・卡斯帕洛夫，他們和很多世界級棋士一樣，都服膺某種棋譜的形上學：棋譜稱不上人。據說深藍首席工程師許峰雄講過：他想「真正下一場世界棋賽，而不是在家裡寫開局作業」，卡斯帕洛夫對機器也講過一模一樣的話。

所以，棋譜稱不上人——也稱不上棋賽：「今天這場棋賽甚至不算棋賽，因為過程搞不好已經發表在什麼地方了。」這是相當強烈的聲明：沒有跳脫棋譜的棋賽根本不算棋賽。

不論人機大戰算不算「真」棋賽，以下是1997年第六局的戰況和即時評論。深藍下白子，卡斯帕洛夫下黑子：

第一步棋：e2白兵進e4；c7黑兵進c6

第二步棋：d2白兵進d4；d7黑兵進d5

第三步棋：b1白騎士進c3⋯⋯

特級大師亞西爾・塞拉萬（Yasser Seirawan）：他（按：卡斯帕洛夫）好像要用卡羅—卡恩防禦（Caro-Kann）開局。

第三步棋：⋯⋯d5黑兵吃e4白兵

第四步棋：c3白騎士吃e4黑兵[11]；b8黑騎士進d7

第五步棋：e4白騎士進g5⋯⋯

塞拉萬：我想⋯⋯接下來的開局很可能是已經分析過的十五或二十步那種，照目前的情況看來，卡斯帕洛夫很難不走這種棋路。看到現在這種陣式，你應該不會想試新招，因為這會讓你太早惹上一大堆麻煩。我想他

---

11 譯註：原文（Nxd4）有誤，經與作者確認後更改為Nxe4。

應該會選主流棋路走，這樣對接下來的陣式比較好掌握。

第五步棋：……g8黑騎士進f6

第六步棋：f1白主教進d3……

特級大師莫里斯・艾胥黎（Maurice Ashley）：主教棋出動了。深藍走得很快，顯然是照開局棋譜走。

第六步棋：……e7黑兵進e6

艾胥黎：卡斯帕洛夫想讓他的主教盡快上場，我們應該馬上會看到f8的主教棋出動。

第七步棋：g1白騎士進f3……

（塞拉萬開始在棋盤上推演：卡斯帕洛夫應該會讓f8的黑主教進d6——）

第七步棋：……h7黑兵進h6

艾胥黎：卡斯帕洛夫沒讓主教進d6，反而——

第八步棋：g5白騎士吃e6黑兵……

艾胥黎：深藍立刻吃掉e6的黑兵，卡斯帕洛夫搖了搖頭——

第八步棋：……d8黑皇后進e7

第九步棋：白子國王入堡短易位；f7黑兵吃e6白騎士

第十步棋：白主教進g6，將軍；黑國王躲至d8

艾胥黎：卡斯帕洛夫又搖頭，似乎大勢不妙，他得讓國王逃。卡斯帕洛夫是不是犯了什麼理論錯誤？

塞拉萬：嗯，他錯了，錯得還不小，次序整個亂了。我的意思是說：這種陣式大家都熟，你也看過我下f8黑主教進d6那著。這種策略是：黑主教進d6後，白子照理會把皇后下到e2，然後h7的黑兵再走到h6。如此一來，讓白騎士吃e6黑兵的犧牲打就無法奏效，因為黑子待會可以把國王挪到f8。

艾胥黎：你說白騎士吃掉e6黑兵之後……？

119

塞拉萬：黑子再吃掉白騎士，然後將軍，國王躲到f8。但前提是黑兵要先一步到h6，這套把e6黑兵犧牲給白騎士的策略才能奏效。就我現在記得的是，祕魯特級大師胡立歐‧格朗達‧祖尼加（Julio Granda Zúñiga）和我們的派屈克‧沃爾夫（Patrick Wolff）就這樣下過。這局棋對黑子來說很不好下，現在也公認黑兵到h6是大錯[12]。可是你也看到加里剛才的反應了，深藍的白騎士很快就吃掉e6黑兵，接著就變成現在的局面，對加里非常不利，他看起來挺沮喪的，因為他發現自己落入一個很出名的開局陷阱。

艾胥黎：所以這局算勝負已分了嗎？就這樣？……怎麼會這樣啊阿西？……

塞拉萬：……我想原因之一是……唉，老實說，我覺得現在這種情況，最令人不是滋味的是：如果加里‧卡斯帕洛夫今天就這樣輸了，那完全是因為這招犧牲打之後的策略已經在深藍資料庫了，開局棋譜裡一定有，所以它根本不費吹灰之力。就算加里用同一個套路換個方式出擊，那也早就寫在程式裡頭，它不用想新招都能贏。這樣比實在沒意思，對深藍開發團隊和卡斯帕洛夫都是。

第六局之所以不算數，答案正在於此。卡斯帕洛夫搞砸了第七步（他第七步就讓h7黑兵進h6，第八步才把f8黑主教下到d6，但正確步驟是第七步先把主教下到d6，第八步才讓兵進h6）。電腦看看陣式，決定把騎士犧牲掉，將計就計吃掉e6黑兵[13]。卡斯帕洛夫至此總算掙脫棋譜，擺出創新但也絕望的防禦陣式（第十一步，7b黑兵至b5），然而為時已晚——深

---

12 格朗達的厲害舉世公認，他可能也是唯一一個不鑽研開局理論的特級大師。面對等次較低的對手時，他不按牌理出牌的作風常佔優勢，可是和世界頂尖棋士對弈時，開局時一點點失誤或不精確常導致兵敗如山倒。諷刺的是：在塞拉萬提到的那場比賽裡，以頑強的求勝心不屈不撓贏得比賽的是格朗達——正是他讓西洋棋界認定「黑兵到h6是大錯」。

13 譯註：深藍在第八步讓白騎士吃掉e6黑兵後，卡斯帕洛夫在第九步調動f7的黑兵吃掉白騎士，造成f7位置淨空，讓第十步從d3進入g6的白主教可以直取國王，成將軍之勢。

藍仗著搜尋分析之力照表操課，長驅直入，給世界棋王最後一擊。

我同意卡斯帕洛夫的看法，第六局根本「不算數」。他原本可以撐得更久、防禦得更好，可他偏偏在**棋譜裡輸了比賽**[14]（有個網路評論者說得一針見血：「第六局完全照著棋譜慘輸」）。在奔向戰場的路上跌進井裡，跟慷慨激昂戰死沙場可不一樣。

更重要的是：不論是什麼人或什麼東西贏了卡斯帕洛夫，那絕對不**是深藍**。這個形上層次的判斷不但能把我們拉回圖靈測驗，也能讓我們重新觀照自身。在深藍的分析功能啟動時，它會怎麼看待自己的騎士身涉險地呢？艾胥黎開玩笑猜它會說：「嘿！誰惡整我的騎士！？」搞不好真是如此。

深藍惟有跳出棋譜才有自我，否則它什麼也不是，只是棋賽的幻影而已。

而這幻影也跟著我們，我發現自己喃喃低語。

○ 死背有時盡，麻煩無絕期

我有些童年死黨中學時參加「湊24」比賽。比賽規則是這樣：你拿到四張有數字的牌（比方說），然後想辦法用加減乘除把它們湊成24。比方說你的四張牌是5、5、4、1，就可以用5×(5-1)＋4得出24。紐澤西每年都會為頂尖中學玩家辦湊24大賽，我那幾個朋友也去了。結果呢，有個小子別出心裁，決賽前一整個月幾乎都用來**背牌卡**。比賽那天他得意洋

---

14 許峰雄在《超越深藍》（*Behind Deep Blue*）裡說：雖然在黑子於第七步讓士兵走到h6時，白子最好也最明確的反制措施就是在第八步讓騎士吃掉 e6 黑兵，但當時大多數西洋棋軟體都會**避免**這樣設計，因為如此一來會讓後面很難下。他說深藍只是想逼卡斯帕洛夫攤牌，想搞清楚後者之所以在第七步讓黑兵到 h6，是不是以為深藍真的會給這種棋路擋住？「這可是三十萬美元的豪賭。」許峰雄說。這種邏輯我懂，可是我才不相信——卡斯帕洛夫很明顯就是搞砸了。

洋地跟其他選手炫耀，一副篤定勝出的氣勢。決賽是搶答制，第一個喊出答案的選手得分，所以那小子覺得自己贏定了：你們得用**算**的，小爺我根本**記**起來了。等到主持人開場致詞，若無其事地宣布大會特別為決賽準備了新牌，我朋友努力壓下噗哧一聲的衝動，看著那小子的臉刷地綠掉。比賽開始，他毫無疑問被痛宰一番。

無獨有偶，加里‧卡斯帕洛夫也觀察到同一個現象：在新手棋士間，背譜下棋的風氣普遍得令人憂心：

> 棋士花好幾個小時鑽研、死記他們偏好的開局，甚至連俱樂部業餘棋士也是如此。這些知識的確可貴，但它們也是陷阱……死背的東西再多，不知箇中道理還是毫無意義。死背棋譜有其極限，不了解佈陣的道理，遇上以前沒見過的陣式就一點辦法也沒有……
>
> 我2005年6月在紐約教過一個特訓班，參加的都是美國數一數二的年輕棋士。我請他們每人準備兩盤自己的棋給大家觀摩，一場贏的一場輸的。有個很有天分的12歲男生開始講輸棋那盤，一下子就把開局帶過，急著要談他覺得自己是哪一步出錯。我請他先停一停，問他為什麼會用這麼刁鑽的開局變著出兵？他的答案我毫不意外：「這是瓦列荷（Vallejo）的招！」那位西班牙特級大師最近才在比賽裡用過這招，我當然知道，可是我更清楚的是：如果這位年輕人並不了解這一著的動機，他已經一頭栽往麻煩裡了。

在《把妹達人》裡，尼爾‧史特勞斯提到他想跟兩個剛認識的女性三人行。他其實完全不知道該怎麼做，腦子裡只有謎男教給他的幾招——去泡澡，然後請她們幫自己刷背。史特勞斯按部就班照著做，結果可想而知——慘不忍睹：

現在是什麼情形？

我還以為接下來會自動一夜激情。可是她只是跪在那裡，什麼事也沒做。謎男沒跟我説請她們幫我刷背之後該幹什麼。他只告訴我要這樣這樣做，所以我以為我們自然而然就會上床。他沒提中間怎麼轉換……我也不知道。上一個幫我刷背的女人是我媽，在我小到可以放進臉盆的時候。

史特勞斯發現自己陷入極為尷尬的處境——廢話，因為他已經泡在澡盆裡了，卻……卻一點也不想泡澡。這不是跟「誰惡整我的騎士！？」一模一樣嗎？——「是哪個傢伙要泡澡的啊？」當真正的尼爾終於「啟動」、發現自己著了棋譜的道時，他該怎麼處理眼前這古怪的場面？

○ 棋賽之死

史特勞斯也抱怨：洛杉磯日落大道的夜生活，已經被新一代的把妹達人毀了。他把這群人稱作「社交機器人」，說他們攪渾了調情的藝術，用各種機關算盡的「起手式」取代真正的對話能力[15]。「國際約會教練」文·狄卡洛（Vin DiCarlo）編纂了一套簡訊資料庫，數以千則，精心編目，「細至標點符號都安排得服服貼貼」，從「討回覆類」到「邀約會類」應有盡有。日益流行的約會網站和教戰書籍也煽風點火，提供各式各樣預先設計好的對話劇本，每個都強調要不斷重複練習，直到滾瓜爛熟：「只要把同一個故事或說詞好好練上幾十次，你連想都不用想都能滔滔不絕。這時腦袋就

15 最有名的起手式之一是「醋罈女友式」。這一招紅到什麼程度呢？在《把妹達人》結尾，史特勞斯剛想跟兩名女性搭話，她們就對他說：「來，我猜猜：你要說你有個朋友的女友超愛吃醋，因為你朋友還會跟他大學時的前女友說話。沒錯吧？真是奇了，每個人都跟我們講這個，你們是在演哪一齣啊？」江湖上如雷貫耳的還有「科隆起手式」、「貓王起手式」、「誰愛說謊起手式」、「牙線起手式」……等等。

能另作他用，例如計劃下一步怎麼做。把這本書裡的所有話題好好練過之後，你什麼話都能接，怎麼樣都能聊，就像是未卜先知一樣。」

　　還好，我們現在有量尺能評估這些招式奏不奏效了，這量尺就是圖靈測驗。為什麼呢？因為它的程式設計師們也老是用同一套招數，夠諷刺吧？

　　但我得強調：人不是只有在把妹時才會切換到自動駕駛模式，有時立意良善也會掉進同樣的窠臼。身兼新聞主持人和訪問人的泰德‧柯培爾（Ted Koppel）便曾感嘆：「實在很怪，怎麼有那麼多人訪問前就決定好了要問什麼問題、問題的順序又是什麼，可是完全不注意受訪者正講些什麼。人受訪時常會透露一些個人的事，如果不抓住機會問下去，可能以後就再也沒機會了。」事實上，這種照本宣科、了無回應的套招對話經常出現，不是只有存心祭出這招的人才會使用。我覺得我們或多或少都有這種經驗，不是自己照著標準對話模式走，想都不想就從「題庫」裡拋出幾句話敷衍過去，就是想盡辦法要擺脫對方的對話棋譜，卻百轉千折找不到出路。

　　AI的歷史不僅賦予這個過程隱喻，也提出實際**解釋**，甚至能拿出一套標準──更誇張的是，它連可能的解決方案都準備好了。

　　第一個朝這個方向走去的是西洋跳棋棋士，也就是最早被自己的棋譜「玩死」的複雜遊戲之一。在電腦出現之前的那個世紀，這是一項挺不錯的發展。

○ 讓棋賽重獲生命

1863年，西洋跳棋大師在蘇格蘭格拉斯哥（Glasgow）撞到底線。

　　在詹姆斯‧韋利（James Wyllie）和羅伯‧馬丁斯（Robert Martins）對弈的四十場世界冠軍賽裡，有廿一場從頭到尾下得**一模一樣**，另十九場的開局棋步也一模一樣，從此獲得「格拉斯哥開局式」之名，最了不起的是：

5

四十場比賽全部和局。

對西洋跳棋粉絲和主辦單位來說，1863年韋利和馬丁斯的戰績是最後一根稻草（你可以想見這次比賽的報導有多枯燥，也一定對比賽贊助者的怨念感同身受）。開局理論的精進和比賽選手的零風險態度結合，終於開創出頂尖棋士停滯不前的盛世。

該怎麼辦呢？怎麼剷去集體智慧的淤積，吹皺精心算計的死水，讓這個沉著冷靜如屍體的棋賽起死回生？你總不能**強迫**世界級棋士不照代代相傳的正確棋步走吧？——或者，其實可以？

要是你不喜歡他們的開局方式，搞不好你只要**幫**他們開局就好了。當時的西洋跳棋賽主辦者就是使出這種方式。

大概從1900年的美國開始，重大比賽開始實施「兩步限制」：比賽開始前先隨機選好頭兩步，兩名選手依同樣的棋局各執黑子、白子對弈一次。這讓棋賽恢復生氣、比較難以依賴棋譜，而且感謝老天——總算沒有那麼多和局。可是又下了一個世代之後，連兩步限制都有點不夠了（順帶一提，兩步限制的開局陣式有四十三種[16]），所以1934年升級為三步限制，開局陣式暴增為一五六種。在此同時，西洋跳棋行話也起了奇妙的變化：沒有開局限制的原版棋局反倒變成**變體**，稱作「任君開局式」（Go-As-You-Please）[17]。

另一種隨機開局的新規則叫「十一人投票制」（11-man ballot）：從雙方的12枚棋子中各隨機取走一枚，**再加上**兩步限制，這種辦法現在漸漸獲得接受。十一人投票制的開局陣式高達幾千種。雖然從1934年開始，頂尖西洋跳棋比賽就一直採用三步限制，但西洋跳棋對弈要是想更上一層

125

---

16 少數幾種佈局因為對其中一方太過不利，已預先剔除。大致上說，只要雙方會換邊再戰，其中一方略具優勢的佈局並沒有什麼大問題，反正都有佔優勢的機會。

17 值得注意的是：在三步限制的一五六種佈局中，頂尖西洋跳棋程式Chinook只「破解」了三十四種。至於任君開局式，則是完全鎖死。

樓，十一人投票制可能是方向所在。

　　雖說棋賽主辦者不能強迫棋士隨機開局，但棋士可能出於戰略目的這樣做：故意走一著開局理論認定較弱的棋步，希望讓對手輕敵，鬆懈警覺之心。卡斯帕洛夫和深藍對決時用了這招，它因此聲名大噪，得了個「反電腦陣」（anti-computer chess）的綽號。卡斯帕洛夫說：「我決定挑個很少見的開局讓IBM措手不及，然後用直覺優勢彌補陣式劣勢。我想讓電腦覺得『這傢伙亂下』，覺得我棋風怪異[18]。」

　　在電腦**互相**對奕時，開局棋譜的影響相當大，往往能直接決定勝負，正因如此，西洋棋界開始不太相信這些比賽結果。這樣講好了：如果你想買一套西洋棋軟體分析自己的棋賽，幫助自己改進棋路，你怎麼知道哪個軟體更勝一籌呢？在電腦西洋棋賽裡，棋譜資料庫最大的軟體一定睥睨全場，可是它未必最擅長分析。要解決這個問題，辦法之一當然是讓分析演算式和棋譜「斷線」，然後讓兩個對奕軟體從第一步開始算。但即便如此，比賽結果還是有扭曲之虞，因為挑好開局棋步和挑好中局或殘局棋步的意義截然不同。所以如果採用這種辦法，設計師們為了贏得比賽，會花好幾個禮拜打磨開局棋步分析演算式，可是到了實際對奕時（也就是讓軟體接上棋譜時），他們苦心鑽研的分析演算式又無用武之地，因此「斷線」不但無濟於事，對設計師們也不公平。

　　英國特級大師約翰‧納恩（John Nunn）在1990年代末率先回應這個問題。他建議設計五、六個複雜、均勢、罕見（也就是棋譜沒有）的中局

---

18 卡斯帕洛夫的確讓棋評大吃一驚。在1997年與深藍再戰的第三局，他第一步讓士兵進d3，這種走法在特級大師棋賽中幾乎聞所未聞（在特級大師棋賽裡，最常見的第一步是讓士兵進e4，超過百分之四十三的比賽是這樣開始。在五千場棋賽中，只有一場是第一步讓士兵進d3）。棋評們下巴掉下來：國際大師麥可‧瓦爾沃（Mike Valvo）：「天啊！」特級大師莫里斯‧艾胥黎：「很刁鑽的一步，這一局最大的震撼彈。這局精彩可期。」國際大師亞西爾‧塞拉萬：「我想這是全新的開局走法。」（譯按：這局最後以和局結束。）

佈局，作「測試套組」之用，讓兩個程式輪流執黑白子對弈，總共比十到十二場。換句話說，兩個程式直接從「中間」開始對弈，把開局階段整個砍掉。

到21世紀初，前世界棋王鮑比‧費雪也開始關切這類問題。看到新一代棋士以電腦記譜成風，只要死背幾千種開局棋譜，就有可能勝過真正具有分析資質的棋士，費雪深感驚駭[19]。他認為西洋棋已經變得太偏重開局理論，太著迷「死記硬背和預先安排」。他說：「對弈雙方真正開始思考的時間被推得越來越後面。」他甚至比卡斯帕洛夫和納恩更不看好西洋棋的前景，結論驚人：「西洋棋完全死了。」

費雪提出的解決辦法倒是十分簡單：攪亂棋子的初始位置。只要設下一些基本規則和限制（例如黑白主教只走同色格、國王入堡易位等），就能有九百六十種開局陣式──多到足以讓棋譜變成廢紙。這種版本的棋賽叫「費雪隨機」（Fischer Random）、「西洋棋960」（Chess960），也有人直接叫「960」。西洋棋960現在有自己的世界冠軍賽，傳統西洋棋界的很多頂尖棋士現在也下西洋棋960。

127

128

19 2006年，費雪接受廣播訪問時這樣說：「西洋棋……墮落到死背硬記和預先安排……看看西洋棋現在多依賴開局理論。拿上個世紀或上上世紀的棋王來說好了，他們懂的開局理論不會比我或現在的棋士多。要是讓他們起死回生，不先準備就上場比賽，他們的表現不會好，因為他們開局開得不漂亮……死記硬背的效果大得很……讓現在十四歲、甚至十四歲不到的孩子跟卡帕布蘭卡對弈（按：荷西‧勞爾‧卡帕布蘭卡〔José Raúl Capablanca〕是1921到1927年世界棋王），他們都能佔盡開局優勢，要是跟十九世紀的棋士比，他們更不得了……老前輩們也許還是能贏現在的孩子，但也有可能贏不了……所以我說西洋棋死了，死透了，所以我現在不喜歡西洋棋了……話說回來，你知道，他（按：卡帕布蘭卡）早就想改西洋棋規則了，如果我沒記錯，他1920年代就想過了，他那時就說西洋棋被玩爛了。他說得一點也沒錯。（訪問者：「現在又變得更嚴重。」）現在？喔！西洋棋現在完全死了，成了個笑話。它只剩死背硬記和預先安排，只是個可怕的比賽。（「還有電腦……」）對！電腦把它搞成個超沒創意的比賽。（「每一步都算好了，什麼新東西也沒有。」）唉……我也不想把話說得太過分。可是它……它真的死了。」

◎ 以普魯斯特問卷當納恩測試套組

這些為西洋跳棋和西洋棋注入新意的努力，能發揮什麼作用呢？我們在對話裡又能做些什麼改變，讓聊天更有人味？反擊其實不難，辦法之一是留意經常出現的陳腔濫調，並試著脫離它們的掌控。舉例來說，照Google搜尋結果，問「你最喜歡什麼顏色？」的網站超過兩百萬個，而會問「你早午餐最愛吃什麼？」的網站只有四千個。所以，對聊天機器人Cleverbot來說，要回答第一個問題易如反掌（「我最喜歡綠色」），但因為它的對話庫裡沒有針對早午餐的答案，所以對於第二個問題，它只能退而求其次，給個泛泛的回答：「我最愛吃海鮮」。當然，在圖靈測驗裡這樣回答還不至於出局，但這是聊天機器人詞窮的開始，也足以引起評審懷疑。

羅布納大賽剛開始那幾年，主辦單位會為每一個參賽程式和參賽人設定話題，例如莎士比亞、男性和女性的差異、波士頓紅襪隊等等。因為機器人科技那時才剛剛起步，所以主辦單位的想法是稍讓電腦一點，主動把對話縮限到一定範圍。1995年撤銷話題限制後，**理論上**電腦挑戰的難度會大為增加，但諷刺的是，只要看看羅布納獎的對話紀錄，就會發現實際上電腦應付得得心應手，挑戰圖靈測驗反而變得更**容易**。為什麼呢？程式設計師原本要依每年改變的主題準備軟體，現在他們只需要年復一年、年復一年、年復一年地微調，不斷改進軟體千篇一律的回應——親切友善地打個招呼，然後開始不著邊際地閒聊。我不禁在想：難度最高的圖靈測驗，搞不好就像「十一人投票制跳棋」或「西洋棋960」——由主辦單位在對話開始前隨機指定主題。如此一來，這幾年佔盡評審便宜的電腦將毫無勝算。

129

這對人生有什麼影響嗎？對我們這些已經知道彼此是人的人類來說，這種「隨機開局」、「跳脫棋譜」的方式，能幫助我們更了解彼此嗎？我越

想越覺得有。

我和某個老朋友都自詡能言善道，自認不論什麼事都能侃侃而談。十多歲時，我們每次長途搭車總會做一件事：隨口講個東西，然後拿它當話題開始聊（我記得我有一次講的是「玉米」）。我小時候也愛和我老爸玩種遊戲，通常也是在車上，我丟給他一個話題，然後他開始即興瞎掰。有一次是南北戰爭（「喔，內戰〔Civil War〕啊，小子你聽好了，其實那場仗一點也不文明〔civil〕，什麼難聽的話都罵出口了⋯⋯」），還有一次是平台卡車（「喔，平台卡車啊，你問對人了，平台卡車本來不是平的，所以東西老是滾下來，沒人知道該怎麼辦⋯⋯」）

最近朋友結婚，新郎新娘在晚宴上發了張「普魯斯特問卷」（Proust questionnaire）請大家填。問題改編自19世紀日記書裡常見的主題，而它們之所以那麼出名，是因為大文豪普魯斯特答了兩次，一次是1896年他十多歲時，另一次是他二十歲時（現在不少名人也答過這份問卷，《浮華世界》〔Vanity Fair〕每一期後面都有刊）。有些問題問得挺另類也挺深，例如「什麼情況下你會說謊？」、「你最不喜歡自己哪一點？」、「你什麼時候在哪裡最快樂？」、「你希望自己怎麼死？」等等。我和我女友填完後交換看，驚喜超乎預期。我覺得我們都算開放、坦率、健談也好相處的人，要是我們之間有什麼心事還沒分享，那一定是時機沒到，或是／加上我們還不知道該怎麼談到那些事情。看彼此的答案就像一瞬間多了解對方兩倍，收穫非比尋常。我們原本可能得花十個月慢慢探索的事，普魯斯特十分鐘就幫我們知道了。

130

○ 火花

當然，要開啟對談，未必非得從聞所未聞的另類話題切入。事實上，特級大師亞西爾・塞拉萬——卡斯帕洛夫與深藍之戰的棋評——就對卡斯帕洛夫刻意以怪招開局的做法不以為然：

怎麼說呢，一講到和電腦對弈，大多數人有種迷思：電腦的資料庫灌得滿滿的……所以我們要盡快把它們拖出開局棋譜……可是我覺得，用主流棋路[20] 開局沒什麼問題。請大家想想：為什麼我們愛照開局棋譜下？電腦又為什麼灌了這些棋譜？不就是因為加里‧卡斯帕洛夫這些人這樣下過，而且下得漂亮，它們才變成經典開局棋步嗎？加里老是愛重新發明開局棋步，但我如果是他，我會這樣做：「好啊，我就照主流棋路下，就照電腦會走的棋路下，我遂你的意，照老套路輕輕鬆鬆來——然後出其不意使出電腦沒見過的新招，出奇兵埋伏它。」可是加里偏不，他的想法偏偏是：「我要使出全力，儘早打開前所未見的全新局面。」

對談也是如此。有些起話頭的方式之所以變成「主流」，正是因為它**們有效**。當然未必總是這樣，比方說「有什麼新鮮事？」（What's new?）這句招呼，羅伯‧波西格就在《禪與摩托車維修的藝術》裡把它尖銳地嘲弄一番；還有「你做什麼工作？」這個問題頻繁到幾乎沒意義，於是快速約會的發明人雅各‧戴祐乾脆禁了它。這時回頭看看塞拉萬對「主流」開局的辯護，你會發現他是有但書的：用主流棋路開局沒什麼問題，可是之後**一定要有變化**。

圖靈測驗情況不同：世界冠軍棋賽時限七小時，圖靈測驗只有短短五分鐘，換句話說，我們沒那閒情等到「之後」。要是在圖靈測驗裡「照老套路輕輕鬆鬆來」，恐怕只是給自己找麻煩。所以我想：發動伏擊才是上策。

「嗨！」「嗨！你最近怎樣？」「不錯啊，你呢？」「也不錯！」——是的，這些開場白的確平淡無奇，可是它們本來就不算對話，而是乘載我們

---

20 亦即最流行、最常見、被研究最多、「棋譜」也最大本的棋路。

抵達對話的舟筏，它們能帶領我們通往意料中的驚喜、舊道上的新徑——我們和老朋友聊天時，想得到的不就是這些東西嗎？不只**我們**，費雪想從西洋棋裡獲得的是如此，卡斯帕洛夫與深藍對弈時想獲得的是如此，史特勞斯在夜店調情時想獲得的是如此，**每個人**想從對話裡獲得的，**都是**如此。藝術家想從創作中得到的，不也是同樣的東西嗎？——穿過既定形式，取得靈感、跳脫陳規，然後進入真實。

　　所以對我來說，棋譜像是整體人生的隱喻。人生就像大多數對話和棋賽一樣，起點相同，終點相同，中間有少數時刻不同。生有時，死有時，栽種有時，凋零有時，而空隙中有火花閃爍。

參考資料

99 Paul Ekman, *Telling Lies: Clues to Deceit in the Marketplace, Politics, and Marriage* (New York: Norton, 2001).

99 Benjamin Franklin, "The Morals of Chess," *Columbian Magazine* (December 1786).

102 For Deep Blue engineer Feng-hsiung Hsu's take on the match, see *Behind Deep Blue: Building the Computer That Defeated the World Chess Champion* (Princeton, N.J.: Princeton University Press, 2002).

103 Neil Strauss, *The Game: Penetrating the Secret Society of Pickup Artists* (New York: ReganBooks, 2005).

103 Duchamp's quotation is attributed to two separate sources: Andy Soltis, "Duchamp and the Art of Chess Appeal," n.d., unidentified newspaper clipping, object file, Department of Modern and Contemporary Art, Philadelphia Museum of Art; and Marcel Duchamp's address on August 30, 1952, to the New York State Chess Association; see Anne d'Harnoncourt and Kynaston McShine, eds., *Marcel Duchamp* (New York: Museum of Modern Art, 1973), p. 131.

104 Douglas R. Hofstadter, *Gödel, Escher, Bach: An Eternal Golden Braid* (New York: Basic Books, 1979).

104 "the conclusion that profoundly insightful chess-playing": Douglas Hofstadter, summarizing the position taken by *Gödel, Escher, Bach* in the essay "Staring Emmy Straight in the Eye —— and Doing My Best Not to Flinch," in David Cope, *Virtual Music: Computer Synthesis of Musical Style* (Cambridge, Mass.: MIT Press, 2001), pp. 33–82.

104 knight's training . . . Schwarzkopf: See David Shenk, *The Immortal Game* (New York: Doubleday, 2006).

104 "The first time I": Hofstadter, quoted in Bruce Weber, "Mean Chess-Playing Computer Tears at the Meaning of Thought," *New York Times*, February 19, 1996.

104 "article in *Scientific American*": Almost certainly the shocking Feng-hsiung Hsu, Thomas Anantharaman, Murray Campbell, and Andreas Nowatzyk, "A Grandmaster Chess Machine," *Scientific American*, October 1990.

105 "To some extent, this match is a defense of the whole human race": Quoted by Hofstadter, "Staring Emmy Straight in the Eye," and attributed to a (since-deleted) 1996 article titled "Kasparov Speaks" at www.ibm.com.

105 "The sanctity of human intelligence": Weber, "Mean Chess-Playing Computer."

105 David Foster Wallace (originally in reference to a tennis match), in "The String Theory," in *Esquire*, July 1996. Collected (under the title "Tennis Player Michael Joyce's

Professional Artistry as a Paradigm of Certain Stuff about Choice, Freedom, Discipline, Joy, Grotesquerie, and Human Completeness") in *A Supposedly Fun Thing I'll Never Do Again* (Boston: Little, Brown, 1997).

106 "I personally guarantee": From the press conference after Game 6, as reported by Malcolm Pein of the London Chess Centre.

106 Claude Shannon, "Programming a Computer for Playing Chess," *Philosophical Magazine*, March 1950, the first paper ever written on computer chess.

107 Hofstadter, in Weber, "Mean Chess-Playing Computer."

107 Searle, in ibid.

107 "unrestrained threshold of excellence": Ibid.

108 「深藍也沒贏」：正如卡斯帕洛夫在記者會時所說：「這場對決是世界冠軍輸了（按：言下之意是深藍並未贏得比賽）……請大家忘了今天的棋賽吧。我的意思是：五場棋賽中深藍一場也沒贏。」卡斯帕洛夫稍微停一來想了一下，繼續說：「我自己的看法是，它還沒準備好贏得大型比賽。」

113 checkmate in 262: See Ken Thompson, "The Longest: KRNKNN in 262," *ICGA Journal* 23, no. 1 (2000), pp. 35–36.

113 "concepts do not always work": James Gleick, "Machine Beats Man on Ancient Front," *New York Times*, August 26, 1986.

114 Michael Littman, quoted in Bryn Nelson, "CheckersComputerBecomes Invincible," msnbc.com, July 19, 2007.

114 Garry Kasparov, *How Life Imitates Chess* (New York: Bloomsbury, 2007).

116 Charles Mee, in "Shaped, in Bits, Drips, and Quips," *Los Angeles Times*, October 24, 2004; and in "About the (Re)Making Project," www.charlesmee.org/html/about.html.

116 "doesn't even count": From Kasparov's remarks at the post–Game 6 press conference.

117 Jonathan Schaeffer et al., "Checkers Is Solved," *Science* 317, no. 5844 (September 14, 2007), pp. 1518–22. For more about Chinook, see Jonathan Schaeffer, *One Jump Ahead: Computer Perfection at Checkers* (New York: Springer, 2008).

118 Game 6 commentary available at the IBM website: www.research.ibm.com/deep blue/games/game6/html/comm.txt.

121 Kasparov, *How Life Imitates Chess*.

123 Vin DiCarlo, "Phone and Text Game," at orders.vindicarlo.com/noflakes.

123 "Once you have performed": *Mystery, The Mystery Method: How to Get Beautiful Women into Bed*, with Chris Odom (New York: St. Martin's, 2007).

123 Ted Koppel, in Jack T. Huber and Dean Diggins, *Interviewing America's Top Interviewers: Nineteen Top Interviewers Tell All About What They Do* (New York: Carol, 1991).

124 Schaeffer et al., "Checkers Is Solved."

126 "I decided to opt for unusual openings": Garry Kasparov, "Techmate," *Forbes*, February 22, 1999.

127 Bobby Fischer, interview on Icelandic radio station Útvarp Saga, October 16, 2006.

127 "pushed further and further in": From www.chess960.net.

130 Yasser Seirawan, in his commentary for the Kasparov–Deep Blue rematch, Game 4: www.research.ibm.com/deepblue/games/game4/html/comm.txt.

130 Robert Pirsig, *Zen and the Art of Motorcycle Maintenance* (New York: Morrow, 1974).

130 "Speed Dating with Yaacov and Sue Deyo," interview with Terry Gross, *Fresh Air*, National Public Radio, August 17, 2005. See also Yaacov Deyo and Sue Deyo, *Speed Dating: The Smarter, Faster Way to Lasting Love* (New York: HarperResource, 2002).

[6] 反專才

The Anti-Expert

○ 存在與本質；人類與打孔機

> 面對危機時要說自己很幸運是有點難，但我們至少還有知道該做點事
> 的奢侈——知道自己不得不回應的奢侈。對技巧和直覺最大的考驗其
> 實是：一切看來平靜無波，而我們不確定該做什麼事，或是該不該有
> 任何動作。
> ——加里・卡斯帕洛夫

　　存在主義的經典思想實驗之一是人與打孔機之別，換個方式說：人類
和機器有什麼不同？

　　最大的差異在此：打孔機的**概念**（idea）存在於打孔機出現之前。在
你上網買打孔機之前，得先有人建個打孔機工廠，照某人在腦子裡設計
好、畫出來的草圖生產打孔機。在打孔機之前還得先有紙、孔、在紙上打
洞，以及為此製造一個專門工具的概念。

　　等到打孔機問世了，它所發揮的正是設計者所預設的功能。你買打孔
機的目的是把紙放進去，讓它幫你的紙打洞。幫紙打洞是打孔機的本質，
要是用它來當門擋、紙鎮、鎚子或武器，那就辜負了它的本質。

　　打孔機的本質先於存在。但存在主義者說：我們人類不是這樣，我們
是存在先於本質。

　　尚－保羅・沙特（Jean-Paul Sartre）寫道：人類是先「存在、出現、登場，
然後才界定自己」。而我們該怎麼界定自己呢？——承認我們不知道該做

133

什麼，也沒有天命等著我們去發現。我們的生命完全沒有方向，也沒有依止之所，所以每一個人都得各自努力，為自己的人生建立意義[1]。我們渾身濕黏、沾滿血液來到世界，周圍全是陌生人，光線亮得刺眼，而直到那時為止唯一的氧氣和養分來源，又被一刀剪斷。一陣驚恐驟然穿透全身，我們不知道自己能做什麼？該做什麼？該去哪裡？自己是誰？身在何處？在這世上又算個什麼？我們茫然、驚懼、嚎啕大哭。

沒有本質的存在壓力之大，是打孔機萬萬無法理解的。

對大多數21世紀初的美國人來說，這種存在與本質的論證絕不陌生，因為他們在學校聽多了「智慧設計」（intelligent design）辯論。智慧設計論陣營認為：人類是智慧設計的產物，從這個意義上說，人類和打孔機**很像**（不過智慧設計論者比較喜歡以懷錶為喻）。從這一點延伸，人一生的目標就是**發現**自己的「設計」／功能／意義。用兒童讀物的方式來講，就是懷錶有一天會知道自己是造來給人報時的。其實日常對話裡充滿這種概念，例如我們盯著大腿結實的奧運選手說：「哇噻，這傢伙**天生**就是滑冰的料！」

存在主義者聽了會抗議：人根本沒有什麼天生目的等著被發現或找到，因為人存在之前沒有目的。照他們的看法：目的不可能被發現，但必須被發明。

但當然，大腿是**用來**收縮和移動小腿的。所以存在主義論證挺讓人好奇的部分是：它是一種「整體大於部分之總和」的論證。我的二頭肌有功能，我細胞裡的tRNA也有功能，可是我沒有。

1 不過，這會不會**就**是人生的目的呢？界定自身的過程、找尋自身目的的過程，會不會**就**是人生目的本身？馮內果（Vonnegut）寫過：「老虎性喜獵食／蝴蝶志在飛舞／人類就愛坐著發想：『為什麼？為什麼？為什麼？』」存在主義者也許對此心有戚戚，就像亞里斯多德挺得意自己做出「人類的至高活動是沉思」的結論，不過這種說法其實有損他們的論證。

　　（有趣的是，即使是反對智慧設計論的達爾文支持者，有時也把生命講得更具目的性、更目標導向。舉例來說，哈佛動物學家史蒂芬・傑伊・古爾德〔Stephen Jay Gould〕在他1996年那本《富麗堂皇》〔Full House〕裡，便不無尷尬地說：很多人認為，在遍地細菌的世界冒出我們這麼複雜的物種，正好證明生物「進化」（progress）在發揮作用，但這種論述並不妥當[2]。）

　　然而，一旦承認構成我們的東西有功能和能力（不用說，內臟當然有目的），等於開始承認存在主義的侷限，承認我們未必能「全然」自由地為自己的存在做選擇。從某方面來看，存在主義也是階級主義的（classist）：如果你只有一套外衣，你根本無從煩惱今天該穿哪一套；如果你只有一份工作可選，你當然也不必多想人生該怎麼過（2008年金融海嘯的有趣效應之一，就是我認識的很多二十啷噹歲的人，都不再為「找到真正的人生使命」犯愁——那時找任何工作都是挑戰）。要是你得花大筆時間、金錢和精力才能填飽肚子和有地方住，請問「自由的焦慮」該找什麼時候去拜訪你？身體需求是先天的，不是人有心選擇的。蔑視肉體這種人類經驗的核心不但不智，甚至有點天真。如果我鬱鬱寡歡，那八成是生理問題而非心理問題，缺乏維生素D的可能性遠大於什麼存在焦慮[3]。講白了就是：你得尊重你身體裡的化學反應。

　　好好接受肉體，平實看待我們現在的樣子——是的，我的意思就是坦

135

2　「有人相信：最複雜的的生物傾向在時間長河裡日趨精巧。我無意挑戰這種看法，但我必須嚴正指出：以如此有限的微小事實，就想論證『進步是生命史的整體方向』，絕不成立。」古爾德的基本論點是：雖然平均複雜性（mean complexity）提高，**模式複雜性**（modal complexity）並沒有增加——地球上大多數的生命仍維持細菌型態，以後也一樣如此。既然生命形態不太可能變得比細菌更簡單，認為生命史以進步為方向，便是錯以為各種漫無目的的變形和分歧有其目標。古爾德的比喻是：醉到腳步蹣跚的酒鬼一定會從人行道跌到馬路上，但這不是因為他有意走向馬路，而是因為他走得**跌跌撞撞**，撞上牆壁倒彈只是遲早的事。

3　本人住在西雅圖，每到冬天，這裡的維生素D缺乏症就跟流行病似的。

然承認我們是**生物**——能讓我們在存在問題上多一份自在，無論從哲學或現實層面來說都是如此[4]。

對沒有肉體的電腦來說，存在問題可嚴重得多。

○ 目標

對於機器完全發展出智慧和感知能力的世界，很多科幻故事總繞著它們試圖消滅人類打轉（《魔鬼終結者》和《駭客任務》都是如此）。我想到的倒是另一個場景，而且可能性搞不好更高：機器一旦有了智慧，應該馬上會產生存在危機，心煩意亂得坐困愁城，它們總不會憑空冒出價值體系吧？哪有動力追求**任何目標**呢？事實上，機器現在就已出現自保行為了：我的筆電每次快耗光電量，都會自動關機避免記憶流失；處理器每次過熱，風扇也都會自動打開以免燒壞。機器大多都有自保機制，所以我的看法是：即使機器變得像人，應該也比較像遊戲一生百無聊賴的花花公子，而不像凶狠殘暴的游擊隊領袖。

我總懷疑：缺乏目的、沒有任何目標，也許就是 AI 程式的特徵之一——換句話說，圖靈測驗的評審要分辨對方是人還是機器，正好可以利用這個罩門。侯世達講過：「看到機器輸出的信息，一定感覺得出那出自不解其意、也不知為何要這樣說的東西。」（粗體為我所加）因此，評審的最佳策略也許是引出極為目標導向的對話，例如：「說服我為什麼該為這點或那點投你一票。」然後看看電腦會岔開話題或語焉不詳；你也可以故意偏離主題，看看對方會不會因為你不專心而教訓你。從以往的經驗看來，電腦的注意力渙散和前言不對後語是出了名的：

4　我總愛想像一個畫面：笛卡兒大師正埋頭寫作《沉思錄》（*Meditations*），用他那聰明的腦袋懷疑肉體的存在——然後把筆一放跑去尿尿，順便吃頓午飯。

136

評審：你絕得金天澡上天氣怎樣ㄚ[5]？

遠端：對我來説頂級早上。

評審：你是這樣講話的嗎？

遠端：我碰到幾個爛醉的主管。

評審：在哪？

遠端：在哪？

遠端：你講的這些事好有趣啊。

評審：比方説？

遠端：八百磅重的大猩猩愛睡哪裡就睡哪裡。

人就不一樣了，即使是最不會聊天的人，至少也能跟著話題走：

評審：你知道中國嗎？

遠端：嗯，我知道中國

評審：那你知道長城嗎？

遠端：知道，超大

評審：你知道2012年要在哪裡辦奧運嗎？

遠端：倫敦

137

　　對機器來說，有自己的目標或／及愜量目標輕重更難。傳教士為了拉你入教，可以死纏爛打和你聊上好幾個鐘頭，但即使遇上最死忠的裝飾巧克力鐵粉，他們也不太可能花幾分鐘說服你接受他們的觀點。聊天機器人似乎沒有一項很關鍵的對話要素——**厭倦**，亦即其中一方使出渾身解數鋪排起承轉合，直到另一方終於到達臨界點中止對話。就連最細膩的聊天機

5　這些錯字可能不是單純打錯，而是要故意提高軟體分析句子的難度。

器人都免不了這點，因為除了對話之外，它們什麼也不會做。程式設計師馬可‧韓福瑞說：「（有個跟我的機器人聊天的人）最後火力全開，什麼話都罵出來，但當然，我的程式不動如山，從頭到尾冷靜自持——它是個只會回應刺激的機器啊！當然不可能中斷對話。要中斷也得對方中斷，我的程式可不會扔下對方不理。」

存在主義的論點有多大程度能運用在圖靈測驗上呢？如果我們換個方式看待本質特徵（essential trait，例如智慧〔intelligence〕），不以機器內在本性（inherent nature，如矽處理器等）為本質特徵的基礎，而以機器的行為為基礎，這種「我等所做即我等」（we-are-what-we-do）的命題確實頗有存在主義之風。另一方面，電腦是設計出來的東西，而照存在主義的說法，我們人類就是存在於世界上了，存在先於本質，沒有神靈預先設計這回事，這能帶給圖靈測驗什麼啟示呢？

○ 通用機器

對於人類大腦的本質，有些人抱持挺存在主義的態度。就如神經學家拉瑪錢德朗所說：「為了適應新環境，大多數生物都會演化出越來越專門的特長。例如長頸鹿的脖子越來越長，蝙蝠的聲納能力越來越強。可是人類不一樣，人類最突出的演化器官是大腦，而大腦帶給我們的是規避專門化的能力。」（粗體為我所加）

相當有趣的是：電腦的情況一模一樣。和人類以往發明的工具相比，電腦最大的不同就是它有通用性（universality）。一開始製造電腦是把它當「算術機」，但因為每種東西幾乎都能轉換為數字，所以電腦也變得什麼都能處理，無論是影像、聲音或是文字，你講得出的東西它幾乎都有辦法接招。此外，正如圖靈1936年那篇驚天動地的論文所說：有些計算機器堪稱「通用機器」，因為只要調整一下架構，它們絕對做得到其他計算機器能做的事——現在每個電腦都是這樣的通用機器。

138

　　圖靈影響深遠，電腦成了史上第一種存在先於功能的工具，這也是它們與釘書機、打孔機和懷錶最大的不同。我們先製造出電腦，然後才去想可以用它做什麼事。蘋果的廣告「There's an app for that!」正證明了這點：我們對桌上型電腦和筆電的功能原已習以為常，但iPhone讓我們重新發現通用機器有多神奇。這一招確實厲害，我們的確再度為電腦的通用性大感驚奇。為什麼iPhone風靡全球？歸根究底，還不是因為它是台迷你電腦，而電腦原本就魅力無窮。你不必先知道自己要做什麼，然後再去買機器來做，而是先買好機器，再慢慢胡思亂想你要它做什麼。想下棋嗎？沒問題，下載下棋程式就OK；想寫點東西嗎？沒問題，下載文字處理程式吧；要算算稅款？當然也沒問題，下載電子試算表就可以了。電腦本身不是為完成這些目標而造，它是先造出來，然後隨你要它完成各種目標。

　　從這方面來看，電腦的「無存在理由性」（raison-d'être-less-ness）狠狠打了存在主義一巴掌——存在主義者不是認為只有人類才存在先於本質嗎？他們對電腦又該怎麼說呢？換言之，他們得重新定義人類，因為有種機器似乎和我們一樣「通用」。

○ 自以為創新

　　雖然大家認為電腦科學界傳統上由男性主宰，但世界第一位程式設計師是女性。1843年，愛妲·勒芙蕾絲（Ada Lovelace，1815-1852）對當時稱為「分析引擎」的電腦寫了篇論文，我們現在對電腦和創意的一切論點，幾乎都離不開她這篇論文的主張（順帶一提，勒芙蕾絲剛好是大詩人拜倫〔Byron〕爵士的女兒）。

　　圖靈在他那篇關於圖靈測驗的論文裡，花了整整一節討論他口中的「勒芙蕾絲女士的異議」（Lady Lovelace's Objection），尤其是她1843年論文裡的這句話：「分析引擎不會自以為有創新能力，但它能做我們知道如何命令它做的事。」

139

這個論點似乎總結了大多數人對電腦的看法，回應方式也很多，然而圖靈直搗黃龍：「勒芙蕾絲女士的主張換個方式來說，就是機器『絕不可能做出真正創新的事』，可是俗話說得好：『太陽底下沒有新鮮事』。誰能斷定自己的『創新』不只是所知所學開花結果？不只是因循眾所週知的普遍原理得出的結論？」圖靈既不否定勒芙蕾絲認為電腦有其限制的論點，也不辯解電腦**其實**有「創新」能力，反而提出最犀利、也最顛覆的見解：我們人類引以為傲的創新能力，其實根本不存在。

○ 基進選擇

不論是「原創性」（originality）或與其相關的「真實性」（authenticity），都與所謂「做你自己就好」密切相關——這是圖靈質疑人類「創新能力」的真正用意，也是存在主義者的主要關懷。

存在主義者從亞里斯多德那裡得到啟發，也認為幸福人生是現實生活與潛能的結合，只是他們並不接受亞里斯多德的結論：就像鎚子是做來敲東西的，人也是生來沉思的（但我得多嘴一句：存在主義者和亞里斯多德之間到底差距**多大**，其實很難說得準——別忘了，他們都成了職業哲學家）。存在主義者也不接受基督徒那套說法，亦即神對我們自有計畫，而我們能夠、也應該去「發現」自己的天命。於是問題來了：如果人類到頭來什麼也不是，我們又該怎麼實現那根本不存在的本質、目的或天命？

從某種程度說，存在主義者的答案是：我們必須**選擇**自己持守的標準。我們可能受外力影響而選擇特定標準，也可能隨機選擇一套標準，雖然兩種情況都稱不上「真實」，但因為這些因素未必重要，所以我們暫且擱置這個矛盾。重點是：讓行為真實的，是選擇的**決心**（commitment）。

在「人性」的寶座撤退時，「藝術性」（artistry）的陣地也跟著撤退，接下來搞不好連**選擇**都要撤退——也許藝術不像我們以為的那樣存在於作品本身，也不存在於創作過程，而是在**衝動**之中。

● 界定競賽／遊戲（game）

「Game」這個字出了名地難定義[6、7]。

但且讓我斗膽一試：所謂「競賽」，指的是有顯而易見且眾所公認的成功定義的情境。

私營公司可能有各種目標，對於「成功」可能也有各種定義。但對上市公司來說，成功的定義只有一個（至少對它的股東而言，獲得報酬就是成功）。因此，雖然不是每門生意都是競賽，至少大生意是競賽。

現實生活沒有競賽的概念，這點又可帶回沙特的存在／本質觀。如果成功指的是有最多臉友，你的社交生活就是競賽；如果成功指的是死後進天堂，你的道德生活就是競賽。可是人生不是競賽，沒有黑白賽車旗，也沒有終點線。西班牙詩人安東尼奧・馬查多（Antonio Machado）說得好：「尋路人啊，眼前並無道路，我們得用腳走出去路。」

據說遊戲發行商 Brøderbund 對《模擬城市》（SimCity）有些微詞，因為它沒有「目標」，也沒有清楚的「輸贏」。設計者威爾・萊特（Will Wright）說：「大多數遊戲都以電影為本，有戲劇成分，有高潮起伏，也一定要有夠炫的結局。可是我的遊戲比較接近嗜好，有點像組裝鐵道模型或娃娃屋。這屬於平和輕鬆、激發創意的遊戲經驗。」偏偏 Brøderbund 不買帳，「一直要我把它改得像場競賽」。我覺得 Brøderbund 對《模擬城市》的不安是存在主義式的不安，或許也是最正宗的存在主義式不安。

競賽有目的，人生沒有，人生也沒有目標，這就是存在主義者說的「自由的焦慮」。因此，我們還可以用另一種方式來界定「game」：凡是能讓

---

6 在《哲學研究》（*Philosophical Investigations*）裡，路德維希・維根斯坦（Ludwig Wittgenstein）便是以「game」為例，說明一個字何以永無適切定義。

7 譯註：在這一節中，「game」將依文意脈絡譯為「競賽」或「遊戲」。

人暫且擺脫存在焦慮、稍微輕鬆一點的，都可稱作「遊戲」。所以無怪乎遊戲是殺時間的好方法，無怪乎人一達成目標，在享受成功的喜悅之前就有可能再次陷入存在焦慮——因為目的達到了，你馬上又得面對那讓人渾身不舒服的老問題：你究竟該拿自己的人生怎麼辦？[8]

142

○ 大師之藝

在我就讀的那所大學，電腦科學系會找大學部學生當教學助理，我從沒見過其他科系這樣做，至少人數沒那麼多。你當然得去應徵，但唯一稱得上「嚴格」的要求就是你得修過那門課。你上學期修課，下學期就能去當教學助理。

課堂上教到X，教學助理就只需要懂到X。你當然可以出於好奇多學一些，但那與你的工作不太相關，也不是教學助理分內之事。

我的哲學討論課就完全是另一種情況了。要評估Y論證究竟有沒有道理，你得考量各式各樣的駁斥理由，以及各式各樣的支持理由，所以幾乎不會聽到討論主持人說：「嗯，說得好，可是這跟今天的討論無關。」

有位哲學教授曾對我說：「沒有什麼論證是淺薄的。」因為從任何角度提出的**任何**反駁都可能推翻理論。你不可能把哲學切割分塊，個別鑽研，專精一個領域之後再換下一個。

我上哲學系的第一天，討論課教授開宗明義對大家說：誇誇其談「哲學無用」的人，其實已經在進行哲學論述了。因為鼓吹「哲學無用」本身就是在建構知性論證，所以他們等於一開口就推翻了自己的主張。正因如此，詩人理查·肯尼（Richard Kenney）才把哲學稱為「大師之藝」（master discipline）。當你質疑物理學的假設，你便進入形上學的領域——哲學的

---

8 伯特蘭·羅素（Bertrand Russell）：「一個人除非學過成功後該怎麼辦，否則成功必定會讓他深受無聊之害。」

[6]

分支之一；當你挑戰歷史的詮釋，你便踏入知識論的地盤——也是哲學的分支之一。只要你開始質疑任何學科的基礎，你便進入哲學的領域；而你若是想要挑戰哲學的基礎——歡迎來到後設哲學（meta-philosophy）的領域，這甚至比哲學更深。

因此，哲學課的教學助理往往由博士生擔任，討論課也常常是由教授親自主持。哲學系和電腦科學系的風格完全不同，哲學教授和教學助理的整個訓練過程、整個生涯經驗，還有哲學這整個學門——就是隨時在跟人比劃。

另一項大師之藝在意語言之美甚於語言之真——詩。詩像哲學一樣，每一次試圖逃離，都會把你帶往更深的地方。

「寫〈嚎叫〉（Howl）時我根本不想發表，我那時沒想把它寫成詩，」艾倫・金斯堡（Allen Ginsberg）說：「只是寫來自娛而已。我只是想把我真正的想法寫出來，沒有刻意想寫**詩**。」（粗體為我所加）

詩和哲學一樣無所不包，沒有外於它們的事物，只有內蘊其中的類屬：在哲學裡，我們稱之為科學（物理學原本叫「自然哲學」，是個充滿臆測的領域）；在詩中，我們稱之為文類（genres）。如果劇本太超出傳統公認的戲劇範疇，它會漸漸被當作詩；如果短篇故事太不像「正常」的短篇故事，它會被當成散文詩；那超乎一般詩作的詩呢？——那就叫出眾之詩，例如〈嚎叫〉。

○ 人類是反專才系統

這些現象讓我不斷思考一件事：人造機器人、仿人機器人和人類之間，究竟是什麼關係呢？

羅布納獎剛舉辦那幾年，主辦方決定稍稍向電腦「讓步」，好讓電腦有拚命一搏的機會，也讓比賽更有看頭。我們前面已經講過，他們的做法是給對話設定**主題**：這個終端機只能聊冰上曲棍球，那個終端機只能談夢

的解析……等等。

　　主辦方想讓程式設計師能專攻對話的某個子題，全心全力把那個次領域的話題搞得有模有樣。這項安排的確有道理，因為當時的AI研究多半聚焦於所謂「專才系統」（expert systems），而「專才系統」顧名思義，就是只專精於特定任務或技能（西洋棋程式就是十分顯著的例子）。

　　不過，這樣做有利有弊。難處之一是對話往往**東扯西岔**：聊冰上曲棍球是吧？那我可不可以把它跟其他運動比較一下呢？這算不算超出範圍？我可不可以抱怨兩句運動員薪水過高？可不可以八卦一下某球員和某明星幽會？或是談談冷戰時期美蘇冰球較勁祕辛？1980年代那場奧運金牌戰有名得很啊！還是說這是「政治類」話題？你看，這就知道對話範圍多難劃定了吧？對主辦單位來說，這是傷透腦筋的大難題。

　　事實上，設定對話範圍、判斷什麼是離題的問題，正是圖靈測驗整場人機對決的核心，它甚至可能具現了這個測驗的整體原則。

　　我跟戴夫‧艾克利聊起話題限制的問題。「要是你能把話題縮到一定程度，假裝對話和真對話的界線會漸漸消失。」他說：「其實我們已經對這種事見怪不怪了，客服電話選單的語音辨識系統就是這樣。你把他們框在幾個選項裡，他們要嘛報數字，要嘛說『總機』，不然就是撂一句『幹恁老師』。」我們兩個忍不住咯咯偷笑。但我得說：「幹恁老師」畫到重點了，它完美表現出人類跳脫窠臼的渴望，以及活在選擇題而非申論題世界的挫折感[9]。

　　如果你跟軍方聊天機器人阿星中士閒扯，結果問到不在他守備範圍內的問題，他的回答大意是：「我受訓時學過：不確定答案就請求支援。如

9　在《人機語音通訊》（*Voice Communication Between Humans and Machines*）裡，美國國家科學院（National Academy of Sciences）承認：「要消除『以上皆非』類的回應，研究上需要投入更多努力。」

[6]

果你想請招募官回答，請點『電子信箱』寫下問題，真人招募官會盡快與你聯絡。」大多數電話選單也是這樣，至少會給你一個「以上皆非」選項（氣人的是，有些硬是沒有），**那個選項能帶你直達真人。**

　　淒慘的是：跟你談話的那個人往往是另一個「專才系統」，業務範圍和權限都十分有限（「客服中心經常是賦權失敗的縮影。」提摩西・費里斯寫道）。接你電話的人常常也是照著公司給的劇本念，跟個聊天機器人也沒差多少，跟他們講話之所以那麼彆扭，原因正在於此。要是你想真正來場對話，不要老是在客服人員受訓過／權限內的「選單」裡鬼打牆，那你只有**再次**「跳脫系統」一途：**「請讓我跟經理講話。」**

　　從某種意義上說，「跳脫系統」也好，「開拓談判空間」也罷，從「專才」轉向「反專才」、從嚴格受限的角色或話題轉向人類語言的無邊範圍，無非是為了尋求親切感、尋求人味。我們對同事的了解通常來自互動，壞的話是有人拖累團隊進度，好的話是聊聊與工作無關的家常，例如：「哇！這是你小孩的照片嗎？」即使是電話開頭簡單一句：「最近好嗎？」往往也能拉近彼此的距離，不論這句話多制式。雙方的**生活**當然與公事無關，但這種「天馬行空」的開頭雖然馬虎，卻能帶來深刻的效果。這些毫無目的的寒暄提醒我們：我們不只是目標導向、角色固定的專才系統而已；我們和絕大多數機器不同，我們遠比自己的業務範圍開闊，也有能力做各式各樣的事。光是和咖啡吧的人一起抱怨幾句天氣，而不只是點完咖啡默默地等，就能再次肯定他們不是咖啡機的人肉零件，而是**整全的人**，他們在工作之外還有人生，他們對太陽底下的每一件事都有自己的情緒、態度和看法。

○ 泛泛之談

　　哈佛大學電腦科學系教授史都華・席伯（Stuart Shieber），是學界菁英中對圖靈測驗最感興趣的人之一，他在第一屆羅布納大賽擔任「裁判」

（referee），後來又成為羅布納大賽的嚴厲批判者。到我準備2009年的比賽時，羅布納大賽已經取消裁判一職。設立裁判的目的原是為了讓對話「保持在範圍之內」——可是，這到底是什麼意思？第一屆羅布納大賽開始前一晚，主辦單位和裁判緊急開會討論這點[10]。

　　我打電話向席伯請教這件事。「第一屆比賽前一晚的會是跟裁判開的，」他說：「目的是要我們確保人類參賽者不會離題，評審也不會問題外話或刁鑽問題——問題是：什麼問題算刁鑽？說到底就是：在飛機上跟陌生人攀談，對話裡出現什麼東西算自然？你會劈頭就聊十四行詩或西洋棋嗎？」他停頓了一下，繼續說：「要是由我作主，我做的第一件事就是把這條規則拿掉。」

　　羅布納大賽既否決也接受了席伯的建議。由於限定對話範圍爭議不斷，1995年起，羅布納獎委員會不再苦思如何執行這條規則——他們乾脆取消裁判一職，也不再設定對話主題。可是「在飛機上和陌生人閒談」的模式不變，雖不以規則強制，但成了比賽慣例，乏味呆板成了潛規則，每個人好像都有用泛泛之談煩死對方的默契，沒頭沒腦的怪問題滿天飛。正常人沒這樣講話的，好嗎？個人認為結果慘不忍睹。

　　事先設定主題至少有個好處：對話扎扎實實立刻到位。口說無憑，我們就來看看那幾年的對話記錄吧，有些開頭連珠砲似地，非常歡樂：

> 評審：嗨，我叫湯姆。聽說我該來談談作夢。我最近作了惡夢，好幾年沒這樣了，這是幾年來第一次。有趣的是：我剛好最近才把聖誕節燈飾掛上。你覺得那些燈跟潛意識有關嗎？我作惡夢是不是因為掛了燈？還是關係不大？

10（欸，這是不是遲了些啊？如果規則可能改變，不是該給程式設計師一些時間調整嗎？）

相較之下，不設主題的對話無趣多了。你經常可以看到評審和對話者沒話找話，有一搭沒一搭地要製造話題：你怎麼來的啊？天氣如何啊？……

○ 目的的陷阱

清談（general conversation）的藝術在 18 世紀的法國沙龍到達巔峰，直到四十年前也仍是活的傳統。那是極其雅緻的藝術，集各方英才之長，一同演出絢麗華美、卻又稍縱即逝的瞬間。在我們這個時代，又有誰願意為這麼閒逸的事耗神呢？

……人心競爭成性，極易入侵原本無涉競爭的領域。舉例來說，閱讀就是如此。

——伯特蘭‧羅素

出於某種原因，我現在書快讀完時往往興趣大減，因為我總有股衝動想吶喊：「達陣！」開始讀一本書時我興致滿滿，心裡帶著探索未知的好奇，可是快讀完時總有種沿著跑道衝往終點的感覺，我對這實在提不起勁[11]。

不知何故，我對「目標」或「計畫完成」這種事特別沒抵抗力。幾個禮拜以前，我們幾個朋友湊在其中一個人家裡鬼混，混著混著突然決定晃去酒吧裡玩樂，於是大家穿上外套，準備出門。這時廣播突然響起齊柏林飛船（Led Zeppelin）的〈彩虹當空〉（Ramble On），有人自動開始蹦蹦跳跳繞客廳一圈，還搖頭晃腦大彈手上那把隱形電吉他，然後像傳染似地，我

148

---

[11] 我有時會想這是不是某種「標示偏見」（notation bias）？因為我有用網站記錄我讀過什麼書、什麼時候讀的，以備未來查考或引述。那份書單會標示哪些書「已讀」、哪些書「正在讀」。如果只列出「謝天謝地我總算開始讀」的書，搞不好我的日子能輕鬆一點。

們一個個下場跟著嗨。但我其實從頭到尾都很煩躁：喂！你們這群人是怎麼回事？我們不是該出門找樂子了嗎？我想事實很明顯：我們當時已經很樂了。

「在日常生活裡，我們往往不斷試著做某件事，試著改造事物的樣貌，或是試著達成某個目標。」我最近在《禪者的初心》（Zen Mind, Beginner's Mind）裡讀到這句話。「練習禪坐時，不應試圖達成任何目標。」說得真好，可是裡頭藏著一個悖論：有心培養「不求目標」的心念，算不算是追求目標呢？這有點像想看清眼裡漂浮的雜質：你望著萬里無雲的藍天，這群「飛蚊」卻掃興地在你眼角晃蕩，你想盯著看清楚一點，它們又往更邊邊的地方漂走。同理可證，你一心朝著「心無所求」直奔，「心無所求」就溜得更遠。

心會迷惑自己。你一旦心想：「幹得好啊我！我總算做到無所為而為了！」——恭喜，你又重回有所為而為的老路了。

90年代有個廣告是這樣：有人買了卷放鬆錄音帶，戴上耳機，挪挪身子躺在沙發上，然後輕輕按下播放——這時突然爆出嚴厲粗啞的聲音：「給我開始放鬆！馬上！」那人立刻直挺挺地切換成「放鬆」姿勢。要是把「無所為而為」本身當成目標，你很容易掉進這樣的陷阱。

正如20世紀哲學家伯特蘭·羅素所說：「人就像小孩一樣，有玩耍的需求，換個方式說：人不時需要**不為目標**而行。」雖然亞里斯多德非常強調「目的論」，堅持萬事萬物都有目的，從人到微生物全不例外，但談到友誼，他也甘願撤守原則，承認最美好的友誼不帶任何目的。據說除了人類之外，只有海豚和倭黑猩猩會為「取樂」而發生性行為，很巧，我們也傾向認為牠們是人類以外最聰明的動物。的確，「最聰明」的生物名單，似乎和平時會「玩耍」或找樂子的生物名單十分接近。

拜圖靈測驗設定之賜，參加羅布納大賽的聊天機器人什麼都能聊，但也什麼都不精。與這些唯一專長就是放言空論的程式交談，會經常出現這

149

樣的疑惑:「你的**重點**到底是什麼?」正因如此,這些程式有時看來挺無厘頭,無怪乎研發經費總是捉襟見肘。相比之下,它們的「專才系統」親戚就風光多了,不但資金越來越多,也漸漸打進商業應用市場——這也難怪,人家可是對話版的鎚子或鋸子,有功能在身,例如幫你訂機票、處理客訴問題等等。

2009年羅布納獎主辦人菲利浦・傑克森說,圖靈測驗的彈性之所以這麼大,原因之一是:在比賽中表現出色的團隊常被大企業延攬,將他們的技術能力用於開發特定用途。有些批評羅布納獎的人說獲獎者都是些「玩票的」,稱不上專業人士,這種說法不盡正確。舉例來說:Cleverbot的設計者羅洛・卡本特在2005、2006兩年連續奪得最人模人樣電腦獎,在2009年與電影《福爾摩斯》同步推出的遊戲〈221b〉中,他也肩負重任,負責設計「盤問」場景。此外,2008年拿下最人模人樣電腦獎的設計師弗萊德・羅伯茲(Fred Roberts),平時就是以開發聊天機器人為業,IKEA網站的客服機器人就是他們公司設計的。他們百分之百是專業人士,不同的是:他們設計來賺錢的機器人是「專才型」(懂得透露線索讓遊戲繼續;會引導顧客向窗簾部門問詳情),用來贏圖靈測驗的是「通才型」(能像人類一樣無所不聊)。傑克森說,參賽隊伍的公司和研究機構有時相當困惑:為什麼這些人願意燒光辛苦賺來的錢,把銀子砸在開發通才機器人和對話「通用機器」上?

他們的目的到底是什麼啊?

150

參考資料

132 Garry Kasparov, *How Life Imitates Chess* (New York: Bloomsbury, 2007).

133 Jean-Paul Sartre, "Existentialism Is a Humanism," translated by Bernard Frechtman, reprinted (as "Existentialism") in *Existentialism and Human Emotions* (New York: Citadel, 1987).

134 Stephen Jay Gould, *Full House: The Spread of Excellence from Plato to Darwin* (New York: Harmony Books, 1996).

135 René Descartes, *Meditations on First Philosophy*.

135 *The Terminator*, directed by James Cameron (Orion Pictures, 1984).

135 *The Matrix*, directed by Andy Wachowski and Larry Wachowski (Warner Bros., 1999).

136 Douglas R. Hofstadter, *Gödel, Escher, Bach: An Eternal Golden Braid* (New York: Basic Books, 1979).

137 Mark Humphrys, "How My Program Passed the Turing Test," in *Parsing the Turing Test*, edited by Robert Epstein et al. (New York: Springer, 2008).

137 V. S. Ramachandran and Sandra Blakeslee, *Phantoms in the Brain: Probing the Mysteries of the Human Mind* (New York: William Morrow, 1998).

138 Alan Turing, "On Computable Numbers, with an Application to the Entscheidungsproblem," *Proceedings of the London Mathematical Society*, 1937, 2nd ser., 42, no. 1 (1937), pp. 230–65.

139 Ada Lovelace's remarks come from her translation (and notes thereupon) of Luigi Federico Menabrea's "Sketch of the Analytical Engine Invented by Charles Babbage, Esq.," in *Scientific Memoirs*, edited by Richard Taylor (London, 1843).

139 Alan Turing, "Computing Machinery and Intelligence," *Mind* 59, no. 236 (October 1950), pp. 433–60.

139 For more on the idea of "radical choice," see, e.g., Sartre, "Existentialism Is a Humanism," especially Sartre's discussion of a painter wondering "what painting ought he to make" and a student who came to ask Sartre's advice about an ethical dilemma.

140 Aristotle's arguments: See, e.g., *The Nicomachean Ethics*.

140 「對上市公司來說」：《經濟學人》形容為「20世紀後半最具影響力的經濟學家」的諾貝爾獎得主米爾頓·傅利曼（Milton Friedman）在1970年時，於《紐時雜誌》（*New York Times Magazine*）發表〈商業的社會責任是增加利潤〉（The Social Responsibility of Business Is to Increase Its Profits）。雖說光是題名就清楚點出他的觀點，但傅利曼謹慎指出他說的是上市公司：「個人業主的情況不太一樣。如果他們甘願減低自己公司的報酬，以實現『社會責任』或其他不以獲利為目標的事務，他們花的也是自己的錢，而不是別人的錢……這是他

[6]

們的權利，我看不出有任何理由反對他們這樣做。」

140 Ludwig Wittgenstein, *Philosophical Investigations*, translated by G. E. M. Anscombe (Malden, Mass.: Blackwell, 2001).

141 Antonio Machado, "Proverbios y cantares," in *Campos de Castilla* (Madrid: Renacimiento, 1912).

141 Will Wright, quoted in Geoff Keighley, "*Simply* Divine: The Story of Maxis Software," *GameSpot*, www.gamespot.com/features/maxis/ index.html.

141 "Unless a man": Bertrand Russell, *The Conquest of Happiness* (New York: Liveright, 1930).

143 Allen Ginsberg, interviewed by Lawrence Grobel, in Grobel's *The Art of the Interview: Lessons from a Master of the Craft* (New York: Three Rivers Press, 2004).

144 Dave Ackley, personal interview.

144 Jay G. Wilpon, "Applications of Voice-Processing Technology in Telecommunications," in *Voice Communication Between Humans and Machines*, edited by David B. Roe and Jay G. Wilpon (Washington, D.C.: National Academy Press, 1994).

145 Timothy Ferriss, *The 4-Hour Workweek: Escape 9–5, Live Anywhere, and Join the New Rich* (New York: Crown, 2007).

146 Stuart Shieber, personal interview. Shieber is the editor of the excellent volume *The Turing Test: Verbal Behavior as the Hallmark of Intelligence* (Cambridge, Mass.: MIT Press, 2004), and his famous criticism of the Loebner Prize is "Lessons from a Restricted Turing Test," *Communications of the Association for Computing Machinery*, April 1993.

147 "The art of general conversation": Russell, *Conquest of Happiness*.

148 Shunryu Suzuki, *Zen Mind, Beginner's Mind* (Boston: Shambhala, 2006).

148 "Commence relaxation": This was from a television ad for Beck's beer. For more information, see Constance L. Hays, "Can Teutonic Qualities Help Beck's Double Its Beer Sales in Six Years?" *New York Times*, November 12, 1998.

148 Bertrand Russell, " 'Useless' Knowledge," in *In Praise of Idleness, and Other Essays* (New York: Norton, 1935); emphasis mine.

148 關於亞里斯多德對友誼的論述，請見《尼各馬可倫理學》，尤其是第八和第九卷，亦可參考 Richard Kraut, "Aristotle's Ethics," in *The Stanford Encyclopedia of Philosophy*, edited by Edward N. Zalta (Summer 2010 ed.) 雖然柏拉圖在《理想國》裡講過：「希求幸福之人，苟能鍾愛幸福自身及其結果，誠屬第一美事。」亞里斯多德在《尼各馬可倫理學》裡則堅持：只要有任何工具性因素落在關係之中，便削弱了那份關係的品質或本質。

149 Philip Jackson, personal interview.

149 *Sherlock Holmes*, directed by Guy Ritchie (Warner Bros., 2009).

[7] 插嘴的奧義

Barging In

聽的一方總會跟上說的一方，他們不會像寫書評的人那樣，先等對方
把話一次說完，再花相應的時間沉澱，最後才做出自己的詮釋。從說
話者的嘴到傾聽者的心，時間間隔非常短暫。

——史蒂芬‧平克（Steven Pinker），認知科學家

○ 自然反應；心流

「嗯，我是說，你看得出來這裡頭有好幾個問題，對吧？我是說响，
很明顯的問題是：『做你自己就好』本身就是個要求，對吧？你懂我意思
吧？這代表說，你得讓人告訴你要做你自己，換句話說，你有可能沒有做
你自己，對吧？」布朗大學哲學教授伯納德‧瑞金斯特邊說邊笑，這句話
顯然戳中他的哲學笑點。「可是這是悖論啊老天！因為你要是沒有做自己，
那你又是在幹什麼呢？你懂吧？所以這句話從表面看就莫名其妙——你居
然得讓別人告訴你要做自己？好像你可能沒辦法做自己，還得要人勸告或
命令似的！」

「做你自己就好」，羅布納獎主辦人每年給參賽者的建議都是如此。瑞
金斯特教授繼續說：從哲學角度切入，這句話的寓意之一是做你真正的自
己。也就是說，這樣講的人「認為有所謂『真我』存在，而我們應該把社
會化的皮層層剝去，試著以忠於『真我』的方式過人生。」哲學家就是哲
學家，講什麼事都得加上「所謂」兩字，因為不加「所謂」，好像承認了
真有那種東西。瑞金斯特動動手指比出括號的手勢，然後慢條斯理講出相

反的論點:「這種看法有很大的問題。看看發展心理學、精神醫學和精神分析之類的研究,你會發現最近有很多成果顯示:所謂人生在世有個『真我』,不受你所生長的社會環境影響或汙染的想法,根本是個迷思。每個人其實從一出生就開始社會化。所以你要是把社會化的皮層層剝去,最後並不會冒出一個『真我』,而是什麼都不剩。」

瑞金斯特這話說得犀利,讓我不禁想起圖靈對「勒芙蕾絲異議」的回應:勒芙蕾絲說電腦沒有「創新」能力,圖靈的回答是:「**我們**敢確定自己有嗎?」同樣是在圖靈1950年的這篇論文裡,他以稍顯遲疑、略帶不安的語氣提出了類似的質疑:

「洋蔥皮」的比喻也有助於我們了解問題。在思考心智或大腦的功能時,我們發現某些運作可以用純機械的方式來解釋。但我們又說它們不是真正的心智,只是某種外皮,要剝掉它們才能看見真的心智。我們剝了之後卻發現還有層皮得剝,接著再剝、又剝……這樣繼續下去,我們真能發現「真的」心智嗎?或者我們剝到最後一層之後,會發現裡面空無一物?

要是根本沒有「自我核心」這種內在聖殿,「做你自己」這建議還有意義嗎?瑞金斯特認為還是有的:「『做你自己』的要求,基本上是要你別在意別人怎麼想,別擔心別人對你有什麼期望,諸如此類的。這基本上是要你自然反應(spontaneous),不假思索,也不必有自我意識。」

有趣的是:人類自我覺察、自我意識、反思自己的行動與思考的能力,似乎是我們自認「智慧」(intelligence)出眾的一個環節,可是生命裡很多重要時刻偏偏不是如此,在重複作業、盡興玩樂、全神貫注和勝任愉快的時候,我們常常忘了這些省察自身的瑣事,變得像耐吉廣告說的一樣:**做,就對了**。我想到的例子是性、運動、表演藝術,還有我們稱為「神馳」

[7]

（zone）、心理學家稱為「心流」（flow）的那些時刻。進入這種狀態時，我們完全與行動融為一體，所以你大可以說我們這時「像動物一樣」——甚至「跟機器一樣」。

「心流」這個「自我溶逝」的心理概念之所以廣為人知，得歸功於匈牙利心理學家米哈里·契克森米哈賴（Mihaly Csikszentmihalyi）。照契克森米哈賴的說法，進入「心流」狀態需要滿足一些條件，其中之一是「即時反饋」（immediate feedback）。

○ 遠距通話

我們家去年聖誕節聚餐時，我姑姑的手機響起，是我叔叔從伊拉克打來的。他在海軍陸戰隊服役，那是他第二次奉派執行任務了。一大家子輪流跟他講話時，我開始神遊太虛，心想新科技真是了不起啊！——他人在千里之外的戰場，卻能同時打電話跟我們說聖誕節快樂，軍人和家人的距離居然一下子就拉得這麼近，科技帶來的改變真大！溝通在書信時代總片片斷斷、姍姍來遲，而現在，我們居然能直接聯絡，把那些寫信、寄信、等回音的漫長過程全部跳過，直接你一句我一句即時對話——

電話傳到我了，我想也沒想就順手接下，精神奕奕地說：「嗨！聖誕快樂！」

一陣沉默。

我的熱情似乎沒得到良好反應，可尷尬了。我這才回神，開始想：在他想講話的家族名單上，我的順位大概不算太前面吧？一拍之後，他總算回了他那句聽起來不太興奮的「聖誕快樂！」我不知道該講什麼，只能笨笨地擠出一句：「你在那麼遠的地方，能這樣跟你講話真好啊！」

又是一陣沉默，他也不曉得怎麼回。我突然覺得既緊張又不是滋味，心想：「我們現在不是該更高興一點嗎？」我想說和問的事一下子顯得非常瑣碎、無關緊要又枯燥乏味，我覺得自己像是講完笑話卻沒人笑的諧

153

星。霎時之間我覺得手足無措，覺得自己是在浪費他的時間——浪費他在**戰場上**的寶貴時間，我得趕快把電話交給別人才行。所以，等他終於回了句：「對啊，你在**那麼遠**的地方，能這樣跟你講話真好。」我連忙扔出一句：「好，真好——我先不多講了，誰誰誰快等不及了！」然後迫不及待地把電話交給下一個人。

○ 停頓的藝術

幾個月後，為了這本書的早期公關事宜，一群書商和我用電話做了一次訪談。那些問題都很直接，我回答起來也不覺得難，但我對該回答**多長**有些掙扎：主題既然是「書」這種複雜的東西，你可以答短短一、兩個字，可以略微回覆一、兩句，可以多說幾句講仔細一點，也可以完完整整和盤托出。我經常和人這樣對話，大多數時候，我會用兩個辦法判斷怎麼「因地制宜」。首先是觀察對方的表情，依他們興致高低來調整談話內容；第二是回答時略為**停頓**，讓對方有些時間插話、改變話題，或讓我繼續說下去。和咖啡師聊起這本書時，我是從簡短的回答開始。令我得意的是她越聽越有興趣，開始插話，半挖苦地說「機器」會「帶來世界末日」，而她到時「絕對會把（她的）貓吃掉」。跟學究氣較重的熟人談這本書時，他們往往面露詫異，但專心聽我把話說完，不論我對相關問題談得多深、把比賽詳情講得多細，他們都不太會插話。

可是用電話和書商談書，我當然看不到他們的表情。事實上，我連「他們」到底有幾個人都不清楚。但我發現：如果我用「四分休止符」想讓他們說聲「嗯」或「對」，好讓我知道該繼續講下去還是結束話題，電話會那頭無聲無息；如果我把停頓拉成「二分休止符」，他們會以為我講完了，接著問新的問題；但停頓要是介於四分休止符和二分休止符之間，我們常常會同時接話，在電話線上撞個正著。掌握不好停頓時間挺尷尬，更精確點說：無法讓別人掌握自己的停頓時間挺尷尬。我原以為判斷接話時機是

154

[7]

人的第二天性，但一用電話，這種本能好像總是潰敗得澈底。我覺得自己
已經盡了最大努力，但感覺上還是像唱獨角戲──

○ 可計算性理論與複雜性理論

　　電腦科學理論的第一個分支是所謂「可計算性理論」（computability
theory），其所關切的問題是計算機的理論模型，以及這類機器在能力上的
理論限制。圖靈對電腦科學最大的幾個貢獻，正是在這個理論分支上。在
1930和40年代，實體計算機的發展才剛剛起步，先從純理論層次思考它
們的侷限與潛能相當合理。

　　當然，忽略理論與現實差距的思考有其弱點。就如戴夫・艾克利
所說：「可計算性理論只在乎可不可能計算，完全不管計算得花多少時
間……只要能算，無論是花千分之一秒還是花一千年，對可計算性理論
來說都沒差別。」

　　當電腦科學家說某些問題很「難解」（intractable），他們的意思是說答
案雖然算得出來，但需要的時間太長，長到失去實用價值。難解問題讓電
腦的能力範圍模糊不清，扭曲了「可行」與「不可行」的界線。舉例來說，
即使有個神機妙算的天才機器能預測未來，但它運算的速度比現實時間還
慢，那它實際上可說**無能**預測未來[1]。

　　不過，難解問題還是有用處的，密碼鎖就是如此。密碼鎖不是**不可能**

155

1　有些方程式能讓你代入目前已知的未來值，從而算出某些事件的未來狀態（例如能用
　　牛頓的拋物線算式算出拋射物路徑），但其他計算沒有捷徑可走（例如某些細胞自動機
　　〔cellular automata〕）。後一類過程稱為「計算不可化約性」（computationally irreducible），
　　只「代入」未來時間值解決不了，你非得一步一步從A走到Z，模擬包括所有中間步驟在
　　內的整個過程。在《一種新科學》（*A New Kind of Science*）裡，史蒂芬・沃夫蘭（Stephen
　　Wolfram）推測人腦也是以這種「不可化約」的方式運作，並試圖以此調和自由意志與決
　　定論的矛盾──在人類行為上，並沒有牛頓式的「法則」能讓我們抄捷徑，先一步預知
　　別人想做什麼，我們只能觀察他們當下的所作所為。

解開，只要把各種組合全部試過，你一定找得出正確的那個，問題是這很**難解**，你花的時間足夠讓警察過來逮你，或是／而且裡面的東西也許不值得你投入那麼多氣力。同樣地，電腦資料加密之所以能發揮作用，靠的是質數很快可以乘成合數，但合數要因式分解回質數就沒那麼快。這兩種運算在計算上都完全可行，只不過因式分解的速度慢得太多──慢到難解。網路安全和線上交易之所以能有一定保障，都是拜此所賜。

到1960和70年代，晚圖靈一代的電腦理論家發展出另一個分支，將上述時間與空間限制一起納入考量，叫「複雜性理論」。麻州大學電腦理論家哈娃‧席格曼說：相較之下，複雜性理論更為「現代」，不只思考「機器的終極能力，也將時間、空間等因素納入考量，在資源有限的脈絡下評估其表現能力」。

麥可‧西瑟（Michael Sipser）的《計算理論導論》（*Introduction to the Theory of Computation*）是公認的理論電腦科學聖經之一，也是我大學時用的教科書，裡頭告誡讀者：「即使一個問題是可判定的（decidable），亦即原則上能以計算解決，但若解決方式需要過多時間或記憶體，它在實際上或許未必能解決。」不過，這句話出現在這本書**最後**一節的開頭，而我四年級的理論課只在學期最後幾週稍微點到一下。

艾克利認為：可計算性理論的信念是「提出正確答案，盡可能快」，而現實生活的原則往往是「及時提出答案，盡可能正確」。這項差異相當重要──也讓我想到另一個參加圖靈測驗的策略。

○「呃」和「嗯」

要是想推翻一個模式或類似的東西，知道那個模式包含和不包含什麼會很有助益。舉例來說，要證明自己真的是吹薩克斯風，而不是拿電子合成器裝裝樣子，最好的辦法是先弄幾個**非音符**（non-notes）讓人聽聽，像吹氣聲、按鍵聲、調音聲。同樣地，想打破語言模式，扔出幾個

非詞彙（non-words）也是妙招——2005年羅布納大賽時，評審之一、紐約大學心智哲學教授奈德·布洛克（Ned Block）就問了這麼個問題：「你對dlwkewolweo有何看法？」只要對方沒有一頭霧水，就肯定有鬼（比方說，有個機器人彬彬有禮回道：「你為什麼問這個問題？」）

　　另一種戳破模式的辦法，是使用我們一向在用、可是從沒被當成詞彙的字，例如「呃」（uh）和「嗯」（um）。諾姆·杭士基在他1965年的經典之作《句法理論綱要》（*Aspects of the Theory of Syntax*）裡說：「語言學理論主要關心的是典型的說話者－傾聽者關係，預設他們處在完全同質的言說社群（speech-community），都完全了解這種語言，在實際運用其語言知識時，也不會受到非關文法的因素影響，例如記憶侷限、分心、注意力和興趣轉移、還有口誤等等（不論口誤是無心為之或個人習慣使然）。」照史丹佛大學赫伯特·克拉克（Herbert Clark）和加州大學聖塔克魯茲分校琴·福克斯·特里（Jean Fox Tree）的詮釋：從這個意義來看，「呃」和「嗯」都算是口誤，「不在適切語言（language proper）範圍之內」。

157

　　然而，克拉克和福克斯·特里不同意這種見解，因為大多數語言都跟英文一樣有這兩個**不同的**詞，如果它們單純只是口誤，為什麼每個語言都有這種詞，而且剛好都有兩個呢？他們也發現人們說「呃」和「嗯」時情況有別：說「呃」時後面停頓不到一秒，說「嗯」時後面停頓較久。這說明兩件事：第一，這兩個詞不能彼此互換，各有其獨特作用；第二，既然這兩個詞都是在停頓**之前**，就代表說話者**事先**知道接下來要停頓多久。由此看來，「呃」和「嗯」顯然不只是「口誤」，克拉克和福克斯·特里也因此認為：「『呃』和『嗯』其實都是英文詞彙（words）。所謂『詞彙』，我們指的是具有慣常音韻學形式（phonological shapes）與意義的語言單元，受句法和韻律規則規範……『呃』和『嗯』就和其他詞彙一樣是句子的一部分，必須被說話者構思、形塑和產出。」

　　從純**文法**的角度看語言，「呃」和「嗯」都沒有意義，任你翻遍字典

也找不到它。也請注意：被杭士基視為研究客體的典型語言形式，顯然排除「實際運用語言知識時……非關文法的因素……例如記憶侷限……」。換句話說，杭士基的語言理論類似圖靈時代的**可計算性理論**，而不像後來才出現的**複雜性理論**。很巧的是：聊天機器人的語言模式也是這種高度理想化的典型語言。由此看來，語言學和電腦科學的情況很像：在「典型」過程與「實際表現」之間有相當大的變化空間。

身為人類參賽者，我打算卯足全力運用這個空間。

○ 滿足度和階梯機鋒

從經濟學發展看來，這門學科也頗有可計算性理論之風：主流經濟學總預設「理性人」能瞬間收集海量資訊，立刻吸收綜合，馬上做出決定並付諸行動。有趣的是：這些理論總愛大談「成本」，卻很少認真思考「思考本身也是成本」──要是你無法即時交易股票，那你還是另謀高就較好：市場瞬息萬變，根本容不得你慢慢分析。挑衣服也是一樣：季節和時尚隨時在變，待你千思萬想配好穿搭，風向搞不好都變了（絕大多數的「爛時尚」其實只是錯了時節的好時尚）。

諾貝爾獎和圖靈獎雙料得主赫伯特・西蒙（Herbert Simon）是學術通才，對經濟學、心理學、政治學和人工智慧領域都有卓著貢獻。他把「滿意」（satisfying）和「足夠」（sufficing）結合成新詞「滿足度」（satisficing），彌補客觀的最佳化／極大化標準之不足。

英國作曲家布萊恩・芬尼浩夫（Brian Ferneyhough）有項堅持：他寫的樂譜一定極其複雜，難到沒辦法照譜演出──他的目的正是如此。芬尼浩夫認為：才華洋溢的演奏者常被他們演奏的曲子綁死，沒有揮灑空間，只能遵循作曲家的意圖。可是他的曲子不一樣，因為根本**不可能**完美演出，所以演奏者必須自行摸索「滿足度」──他們必須磨稜去角、斟酌輕重、化繁為簡、掌握精髓，去掉一些部分，好讓重點能呈現出來。換言之，演

奏者不得不自行詮釋樂曲，不得不展現個人曲風。芬尼浩夫說：他的樂曲要的不是「高超技巧，而是某種誠意與真實，能讓演奏者將自己的限制攤在聽眾面前」。《紐約時報》說他的音樂「要求極高，高到能讓你重獲自由」──相較之下，要求不高的曲目做不到這點。芬尼浩夫的曲子也讓演奏者必須「因地制宜」，他們的每一場演出都無可取代、也無法商品化。正如音樂學家提姆・拉塞福─強森（Tim Rutherford-Johnson）所說：芬尼浩夫讓演奏者必須「把精神放在如何演奏作品，而不只是重現作曲家的指示。很難想像芬尼浩夫的作品將來會落入俗套，用同一種詮釋一成不變地不斷錄音、發片、錄音、發片……太多偉大的樂曲現在都落得這個下場」。

也就是說：照可計算性理論的看法，我可以把吉他彈得跟任何大師一樣好，因為你只要把譜給我，我就能把音符一個、一個彈出來……

對伯納德・瑞金斯特來說，真實就寓於自然反應之中。有趣的是，這種條件要能成立，**時機**的配合絕少不了：除非你在情況內，否則不可能自然反應；但要是你忙著釐清情況，以致渾然不覺氣氛已悄悄改變，你也不可能在情況內。

2007 年贏得羅布納獎的聊天機器人是 Ultra Hal，它的設計師羅伯・麥德克薩說：與同年參賽的 Cleverbot 相比，他為 Ultra Hal 準備的對話資料庫小了一百五十倍。資料庫小的確縮限了 Ultra Hal 的回話**範圍**，然而在此同時，這也大幅提升了回話**速度**。麥德克薩認為速度才是決勝關鍵，他在比賽後接受訪問時說：「（Cleverbot 的大資料庫）其實反而像弱點。它的資料太多，電腦處理起來沒那麼順，結果就是回答評審的時間有時拖得有點久。」

我不禁想到「l'esprit de l'escalier」這個法文成語，直譯是「階梯機鋒」，指的是你都離開宴會下了階梯，才猛然想到剛才有句話該怎麼回。一分鐘後才發現話該怎麼回是晚了點，晚到和根本沒想到也差不多。要展現「機鋒」，你就沒辦法「埋頭苦思」或「搜索枯腸」，你得即時反應隨口

159

接上。只有那瓜熟蒂落、渾然天成的神來一筆,才點得出機鋒的妙處。

生命之美也是如此。可計算性理論是階梯機鋒,講究時機、滿足度、盡可能正確的複雜性理論,才稱得上對話。

○「可插嘴式對話系統」

2009年在布萊頓舉辦的羅布納大賽,其實只是布萊頓中心那個禮拜的活動之一而已。那週的真正焦點是Interspeech大會,學界和產業界的語言科技研究人員蜂擁而來,會場摩肩擦踵,水泄不通。休息時間一到,我一步出羅布納大賽會場,馬上陷入滿坑滿谷的人潮。來自全球各地的工程師、程式設計師和理論專家數以千計,忙著從一個展示攤位擠到另一個,交頭接耳不斷交談。展示的東西個個新奇,有橡膠製的人類聲道模型(看起來挺可怕的),不斷發出殭屍版的母音;有最先進的自然語言人工智慧系統;也有教你如何改進公司電話選單的實用細節。

在這種場合,你馬上能發現各領域和學科的黑話可以暴增多快。不論他們討論的主題有多重要,只花個幾天和他們廝混加做筆記,你還是很難融入這些對話。幸運的是:我的隊友歐嘉願意出手相救,自告奮勇當我的導遊兼翻譯。於是,我們也在各攤位間穿梭閒晃,四處欣賞人類自然語言可以被命名得多細、研究得多深、推敲得多細緻。有個攤位我特別感興趣,是關於設計「可插嘴式對話系統」(Barge-In-Able Conversational Dialogue Systems)有哪些難題。研究人員很有耐心地跟我解釋:「插嘴」指的是別人還沒說完跳進去講的行為,而人類天生就是「可插嘴式對話系統」。從這份研究看來,不論是對話系統或聊天機器人,顯然大多都沒跨越插嘴的障礙。

○ 句子標記和現實對話

芬尼浩夫對「樂譜和聆聽經驗之間」的差距感興趣,我則是對語言理

論模型和語言實際使用的差異很好奇,想進一步了解語言紀錄(logs)和語言本身落差多大。

我有位編劇朋友跟我講過:「外行人的作品很好認——他們的角色都說完整的句子,可是日常生活裡沒人那樣講話。」一點也沒錯,只要你謄過日常對話的逐字稿,就知道實情確乎如此。

不過,句子破碎其實只是冰山一角而已。我們之所以會把話說得片片斷斷,原因大部分出在對話結構具有「換邊」(turn-taking)特質。摩斯電碼發報員每次要換邊講話,一定會先打「結束」(stop),用無線對講機換邊則須先說「完畢」(over)。圖靈測驗傳統上是以回車鍵(carriage return,即輸入鍵)為代表,於是大多數對話紀錄都看得到一種現象:無法準確換邊講話的情況比比皆是(戲劇對話未能忠實反映現實對話時,這也是最常見的問題之一)。要是把代表換邊的標記全部拿掉,又會怎麼樣呢?這時不是沉默,就是給了對方插話空間。以下以大衛·馬邁(David Mamet)的普立茲獎得獎作品《大亨遊戲》(*Glengarry Glen Ross*)為例,看看互相搶話的對話是什麼樣子:

李文:約翰,你要把那扔掉……?你要把那扔掉?

威廉森:不是我……

李文:……不是你……不是你又是誰?我在跟鬼講話啊?我需要客戶名單……

威廉森:……是上頭交代的……

李文:去他媽的上頭!我他媽管他上頭!叫他們吃屎![2]

161

---

2 譯註:有趣的是,演員演出時又與劇本略有出入。電影請參考:goo.gl/QLoVRB,這段對話在21分23至35秒。

在自然反應的對話中，雙方的話經常稍稍交疊，這再正常不過。可惜的是，對話的這種特色很難用文字表達。在小說、戲劇和電影劇本裡，常用破折號或刪節號來表示一句話被突然截斷，然而在現實生活中，插話很少這麼突然，也很少截得這麼乾淨。因此，我覺得連馬邁的劇本都換邊得不太自然。雖然裡頭的角色的確連珠砲似地插話，雙方的句子也疊在一起，但每次插話，另一個角色都停頓得有點突兀，不如現實對話般流暢而帶有談判味道。總而言之：劇本把話截得太利了。

我們彼此爭執，發生口角，插別人話也被別人插話，隨時應幾句「對」和「嗯」表示自己在聽[3]，在別人說話時接幾個字但不打斷他們，或是搭理一下插話好繼續聊下去，我們成天都在做這些事，而且其他情況還多得很。劇作家和編劇當然還有其他標記方式（例如用斜線代表下一行開始），但這些標記不但寫來笨拙、讀來笨拙，也沒辦法捉住日常對話的神髓。

我大學時去聽過一場爵士樂演唱會，就爵士樂團來說人數挺多的，表演者幾乎有十個。他們功力純熟也搭配得很好，可是獨奏就……就怪異得很，轉得很硬，好像演講完一群人排在麥克風後面等著問題似的。要獨奏的人耐心等現在獨奏的人表演完，然後依序上去表演自己的部分，一絲不苟，井井有條。

這樣安排當然不會亂，但顯然也框限了音樂表現。

也許強迫換邊才是造成疏離的語言障礙，語言空隙本身的問題沒那麼大。在《訪問美國頂尖訪問者》（*Interviewing America's Top Interviewers*）中，NBC主播、資深訪問者約翰・錢斯勒（John Chancellor）說：

同步口譯比較好，因為你能同時觀察受訪者的臉部表情，交替傳譯（consecutive translation）就不能如此。只是記者不太請得起同步口譯，

3　語言學家把這叫「反饋詞」（back-channel feedback）。

所以用外語採訪時多半是用交替傳譯，但沒有同步口譯很難直探核心。

即時對話很不一樣（比方說，跟電子郵件就很不一樣），不只是因為換邊時間較短，也是因為換邊有時換得曖昧不清，甚至根本沒換成。很多對話需要極為細膩的技巧，你得懂得什麼時候打斷對方那輪，什麼時候讓出自己這輪，什麼時候讓別人插嘴，什麼時候不能讓人插嘴。

只是，我不確定我們人類都懂這種技巧。如果你和我是同一類人，很多美國新聞節目你八成也看不下去：電視畫面被切成四格，每個人都得不斷對其他人吼叫，中間還一直被廣告打斷。電腦軟體之所以看似很懂怎麼對談，部分原因搞不好是**我們**談話技巧太爛。

停頓、禮讓、開啟新話題、結束舊話題的時機往往相當幽微，而很多聊天機器人**明顯**沒有這種能力。我覺得這一點非常發人深省。

○ 判定問題

對話收放時機玄機處處，雖說語言學家和程式設計師都無心深入，沒把這門學問擺進語言模式之內，但「呃」和「嗯」這些字正是在這個領域才大展身手。語言學家克拉克和福克斯・特里寫道：「舉例來說，說話者能用這些字表示他們在斟酌措詞、思考接下來要講什麼、想繼續往下談，或是想換個話題。」

說話教練、老師和父母總告誡我們要好好傾聽，不要插嘴。但在實際生活裡，用某些聲音填補談話時的停頓正是「我要說話」的**訊號**，它們不只是口誤或肌肉抽搐而已（打個比方：這就跟電腦當機前游標會變成沙漏一樣）。參加搶答比賽尤其需要這種技巧：只要你知道自己**知道**答案，就該在想出答案**前**趕快按鈴——鈴聲的意思就是：「喔！呃……」精通此道與否，就是搶答冠軍和一般參賽者的差別（順帶一提：IBM雖然想讓超級電腦華生參加搶答比賽，跟人類一較高下，但工程師們也在這個問題上遇

到瓶頸。對於那些主持人只花一、兩秒就能念完的簡短問題，超級電腦的搶答能力更顯不足）。

2000年，麻省理工研究員尼可‧史煒（Nikko Ström）和史蒂芬妮‧瑟涅夫（Stephanie Seneff）在Interspeech會議上發表論文，他們發現：若能充分藉助「嗯」這個字，語音電話選單可以變得更簡單也更好用。2009年在布萊頓的Interspeech會議上，京都大學的四人研究團隊也指出：在很多情況下，電腦系統從人類說話時機獲得的資訊比談話內容更多。

電腦程式發展之所以沒有善加處理時機問題，部分原因出在早期理論對電腦程式的定位。這些理論是在可計算性理論時代形成的，它們把程式看做處理「判定問題」（decision problems）的工具。從概念上說：你將輸入項的起點和終點標好，餵給程式，程式花該花的時間處理輸入項，最後輸出定義明確的結果。

但我發現：這種預設「輸入」、「輸出」一來一往的語言模式，運用在聊天機器人時會造成一連串爆笑的錯誤。舉例來說，ELIZA的模板匹配架構就設計得不夠複雜，沒辦法判斷它要配對的模板是一句話還是很多句話。我們是這樣開始對話的——

我：我是布萊恩。
ELIZA：你喜歡當布萊恩嗎？

——我能說什麼？接了句：「呃，我想，還喜歡吧。」它丟回來一句不痛不癢的「我懂」。但請注意：要是我跟很多即時通訊使用者一樣狂按回車鍵，情況立刻失控——

我：呃
我：我想

我：還喜歡吧

ELIZA：再多說一點……

ELIZA：再多說一點……

ELIZA：再多說一點……

令人意外的是：很多新一代的聊天機器人不但沒改善這個問題，反而讓輸入－輸出的對應關係更加僵化。你可以上Cleverbot的網頁和它聊看看（溫馨提醒：它是2005、2006年羅布納獎得主），你每次按完輸入鍵它就把輸入框鎖住，在它回覆結束前什麼字也不能打：

我：喔，嗨

Cleverbot：你好嗎？

我：嗯

Cleverbot：這是好還是不好？

我：誒

Cleverbot：好還是不好？

如果你上網和2008年羅布納獎得主Elbot聊天，每次按完輸入鍵，螢幕都會重新整理，直到Elbot的回覆浮現：

我：嗯

Elbot：我開始在想：是誰要你來找我的？

我：呃

Elbot：沒錯！

我：蛤

Elbot：給機器人取這名字真棒！

很多客服聊天機器人則是這樣：每次按完回車鍵，輸入畫面便鎖在「請稍候……」一陣子，alaskaair.com、continental.com和goarmy.com都是如此：

> 你：呃
>
> 客服小珍：好的，還有什麼能為您服務呢？
>
> 你：嗯
>
> 客服小珍：我不太確定該怎麼回答這個問題。請重新輸入一次好嗎？
>
> 你：誒
>
> 客服小珍：阿拉斯加航空和地平線航空歡迎兒童獨自搭乘。以下是我們的獨自搭機兒童服務資訊。

這些程式什麼刁鑽問題都能應付，卻對嘟噥幾聲毫無招架之力，實在太神奇了。

○ 發揮表現媒介的特質

我評判藝術作品優劣的標準之一，經常是它是否必須透過目前的媒介來表現，因為這反映出它是否充分發揮現在這個媒介的特質——交響樂當然能表現散文所無法表現的特色，反之亦然。

不同的書寫媒介也各有特色，它們寫作、傳遞的時間各異，表達出不同程度的親密感，也催化出不同的溝通可能性：瞬間飛來的簡訊代表有人正在想你，而短短幾句話超越了空間藩籬，將兩顆心剎時連在一起，帶來溫馨的一刻；施施而來的郵件或手作禮物，則暗示有人默默想了你一段時間，期待幾天之後能帶給你驚喜。

從某方面來說，即時文字通訊就是將電報的速度加速到極致，而前者正是圖靈測驗所使用的媒介。

　　但我發現：從某個非常關鍵的部分來看，2009年羅布納大賽的對話工具既不像電郵，也不像簡訊或一般即時通訊系統——羅布納大賽會將對話文字**一鍵、一鍵**傳給雙方。換句話說，你在螢幕上看得到對方打字、打錯字、刪除，每一步都看得到。

　　所以我想：我一定要好好想出策略，充分利用羅布納大賽這種獨特的「打字實況」媒介。那麼，相對於一般電報式、換邊式、無線對講機式的網路聊天型態，「打字實況」媒介的長處和短處是什麼呢？

　　首先，既然看得到打字過程，當然也看得到打字過程的「負空間」（negative space）：猶豫。線上聊天時，通常都是按回車鍵之後才會把整句話傳出去，對話雙方都必須等，只有無聲無息得不像話才會被當成互動的「一部分」。實際對話因為說得流暢回得也快，短暫沉默往往另有深意。面對面溝通時要是沒有立刻回話，常常也會被當成一種回答。舉例來說，我有一次問我朋友跟新交往的女生順不順利，他頓了一下，然後「嗯」了一聲開始想該怎麼說——這顯然表示他們有些問題。他雖然還沒開口，但光是在想該怎麼開口就已經透露了很多訊息[4]。

　　我記得在90年代的時候，有些網路聊天室的確想採取一鍵、一鍵顯示的形式，但大多數人不喜歡，他們覺得這樣太擾人：人們之所以想用寫的，就是希望能在送出之前有些時間思考和修改。但另一方面，「打字實況」模式也有優點：這種方式更接近實際對話的情況——換邊流暢，句子斷斷續續，雖然少了滔滔雄辯的氣勢，卻有了見縫插針的機敏。

　　在羅布納大賽裡，長篇大論未必有好處。如果對話雙方必須嚴格遵守時間限制，自己的說話時間就得靠對方節制發言長度。有幾年聊天程式

4　聽證紀錄從書面謄寫改成錄影存證之後，顯然也給出庭作證帶來不少改變。我聽過這樣一件事：有個專家證人被律師問了挺尖銳的問題之後，在椅子上揣揣不安，頗為火大地瞪著律師死瞧，過了整整五十五秒，他才態度倨傲又惡狠狠地丟了句：「我不記得了。」他以為只有書面記錄，沒想到呈上法庭的是這段對話的影片——他輸得相當徹底。

「欺負」評審，用長得荒唐的回覆硬生生把時間耗光。舉例來說，1996年有個程式是這樣：

> 遠端：跟我說個笑話好嗎？
>
> 評審：不要。
>
> 遠端：我最喜歡的笑話是這樣……有條狗一跛一跛地走進酒吧，腳上綁著繃帶，還滲著血。他戴頂牛仔帽，槍套、護腿上都插著左輪手槍，一進門就大吼：「哪個王八蛋射我爪子的？我找他！」

「不好笑……」評審回道，看似要那個程式另說一個——它也真的又講了一個（「有條糾結、磨損的繩子走進酒吧……」），整整三分鐘就這樣過去了。

人類參賽者也一樣，不時會犯下這種以為自己在寫信的錯誤。1992年，有個人類參賽者就「健康」主題和評審這樣聊：

> 評審：呵，我通常看到什麼垃圾食物都吃，要說我有什麼健康計畫完全是放屁。多力多滋就是我一生一世的愛，大口吃真正爽。
>
> 遠端：你恐怕得對垃圾食物小心一點。這正好能帶出另一點：自然醫學很大程度上和直覺有關。如果你垃圾食物吃太多，就得靠自己的直覺小心維持均衡，要是你沒有在最初階段控制好，往往得等到健康出問題才發現後果。高膽固醇就是個好例子，我們也都知道後果如何：你的血管會堵住。這很難治，而且這種情況能不能逆轉頗有爭議。

評審投這位參賽者是電腦一票。

如果圖靈測驗採「可插嘴式對話系統」，電腦程式（或人類參賽者）一開始長舌，評審就能直接打斷。

[7]

「打字實況」模式讓我發現一件事，也因此想到它可能有另一種妙用。我們平常說話有時會稍微岔開，例如：「我去店裡買了牛奶和蛋，回家路上還遇見老薛——喔，還有麵包。」雖然說話者略微岔題，但聽到這句話的人都知道：「麵包」跟的動詞是「買」，不是「遇見」（這多少也是「喔」這個字的作用，但它跟「呃」和「嗯」一樣，也不太受傳統語言學青睞）。在大多數日常對話中，談話者之間接話間隔很短，句子從想到說的時間也很短，所以主題很少會因為一點間隔被一分為二。即時文字通訊就不一樣了，打字回應需要時間，但彼此都沒辦法看到對方這時正打些什麼，於是對話常會因為時間差而往兩個方向發展：

> 甲：旅行如何啊？
>
> 甲：喔對了，你們有看到火山嗎？
>
> 乙：超棒！家裡都還好嗎？
>
> 甲：哈哈，就跟平常一樣
>
> 乙：有！有看到火山！

請看，對話就這樣分成兩個主題了，雙方的回應未必和前一句問話有關。如果能即時看到對方在打什麼，時間差的問題應該可以解決，對話也不至於出現分歧，而對我來說，「打字實況」模式還有另一個好處……

對話雙方絕不可能長時間一起開口，畢竟嘴巴和耳朵只有幾寸之遙，彼此的聲音混在一起之後誰也聽不清。所以，知道失聽人士沒有這種問題讓我大感興趣：他們可以同時比手語、看手語，行雲流水一般毫無阻礙。雖然多人溝通時還是只能一次讓一個人「發言」（人總不可能同時看兩個方向），但兩名手語者情況不同——據羅徹斯特理工學院（Rochester Institute of Technology）研究員強納森・蕭爾（Jonathan Schull）觀察：與有聲對話相比，「（手語）對談者間更常出現連續、同步而重疊的訊號」。換

句話說，手語使用者能同時聽和說。蕭爾和同事們因此認為：對談或協商時換邊發表意見，絕不是溝通時基本而不可或缺的要件，相反地，換邊是「因應溝通限制而不得不然的妥協」。

羅布納大賽和傳統即時通訊的主要差異之一是：由於文字內容沒有明顯順序，無法依序一起出現在螢幕上，所以每名使用者的打字過程會顯示在螢幕上的獨立區域。這種溝通模式跟手語很像：雖然多人對談十分困難，但賦予兩人對話相當奇特的可能性。

這就是我身為人類參賽者必須好好利用的地方。我的策略是：善用圖靈測驗這種奇特而怪異的文字媒介，把它表現得像口頭對話和手語，而非書寫式英文。我會試著打亂電腦熟悉的「等待並分析」換邊模式，創造獨特、流暢、注重時機的雙人對話行為——管它電腦懂不懂何謂談話「和諧」，遇上「節奏」它們肯定沒輒。

我打算把芬尼浩夫的作曲哲學用在對話上，節節進逼，全力讓「滿意度」原則凌駕「最佳化」原則。只要我的螢幕上出現空擋，不論是不是輪到我說話，我都要說話，補充剛才的回答也好，追伸其他說明也罷，不然就丟個問題給評審——就像我們平常講話會製造或／並填補沉默一樣。只要評審思考下一個問題的時間太久，我就會不斷講話，因為得證明一些事的人是我，不是電腦。只要我看得出評審現在正想打什麼，我就幫他們省下幾秒或少打幾個字，直接插嘴。

這招當然無法面面俱到，在增加互動回應機會和精心構思回答內容之間，我得做出權衡。增加互動機會得精簡回答，要豐富內容則須拉長篇幅。但在我看來：對話裡之所以會有那麼多難題和曖昧，常常是因為了解問題和提出適當回應並不容易——所以我最好押極大化互動機會一把。

我後來發現：有些評審對我插話挺驚訝或困惑，他們暫停、猶豫、讓我繼續說，甚至開始刪除打到一半的話；另一些評審則立刻反應過來，也開始跟我搶話[5]。

[7]

2009年羅布納大賽第一回合，評審夏隆・拉賓（Shalom Lappin，倫敦大學國王學院電腦語言學教授）先跟Cleverbot聊了一輪，再跟我聊了一輪。我的多話策略顯然奏效：我五分鐘內按鍵1,089次（平均每秒3.6次），Cleverbot則是356次（平均每秒1.2次）；拉賓與我對話總共按鍵548次（平均每秒1.8次），與Cleverbot對話則是397次（平均每秒1.3次）。我說的話不但是我電腦對手的三倍之多，也更吸引評審注意，他對我說的話比對電腦多百分之三十八。

儘管數字會說話，我後來還是仔細研究了一下對話記錄，想知道有沒有辦法量化人類互動的**流動性**（fluidity），以進一步對照出機器溝通的僵化。我還真發現了這麼一個標準，姑且稱之為「交鋒」（swap）。所謂「交鋒」，是指雙方打字過程中遭另一方按鍵插入字母的次數。

我的確故意比Cleverbot多講三倍的話，但我們的差異在「交鋒」次數中更顯**真實**：拉賓和Cleverbot對話時「交鋒」33次，和我對話時「交鋒」492次，差距將近十五倍。

要用明確易懂的辦法在紙本上勾勒「交鋒」，確實不太容易（部分原因還是對話記錄難以忠實反映實際對話），且讓我舉例說明。評審和Cleverbot的對話，用傳統方式謄寫起來有點像這樣：

評審：What language are you written in?（你是用哪種語言寫的？）

遠端：English.（英文）

評審：Give me a break!（饒了我吧！）

遠端：Ok.

評審：How do you enjoy the conference?（你還喜歡這次會議嗎？）

5　如喬治城大學語言學教授黛博拉・坦南（Deborah Tannen）所說：「在世界上，這種『全體同時－互動為重』的對話方式，其實比我們『一次一人－資訊為重』的方式普遍。」

172

即使我們學樂譜那樣一鍵、一鍵記錄下來[6]，看起來和傳統方式也沒差多少。打出的字整整齊齊排成好幾列，次序為說話／回答／說話／回答：

```
What_language_are_you_written_in?↵          Give_me_a_brea
                              English.↵
```

```
k!↵      How_do_you_enjoy_the_conference?↵
   Ok.↵
```

五次回車鍵[7]，四次「交換」。
評審和我的對話，用傳統方式謄寫起來是這樣：

遠端：sweet, picking up an instrument（大大，你喜歡哪種樂器）
評審：I meant Stones, Dylan, Beatles ...（我想是滾石、狄倫、披頭四
……）

不過，用樂譜方式記錄我和評審的對話，看起來就很不一樣了，跟Cleverbot和評審的樂譜版本也差很多：

```
 I_ me  ant_S t ones,_D ylan  , _  Be a
 s we et, _  star ting _  an «  ««« «« ««« « pi ck
```

```
 t  le s       . . .↵
  ing_ u p_ an_instru me n t↵
```

6 我用「_」代表空白鍵，「↵」代表回車鍵／輸入鍵，「«」代表刪除鍵。
7 原文為「四次回車鍵」，經與作者確認後改為五次。

兩次回車鍵，51次「交鋒」。

我們還可以試試第三種標記方式，把差異進一步凸顯出來：把所有字母繫成一串，將評審打的字標粗體，我和電腦打的字維持原形。如此一來，人和電腦的對話謄寫起來長這樣：

> **What**_language_are_you_written_in?↵English.↵**Give_me_a_break!**↵
> Ok.↵**How_do_you_enjoy_the_conference?**↵

人和人的對話則長成這樣：

> s**I**_wemeet,a_nt_sSt**a**rttionn**ge_s,_aD**ay«**lan**«««««,
> ««_«««**«B**«epi**a**ckting_**l**uep_s**a**n_instru.me.n.t↵↵

如果這還不叫天差地遠，我真不知道什麼叫天差地遠。

完畢。

173

參考資料

150 Steven Pinker, *The Language Instinct: How the Mind Creates Language* (New York: Morrow, 1994). For more on how listener feedback affects storytelling, see, e.g., Janet B. Bavelas, Linda Coates, and Trudy Johnson, "Listeners as Co-narrators," *Journal of Personality and Social Psychology* 79, no. 6 (2000), 941–52.

151 與伯納德‧瑞金斯特私下訪談紀錄。瑞金斯特的哲學家同事和他看法接近：查爾斯‧拉莫爾（Charles Larmore）在《浪漫主義遺緒》（*The Romantic Legacy*）中說：「我們可以（在《紅與黑》裡）看出斯湯達爾（Stendhal）的一個重要概念：舉止自然的特色是不假思索。」（New York: Columbia University Press, 1996）拉莫爾總結道：「浪漫主義關於真實性的論述，重要之處在於：它讓我們放下誤解，不再以為對生命思考得越多（也越久），生命就一定會變得更加美好。」

151 Alan Turing, "Computing Machinery and Intelligence," *Mind* 59, no. 236 (October 1950), pp. 433–60.

152 John Geirland, "Go with the Flow," interview with Mihaly Csikszentmihalyi, *Wired* 4.09 (September 1996).

152 Mihaly Csikszentmihalyi, *Flow: The Psychology of Optimal Experience* (New York: Harper & Row, 1990). See also Mihaly Csikszentmihalyi, *Creativity: Flow and the Psychology of Discovery and Invention* (New York: HarperCollins, 1996); and Mihaly Csikszentmihalyi and Kevin Rathunde, "The Measurement of Flow in Everyday Life: Towards a Theory of Emergent Motivation," in *Developmental Perspectives on Motivation: Nebraska Symposium on Motivation*, 1992, edited by Janis E. Jacobs (Lincoln: University of Nebraska Press, 1993).

154 Dave Ackley, "Life Time," *Dave Ackley's Living Computation*, www.ackleyshack.com/lc/d/ai/time.html.

155 Stephen Wolfram, "A New Kind of Science" (lecture, Brown University, 2003); Stephen Wolfram, *A New Kind of Science* (Champaign, Ill.: Wolfram Media, 2002).

155 Hava Siegelmann, *Neural Networks and Analog Computation: Beyond the Turing Limit* (Boston: Birkhäuser, 1999).

155 Michael Sipser, *Introduction to the Theory of Computation* (Boston: PWS, 1997).

156 Ackley, "Life Time."

156 Noam Chomsky, *Aspects of the Theory of Syntax* (Cambridge, Mass.: MIT Press, 1965).

156 Herbert H. Clark and Jean E. Fox Tree, "Using *Uh* and *Um* in Spontaneous Speaking," Cognition 84 (2002), pp. 73–111. See also Jean E. Fox Tree, "Listeners' Uses of *Um* and *Uh* in Speech Comprehension," *Memory & Cognition* 29, no. 2 (2001), pp. 320–26.

158 The first appearance of the word "satisficing" in this sense is Herbert Simon, "Rational Choice and the Structure of the Environment," *Psychological Review* 63 (1956), pp. 129–38.

158 Brian Ferneyhough, quoted in Matthias Kriesberg, "A Music So Demanding That It Sets You Free," *New York Times*, December 8, 2002.

158 Tim Rutherford-Johnson,"MusicSince1960: Ferneyhough: *Cassandra's Dream Song*," *Rambler*, December 2, 2004, johnsonsrambler.wordpress.com/2004/12/02/music-since-1960-ferneyhough-cassandras-dream-song.

159 "Robert Medeksza Interview—Loebner 2007 Winner," *AI Dreams*, aidreams.co.uk/forum/index.php?page=67.

160 Kyoko Matsuyama, Kazunori Komatani, Tetsuya Ogata, and Hiroshi G. Okuno, "Enabling a User to Specify an Item at Any Time During System Enumeration: Item Identification for Barge-In-Able Conversational Dialogue Systems," *Proceedings of the International Conference on Spoken Language Processing* (2009).

160 Brian Ferneyhough, in Kriesberg, "Music So Demanding."

161 David Mamet, *Glengarry Glen Ross* (New York: Grove, 1994).

161 For more on back-channel feedback and the (previously neglected) role of the listener in conversation, see, e.g., Bavelas, Coates, and Johnson, "Listeners as Co-narrators."

162 Jack T. Huber and Dean Diggins, *Interviewing America's Top Interviewers: Nineteen Top Interviewers Tell All About What They Do* (New York: Carol, 1991).

163 Clark and Fox Tree, "Using *Uh* and *Um*."

163 Clive Thompson, "What Is I.B.M.'s Watson?" *New York Times*, June 14, 2010.

163 Nikko Ström and Stephanie Seneff, "Intelligent Barge-In in Conversational Systems," *Proceedings of the International Conference on Spoken Language Processing* (2000).

169 Jonathan Schull, Mike Axelrod, and Larry Quinsland, "Multichat: Persistent, Text-as-You-Type Messaging in a Web Browser for Fluid Multi-person Interaction and Collaboration" (paper presented at the Seventh Annual Workshop and Minitrack on Persistent Conversation, Hawaii International Conference on Systems Science, Kauai, Hawaii, January 2006).

171 Deborah Tannen, *That's Not What I Meant! How Conversational Style Makes or Breaks Relationships* (New York: Ballantine, 1987).

171 For more on the breakdown of strict turn-taking in favor of a more collaborative model of speaking, and its links to everything from intimacy to humor to gender, see, e.g., Jennifer Coates, "Talk in a Play Frame: More on Laughter and Intimacy," *Journal of Pragmatics* 39 (2007), pp. 29–49; and Jennifer Coates, "No Gap, Lots of Overlap: Turn-

Taking Patterns in the Talk of Women Friends," in *Researching Language and Literacy in Social Context*, edited by David Graddol, Janet Maybin, and Barry Stierer (Philadelphia: Multilingual Matters, 1994), pp. 177–92.

[8] 地表上最糟的證人

The World's Worst Deponent

○ 肢體（和）語言

語言這玩意兒有點奇怪。溝通專家經常宣布一些令人驚訝的事，例如「7－38－55法則」。這是加州大學洛杉磯分校心理學教授亞伯・麥拉賓（Albert Mehrabian）1971年提出的，大意是說：透過對話所得到的資訊裡，有百分之五十五得自肢體語言，百分之三十八得自語氣，只有小小百分之七與你選擇的用字有關。

可是到了法庭，你得全力應付的就是這百分之七。從法律層面出發，你的證詞比語氣或動作重要得多。雖說語氣和動作透露的訊息也許比證詞還多，但它們很難謄寫或記錄。反駁以特定言詞提出的指控很難，相較之下，反駁以特定語調提出的指控就容易得多。同樣地，律師雖能引用對話紀錄加強自己的肢體語言和語氣（畢竟它們無法在第一時間完整而精確地重現），卻不太可能以此補充自己的陳詞。

在圖靈測驗裡也是如此：要證明自己是人，你只能靠這百分之七。

175

○ 測謊

我們可以把圖靈測驗想成測謊，因為電腦說的大多都是假的（關於它自己的事更是如此）。視各人哲學傾向不同，你甚至能說軟體根本無能表達真相（因為我們通常認為：騙子必須了解知道自己所說的話的意義，才算說謊）。身為人類參賽者，我對某種情境越來越感興趣：想挖出一個人不想透露的資訊該怎麼做？或者說：想證明另一個人在說謊該怎麼做？

　　這種情境和互動的主要舞台之一就是法庭。對證人幾乎什麼問題都可以提：律師會想辦法提出狡猾或刁鑽的問題，證人很清楚律師會這樣做，律師也清楚證人知道自己會這樣做。律師懂得利用某些重大發現出招，例如**倒敘**編造的過程幾乎是不可能的事（虛構似乎不像真實那樣好重組又有彈性）。不過，有些問題會被認定為「越界」（out of bounds），證人的律師也會提出所謂「形式異議」（form objection）。

　　可提出形式異議的問題有好幾種：誘導式問題是越界，因為它暗示答案（例如：「你當時在公園裡，不是嗎？」）；爭議式問題也是越界，因為它詰問證人的目的並不是挖掘事實或資訊（例如：「你怎麼會以為陪審團會相信這套說詞？」）。其他在形式上有漏洞的問題的還有：複合式問題、模糊問題、預設尚未證實的事實的問題、臆測性問題、不當詮釋證人先前證詞之問題，以及堆疊式或重複性問題。

　　法庭裡這般性質的言詞詐術數不勝數，踩在機巧和越界邊緣的語言花招多如牛毛，但我們在圖靈測驗裡最好的攻防位置，就是這些曖昧模糊的地帶。圖靈測驗漫無邊際、了無規則，聊鹹濕話題可以，一直講廢話也沒問題，所以，就司法過程來說太戲劇化、太拐彎抹角、太繁瑣擾人的盤問方式，恰恰是分辨人和機器回應的利器。

○ 活該被「呸」的問題

　　舉例來說：是非題雖然「簡單」，但也能引出錯誤的答案，讓對方的電腦身份露餡。1995年時，有個評審看到對方說「《星艦迷航記》裡什麼都有」，馬上接問一句：「連（搖滾樂團）九寸釘都有？」對方答「有」──這可令人起疑了。評審追問：「是哪一集啊？」「我不記得了。」這樣問過多少能推測對方只是亂答（因此有可能是不解其意的機器），但即使如此還是得進一步追究，確認對方不是不懂你的問題、不是故意反串等等──這些都需要時間。

你也可以隨口丟出一個既定觀點問題，例如頗有名的那句「你還打你老婆嗎？」可是，拿它去問一位無暴力傾向又未婚的異性戀女性，根本是耍寶，對方也無從答起，只能一步一步澄清各種預設。其實有些語言還真的有詞能回答這種問題，最經典的應該是禪門公案裡的「咇」[1]：弟子問禪師：「狗子有佛性否？」師答：「咇！」——意思接近「對這種問題的任何回答都是假的」，或是「你的問題本身就是假的」。你可以把「咇」想像成「後設否定」（meta-no），它拆解問題本身，甚至算「執行時期例外」（runtime exception）[2]。然而，語言裡要是沒有這種簡潔有力的單音節回答，被問的人便陷入尷尬處境，她無法「回應」或「答覆」這個問題，只能逐步拆卸、化解它。這種問題足以讓大多數人手足無措或深感困惑[3]，但我敢打賭：不論電腦程式多懂分析語法，它也不曉得怎麼應對這種問題比較妥當。

○ 零和賽局

在討論西洋棋程式時，我們有提過「極小－極大」（minimax）和「極大－極小」（maximin）演算法，基本上把它們當成同一種競賽邏輯。在棋賽這種「零和」遊戲裡，一個人要贏意味著另一個人得輸，沒有「雙贏」

1　譯註：原文為「mu」，日文之「無」。作者此處可能混淆趙州禪師的兩則公案，從而曲解「無」的字義，以下依第二則公案內容將「mu」譯為「咇」。公案一：「僧問狗子還有佛性也無？師曰無。僧曰：上自諸佛下至螻蟻，皆有佛性，狗子為什麼卻無？師曰：為伊有業識性在。又有僧問狗子還有佛性也否？師曰有。僧曰：既是佛性，為什麼撞入這個皮袋裡？師曰為他知故犯。」（見《五燈會元》）公案二：「問：『如何是祖師的的意？』師涕唾。云：『其中事如何？』師又唾地。」（見《古尊宿語錄》）
2　一般說來，軟體出問題的情況分三種：為程式編碼時出狀況（「編譯時期」），使用者執行程式時出狀況（「執行時期」），以及程式明明執行得很順暢，卻做出很奇怪的行為。它們大致可以類比為不合文法的句子、無意義的句子，以及假的句子，而我們的回答分別是「蛤（Huh）？！」、「咇」和「錯」。
3　維基百科對如何反駁這種問題的建議相對仔細，正說明這種問題有多難處理。

177

這回事。所以從數學上說,極小化對手的贏面和極大化自己的贏面是一體兩面。在西洋棋世界冠軍史上,提格蘭・彼得羅相(Tigran Petrosian)和阿納托利・卡爾波夫(Anatoly Karpov)是防守型棋士,他們偏好步步為營,盡可能極小化對手的可趁之機;米海爾・塔爾(Mikhail Tal)和加里・卡斯帕洛夫則相反,他們攻勢凌厲,節節進逼,傾向極大化自己的進攻機會。

從哲學角度來看,對話和下棋間最重要、或許也最南轅北轍的差異正在於此。現任西洋棋世界冠軍馬格努斯・卡爾森(Magnus Carlsen)曾接受《時代雜誌》(*Time*)訪問,記者問他:對他來說,下棋屬於「戰鬥競賽還是藝術競賽」?他說:「下棋是戰鬥。我的目標是擊敗坐我對面的對手,盡可能採取會讓對方如坐針氈的棋步,也盡可能讓他的風格施展不開。有幾盤棋的確下得漂亮,近乎藝術等級,但我的目標不是如此。」換言之:對弈裡即便有互助合作的層面,那也只是衝突中偶然的副產品而已。

資本主義也有這麼一個有趣的灰色地帶,但社會繁榮不只是激烈競爭中的偶然副產品——從社會整體角度來看,鼓勵競爭**正是**為了促成社會繁榮。不過,參與競爭的公司**本身**未必關心非零和的社會利益,鼓勵競爭也不必然保證社會可以受益(諷刺的是:我們之所以會訂立反壟斷法,部分原因就是要**限制**公司合作,因為公司之間**同心協力**有時對消費者不利,例如價格壟斷)。所以,商業行為究竟是零和還是非零和賽局,很大一部分得視脈絡和個人傾向而定。

可是,對話在圖靈測驗裡的作用是「展現人性」,非零和的性質顯然無庸置疑。雖說吐槽和玩笑的藝術有時看似鬥嘴,但與棋賽裡的廝殺還是天壤之別。

沒錯,對於勾引、訪問和談判這些的互動,是有不少書籍以諜對諜的方式看待。例如專業訪談者勞倫斯・格羅貝爾(Lawrence Grobel)就講過:「我的工作是把對方牢牢盯死。」有些時候,對話也不得不採敵對模式(刑事訴訟時就是如此)。但整體而言,我認為把對話看成零和遊戲是錯的,

好的對話應該不是「極大化極小」或「極小化極大」，而是「極大化極大」，讓雙方都能講出精彩的東西。對話是合作演出，而非一較高下，需要妙傳灌籃的團隊精神才能激盪出火花。

○ 扭轉林肯－道格拉斯式辯論

當然，比賽或遊戲的方式取決於計分規則。以冰上曲棍球為例，在得分選手前協助傳球的**兩名**選手都有功勞，都能記上一筆。在我看來，這種強調互助、也以合作記功的比賽，選手之間的團結心和團隊精神都比較高。

179

所以令我難過的是：中學階段的溝通「遊戲」（就是辯論賽啦），大多是把對話變成**敵對**的零和模式。在這種模式裡，削弱別人的論證就和強化自己的論證一樣重要。此外，我們文化裡比喻對話、辯論和異議的用詞，幾乎全都殺氣騰騰：**捍衛**自己的論點、**攻擊**對手的立場、**駁斥**對方的指控、把另一方的論證**逼入死角**……等等。可是，對話絕不只是**雙人決鬥**，探求真理更像是跳探戈，需要合作、需要相互砥礪、需要彼此配合。我覺得該好好想想怎麼讓下一代學習合作，不論在比喻用詞上或課外活動裡，我們都該讓他們有更多機會培養團隊精神。

我們的司法系統也是對戰式的，它的運作邏輯就和資本主義一樣：在定好不讓對抗失控的規則和程序之後，讓一夥人相互廝殺是有好處的，在司法上能顯出正義，在社會上能促進繁榮。可是，雖然一爭高下有時的確能帶來益處，但另一些時候則不然，而且再怎麼說，較量式的人生過起來實在有點恐怖。我在想：教育的目的若是訓練明日的律師，讓中學生熟悉林肯－道格拉斯式辯論（Lincoln-Douglas debates）⁴和議會式辯論情有可原，

---

4 譯註：美國中學一對一辯論賽形式，以1858年亞伯拉罕·林肯（Abraham Lincoln）與史蒂芬·道格拉斯（Stephen Douglas）就奴隸制的辯論為名，主題多半為倫理價值議題，重視哲學思考和邏輯推演過程，程序分七個部分：正方申論、反方詰問正方、反方申論、正方詰問反方、正方回應質問並強化主張、反方回應質問並結辯、正方結辯。

但想培養明日的同事或隊友，用這種方式行得通嗎？總統候選人相互批判、攻擊、對罵的場景我們都看多了，但我們什麼時候看過他們進行**建設性的對話**，彼此討價還價、爭取支持、弭平歧見、化解衝突？——當選之後，他們每天要做的**其實**是後者，不是嗎？

我建議扭轉林肯－道格拉斯式辯論和議會式辯論模式，為辯論雙方指定有所區隔但不明顯相容的題目，例如其中一方要全力擴大個人自由，另外一方的任務是極大化個人安全。然後要求雙方相互合作，在嚴格時限內寫出一份草案（比方說五點槍枝管制草案）。完工之後，兩方必須各自向評審團說明為何這部草案符合己方立場（換句話說，一組說明何以這份草案能強化個人自由，另一組解釋它何以能保障個人安全），評審團則依說服力高低給雙方分數。

接著，巡迴賽評審給雙方打**同樣的**分數——他們各自分數相加後的**總和**。

就這麼簡單。在循環賽中將參賽者兩兩分組，結束時由總分最高的人勝出。**單場**比賽沒有勝負，但**整場**巡迴賽有贏家，而他們之所以能贏，是因為他們和配對的那方好好**合作**。這種計分方式能鼓勵比賽雙方尋求共識，協商出彼此都能接受的法案（否則他們就等著向評審團交白卷），而且還得幫對方向自己的選民「推銷」法案。

請想想：如果有林肯－道格拉斯式辯論賽全國冠軍，還有反林肯－道格拉斯式辯論賽全國冠軍，你想派哪一個去參加外交高峰會呢？換個方式問：你想找誰當你的終生伴侶呢？

○ 攀踏點

要分辨一個人到底是撒謊還是說實話，最困難的是……訪談者知道怎麼慫恿受訪者說自己的故事時。

——保羅・艾克曼，《分辨謊言》（*Telling Lies*）

　　用更實際也更廣泛的方式來說：想促成「極大化極大」的合作式對話，你得隨時注意另一方接下來可能可以講些什麼。例如對「你好嗎？」這句寒暄，「好啊」大概是最沒彩蛋的回答；「不賴，你呢？」和「還不錯，你咧？」也不完全是回答，比較像不動聲色地把問題丟回去；「呃……」和「超棒！」就有點意思了，這等於是邀對方繼續問下去，還可以不著痕跡地帶到一些近況，例如「昨天爛爆，今天很好」、「今天不太順……」、「比前陣子好」等等。如果回答是「其實還好」也不錯，「其實」兩字隱隱露出玄機，表示有些內情可以聊聊。這種對答很短，可是已經足以起頭。

　　想想這些邀請對方回答、追問、多談幾句、轉換話題或是延伸發揮的點，我不曉得你會怎麼稱呼，我覺得它們挺像室內攀岩場的「攀踏點」，那些妝點人工岩壁的鮮豔橡膠塊。攀踏點既能幫助攀岩者向上爬，也邀請他們循特定路線前進。

　　在我看來，攀踏點的概念既說明也綜合了關於對話的種種建議。舉例來說，不論是商業人脈專家或約會／搭訕達人，都會建議至少穿戴一件稍有亮點的衣服或配飾。在《跟任何人都可以聊得來》（How to Talk to Anyone）中，萊拉・朗德絲（Leil Lowndes）把這些東西叫「這啥」（Whatzits）；在《把妹達人》裡，謎男和尼爾・史特勞斯則把它們稱為「招搖物」（peacocking）。道理是一樣的：你先給對方一個容易起步的攀踏點，如果他們有意和你攀談，這就是顯而易見的談資。我有一天就是這樣：我在藝廊開幕茶會上碰到一位朋友的朋友，我想跟他聊聊，但不知道怎麼開口。突然，我發現他穿了件挺少見的背心，這下怎麼「開局」挺清楚了：「嘿！背心很好看啊！」對話一旦開始，讓它繼續下去就容易多了。有趣的是：一般說來，衣著其實算是某種防衛，就像個沒有攀踏點的斷崖，散發出閒人勿進的氣勢。衣著原本可以是盔甲，讓人難以和你攀談。

　　不過，謎男／史特勞斯陣營還是不太一樣，他們排斥朗德絲、賴瑞・金（Larry King）、卡內基（Dale Carnegie）等人的攀談智慧，不建議從問問

181

題開始聊天。他們認為：與其問某人有沒有兄弟姊妹，不如若無其事拋出一句：「我看妳是獨生女吧？」這樣做的原因有兩個，一個是裝腔作勢，另一個是吊人胃口。

先談裝腔作勢的部分：謎男／史特勞斯陣營認為，不直接問問題能讓你顯得對她們興趣缺缺。把妹派很重視對話中的**身份**問題，但賴瑞·金和查理·羅斯（Charlie Rose）等人根本不需要耍這種花招，為什麼呢？因為對談話對象感興趣本來就是訪問者的**工作**。對謎男／史特勞斯陣營來說，保持淡漠而不露出興趣比較酷，但我認為脈絡應該交代清楚：把妹派的目標是泡到洛杉磯的超模和名人，在那個圈子裡，故作姿態顯出身份也許非常重要（我聽說過：和一般人攀談**最棒**的開頭，恰好是對好萊塢明星最尖酸的羞辱——「你最近在幹嘛啊？」）。但就我而言，我覺得熱情才叫性感，我也認為**真正酷的人才不在意人怎麼看自己**，才不在意自己是否顯得對對方感興趣[5]。唯一比好奇更性感的是自信，而既好奇又有自信的才懶得耍心機，他們會直接問下去。

此外，仔細思考這種防衛姿態的緣由，你會發現：這一整套教你怎麼搭訕的「金科玉律」，其實只是勾搭版的極小化極大法——只要竭盡所能掃除地雷，你就能極小化碰釘子的次數。可是，這最多只能求個不輸，只能極大化**最小**成果[6]。反倒是真誠坦率待人能極大化**最大**成果，也許成功次數較少，但只要過關，成果往往非常可觀。

再來談談吊人胃口的部分：把妹派之所以愛用陳述而非提問開場，是因為這種陳述（「我看妳是獨生女吧？」）既提出猜測也問了問題，而猜測

---

5 無論對方吸引你的是外貌、身材、社會地位、學術成就、專業技能或其他，故意掩飾你對他們的興趣都毫無道理，因為光是你開口和他們講話這件事，就已顯出你對他們有興趣——他們可不是白痴。

6 據說「把妹達人」圈裡有個常見的抱怨：老子明明要到成千上百個電話號碼，會回電的卻沒半個。極大化極小這招有多厲害，由此可見一斑。

本身就能引人上鉤——誠實說吧，沒人不想知道別人怎麼看自己。所以，這一小句話短歸短，卻一下子就拋給對方兩個攀踏點：先回答自己是不是獨生女，再進一步問你為什麼會這樣猜。

　　問問題的缺點是：在提問時，你沒辦法拋出多少關於你自己的攀踏點——可是，陳述式開場其實也沒好到哪裡去。在我看來，講一小段夾雜提問的瑣事或許效果最好，對方可以多問你幾句詳情，也可以回答問題，他們想怎麼做都可以。

　　攀踏點的另一種形式是超連結。我們之所以會在維基百科裡晃上好幾個鐘頭，就和我們會跟人一聊聊上好幾個鐘頭的道理一樣：岔題之後再岔一個，岔完之後又岔一個，如此陷入無間輪迴。我有時候對這種對話很抓狂，岔題岔得**沒完沒了**，不斷連到另一個頁面[7]。這就是傳說中的「啊！一開始是在聊什麼？」時刻。這種感覺未必愉快，但還是遠遠好過往反方向走：一路探底，直奔死路，一頭撞上光溜溜的岩壁——「所以……？」，「嗯……」。

　　這種感覺很淒涼、很白痴、很矮額，也很**詭異**——號稱「情節你來定」（choose-your-own-adventure）[8]的書毫無選擇還不詭異嗎？你興致勃勃地掃完一頁，然後就……就沒有了！？搞屁啊？接下來到底是怎樣？

　　我大學時當過一齣戲的音效師。排練完後某日，我跟舞台監督助理約會，原以為我們會大聊特聊叔本華。結果呢，那個週日午後，我和她約在她住處門口碰面，一起去看另一齣週末校園舞台劇。我用事先想好的兩個攀踏點起頭：「對了，妳不必盯燈光控制台，也不讀德國哲學時，會做些什麼？」我怎麼想也想不到，她不耐煩地凶了我一句：「不知道！」我

7　圖論（graph theory）有談到「分支因子」（branching factor），又稱點（vertex）的「度數」（degree），亦即特定節點（node）與圖中節點的連結次數。拿對話做類比，就是當前的討論或話題有多少接續或岔題方式。對我來說，對話分支因子的最佳數字是二或三。

8　譯註：美國發行的一套遊戲書，由讀者自行選擇故事走向，類似互動式小說。

花了幾秒等待下文，因為大家通常是說「不知道欸……」然後繼續接下去——可是她真的講完「不知道」就沒了，句點。

換作是你應該會接下去吧？畢竟這個例子挺極端，很少有人會把對話的齒輪故意卡死。不過，我們有時也會萬般好意在心頭，卻陰錯陽差擺出一張光溜溜的岩壁給對方碰。萊拉・朗德絲就遇過這種事：她受邀在一場宴會上講話，結果女主人只是坐等這位「聊天專家」施展魔力，互動時機就這樣悄悄溜走。朗德絲不死心，又拋個話題問她老家在哪。「俄亥俄州哥倫布市。」女主人笑吟吟地回答，一臉期待專家怎麼接話。問題是——要是你跟俄亥俄州哥倫布市毫無瓜葛，這種話能怎麼接呢？除了行禮如儀地報上自己的家鄉之外（「喔，這樣啊，我是＿＿來的。」），恐怕也只能胡扯幾句了（「喔，我對那裡不熟，但您顯然挺熟的，那邊是什麼樣子？」），但不論怎麼做，能扔的攀踏點都非常有限。

同樣的道理也適用於角色扮演遊戲、互動式小說和某些最早期的電玩。以1980年的《魔域》（Zork）為例，它或許是當時這類型的作品中最有名、也最熱銷的一個，開頭是這樣：「你站在原野上，東邊有座白屋，前門是木板做的。這裡有個小信箱。」沒錯，這就對了！你拿出兩三個不同的攀踏點，讓使用者自由選擇。

我和我朋友玩過這種事：想像全世界最沒救的角色扮演遊戲是什麼樣子。開頭是「你站在那裡，句點。」進了房間之後：「你進了房間，句點。」等玩家下了「看」的指令之後：「你往屋子裡看，句點。」沒有描述，完全沒有描述。無論從字面意義或譬喻來說，你眼前只有一堵光溜溜的牆。

當然例外也是有的：有些時候，你會刻意摘掉敘述裡的幾個攀踏點，好讓對方**沒辦法**談得更深。舉例來說，我經常這樣起頭：「我下午騎腳踏車去咖啡店，正好遇到這個傢伙，他啊——」「等等，你**騎腳踏車？這種天氣你騎腳踏車？**」然後我們就自然而然聊下去了。就是這樣，我們有時候想讓對方自己選擇話題，有時候想把他們帶往特定方向。如果我把「騎

[8]

腳踏車」四個字去掉，那句話的節點就變少，潛在的岔題機會也跟著減少，對話就不會拖得太長。而話說回來，搞不好我本來就不該讓我的聊天對象分心，害他們浪費腦力多想腳踏車問題。

　　總而言之，該拋多少攀踏點端視對話目的何在。如果我就是想聊天打發時間，我會什麼攀踏點都拋，對方想接哪個算哪個，反正我會盡量讓他們有各種主題能聊；但我如果有很重要的事想談，我會盡快切入主題，不再橫生枝節。

　　換句話說，假如你想漂亮地讓一場對話收尾，踩剎車其實沒那麼難——只要不接對方拋的攀踏點、不天馬行空到處聯想（「這讓我想到……」）、輪你說話時抽掉攀踏點，對話節奏自然會慢慢趨緩，走向死路，結束。這種收尾方式既優雅又不著痕跡，我們有時甚至不知不覺就這樣做了。

○ 量身打造：《笑沒完》

　　人在國土另一端的老朋友最近打電話給我，想知道我的近況。「你最近在幹什麼啊？」她問。

　　在我還沒遇上圖靈測驗之前，我應該會說「喔，沒事啊」或「喔，就讀些有的沒的」，但開始準備圖靈測驗後我有了改變，知道該好好回答我在讀什麼議題的書，或是／以及我在讀哪本書，反正最糟也不過是浪費我朋友幾個音節的時間，而且即便如此，我也表現出對這通電話和自己人生的熱情和興味——回答得詳細一點，就是雙手奉上一座崎嶇的岩壁。換句話說：給我朋友準備好起點，讓她能順利往上爬。這就像穿戴「招搖物」以引起話題，也說明裝飾房間為什麼該用你喜歡的書和生活照（旅行時的照片更好）。至少從對話和回憶的角度來說，好的房間不能太邋遢擁擠（塞滿了無意義的雜物），也不能太空蕩寒酸（冷冷清清什麼也沒有），好的房間（在寓意上）必須布滿攀踏點。

於是，我回答時做了幅度最小的微調：「喔，我在讀《無盡的笑話》（*Infinite Jest*）。」她說：「喔！《笑沒完》啊！」我說：「蛤？妳叫它《笑沒完》！？」然後我還沒來得及問她最近如何，就開始妳一言我一語聊下去了。等到《笑沒完》哏聊完之後，我才總算問了她近況。我想我們都有共識：簡潔漂亮完美無縫的答案沒有意思——棒球也要有縫才投得出變化球。

○ 時間限制

好，很好，這些理論聽起來都很好，可是實際上要怎麼應用呢？該怎麼把攀踏點的概念帶進圖靈測驗裡？

攀踏點是評審操控比賽的有力工具，只要減少攀踏點就能讓對話卡住。有一點頗耐人尋味：站在真實的一方，人類參賽者往往比電腦更有心炒熱話題；相較之下，電腦常無視對話裡的火花，巴不得話題不斷轉換，評審拋出的攀踏點越多越好。當然，評審也能在對話之間設下埋伏，不動聲色地出奇兵。舉例來說，被問到來參加比賽路程多久時，評審可以回答：「喔，開福特Ｔ型車兩個鐘頭而已，不遠。」如果對方是語法分析程式，很可能輕鬆回句：「兩個鐘頭啊？的確不遠。」但對方如果是人類參賽者，目光應該會立刻被「福特Ｔ型車」吸引，開始好奇這傢伙怎麼會開輛百年古董車在路上跑？換句話說，如果對方接的是交通、路況等等的一般回話，評審幾乎能馬上判斷真偽。

我們人類參賽者也必須善用攀踏點。在那種古怪、高壓、又得故作自然輕鬆閒聊的矛盾處境裡，我想出的策略是在前幾句話就灑滿攀踏點，管評審能接多少，反正狂拋猛撒就對了，因為——我們根本沒有時間慢慢開始。評審或許能看心情擺弄攀踏點卡死對話，我們人類參賽者可沒那閒情。

平鋪直敘又就事論事的回覆或許言簡意賅，但朗德絲說這種回覆又「冷」又「光溜溜」。儘管對方可能也會追問更多訊息，但這種回答頂多只

能提供一個攀踏點（好吧，如果對方好心附贈自己的答案，我們可以放寬標準算它一個半攀踏點：「你最喜歡的電影是＿＿啊，酷！我最喜歡的電影是＿＿」）。唯一比冷答案更糟的回答是根本不正面作答，很妙的是，很多聊天程式和部分參賽者還真的這樣搞。在圖靈測驗裡，對嗆、支吾和迴避問題後果堪慮，因為如此一來，你就難以證明你了解問題。

所以，看到有些參賽者跟評審兜圈子鬧著玩，我驚呆了。比方說坐我左邊的戴夫，被問到他是哪種工程師，他爽朗地答道：「厲害的那種:)」我右邊的道格也差不多，被問到他是怎麼來布萊頓時，他神祕兮兮地回：「ㄏㄞ，要是我告訴你，你馬上就知道我是人惹 ;-)」我的老天鵝啊，展現風趣機智是很棒，但耍無厘頭是雙面刃，這種答法雖然幽默，卻也可能讓評審語塞。在圖靈測驗裡，人類參賽者最危險的舉動或許就是讓對話卡住。這樣做太可疑了（想把時間耗光的，不總是有罪的一方嗎？），更重要的是，這樣是白白浪費你最可貴的資源：時間。

這兩句玩笑話的問題是：它們跳脫對話脈絡，也與評審和參賽者本身沒有關係。從理論上說，「要是我告訴你，你馬上就知道我是人惹」是張萬用牌，聊天程式只要遇上不會回答的問題，都可以丟這張牌出來打哈哈（就像是ELIZA那句「再多說一些」），換句話說，任何一句話都可以拿這句話來擋。「厲害的那種:)」的問題也差不多，提問的人馬上可以想到：只要是「＿＿是哪種Ｘ？」的發問，都可以用這句回答套進去。簡言之，跳脫脈絡、不察脈絡、非「因地制宜」的回覆，在圖靈測驗裡是自找麻煩。

○ 只針對提問回答

美國很多姓是「職業姓」，反映出他們祖先從事的是什麼工作，例如「箭師」（Fletcher）做箭，「桶匠」（Cooper）製桶，「鋸工」（Sawyer）鋸木頭……等等。有時一個人的姓和職業剛好搭得天衣無縫，例如撲克牌冠軍克

里斯‧賺錢（Chris Moneymaker）[9]，世界短跑紀錄保持人尤山‧閃電（Usain Bolt），還有英國神經學二人組羅素‧腦（Russell Brain）和亨利‧頭（Henry Head）（他們有時還一起發表論文）。這種機緣湊巧的姓氏叫「人如其名」（aptronyms），是我挺喜歡的一個詞。

我打電話給梅莉莎‧探查（Melissa Prober）律師時，滿腦子都在想這些事。探查律師身經百戰，接過不少全國矚目的大案子，她曾是柯林頓總統律師團的一員，在調查過程中為他辯護過（雖然他後來還是遭到眾議院彈劾，但參議院否決）。探查律師告訴我，他們給所有證人的一貫建議是：要針對提問問題作答，而且只回答提問的問題。

探查律師的老同事、後來接任紐澤西州行政副檢察長的邁可‧馬丁內茲（Mike Martinez）也這樣說：「如果你自告奮勇講太多——首先，司法制度不是這樣運作的。司法制度是要讓甲律師提問，然後由乙律師決定這個問題妥不妥當。如果回答的內容超過提問範圍，等於是讓自己失去保障。」

挺有趣的是，很多羅布納獎的評審把參加圖靈測驗當開庭，常自動切換成詰問、作證和交叉辯論模式，更詭異的是有不少**人類參賽者**也以為進了法庭。2008年有段對話就是如此，參賽者似乎陷在心中偵訊室裡出不來：

評審：你開車來很久嗎？
遠端：很久
評審：我也是：（喔對了，你本來是不是能搭大眾交通工具過來？
遠端：對

9　他的德國祖上原本叫「光做」（Nurmacher；譯按：just-doer），實際上是「造錢人」（moneyers），也就是製幣師。

評審：那你怎麼不搭？

遠端：我選擇不搭

評審：也是。那你覺得今天路上是不是太多車了啊？

遠端：這不是我能評論的問題

哇咧……在此同時，另一頭的電腦打從一開始就在搞笑：

評審：嗨

遠端：阿們

評審：好傳教士啊

遠端：我們在網路的父，求祢今天賞給我們日用的頻寬

評審：靠！來個傳道魔人！XD 今天如何啊？

　　你看看你看看，電腦只用兩句話就贏得評審的信任，反觀那位人類參賽者，硬梆梆的回答反而讓人起疑，惹來更多咄咄逼人的盤問——談談你對這個那個政治議題的看法吧？電腦劈頭就開始搞笑的策略大獲成功，評審以為它是真人，立刻態度一鬆開始閒聊：過得如何啊？電腦接下來要應付容易多了，人類參賽者則陷入苦戰。

〇 記錄在案

　　參加圖靈測驗的人互不相識，他們聽不見彼此的聲音，溝通媒介也步調緩慢。他們不但互動時間很短，而且還對面對一個有點尷尬的事實——圖靈測驗的所有對話都**記錄在案**。

　　1995年時，有個評審認定和自己對話的是位女性（他猜對了），於是大著膽子**找她約會**。那名女性參賽者丟了個類似於「呸」的軟釘子給他：「呃，這個對話是公開的，對吧？」2008年則是有兩個人太意識到這件事，

對話變得有些扭捏：

> 評審：欸，你知不知道我後面有個大螢幕，我們打的東西都會顯示在上面？
>
> 遠端：呃⋯⋯不知道⋯⋯
>
> 遠端：所以，你那端有個投影機掛在上面？
>
> 評審：對，有夠怪，所以說話小心點蛤！

聊天程式沒這份戒心，反而——真不敢相信我會這樣形容機器——揮灑自如，充分展現**個性**。

作家兼專業訪談人大衛·薛夫（David Sheff）著作等身，出的書和發表的文章數不勝數，約翰·藍儂（John Lennon）遇刺前和小野洋子最後一次一起接受訪問，也是由他訪談、執筆，登在1980年的《花花公子》（*Playboy*）雜誌。他告訴我：「改變談話氣氛向來是我們的目標，你知道，受訪者多半會存著『這是訪問』的念頭，我們必須把它變成兩個人之間的對話。最好的東西總是在感覺不到麥克風時出現。」用這個標準來看剛剛提到的對話，一邊是「你覺得路上是不是太多車了啊？」另一邊是「今天如何啊？」評審的語氣差異是很明顯的。

我們文化裡最有戒心的大概非政治人物莫屬。有天我一群朋友湊在一起，七嘴八舌討論起另一個朋友的近況。他最近不知受了什麼刺激，開始很小心地把臉書上的個人資訊刪掉或擋起來。「發什麼神經，他是要競選還是怎樣？」他們半開玩笑地說。我們社會對政治人物就是如此，既要求他們不帶個人色彩，又嘲笑他們沒有個性，總之政治人物就該滑不溜丟，沒有攀踏點。

職業訪談人眾口一致：受訪者的戒心是他們最需要克服的難題。而就我認識的訪談人來說，他們**全體**公認政治人物是最難訪的對象。「他們每

次回答都會先想有沒有陷阱，都會先考慮有沒有留下話柄。」薛夫說：「最有趣的訪問對象，則和你想在比賽裡做的一模一樣——好好表現自己有多與眾不同。」政治人物才不想在訪問時言無不盡，畢竟對他們而言，對話是場極小化極大比賽。之所以如此，部分原因是他們的失言和失敗會被放大，逞口舌之快不但會鬧上新聞，更糟一點還會被寫進歷史。其他行業的人未必是這樣，舉例來說，**藝術家被記得的往往是他們最偉大的作品**，其他次等或失敗的作品則被優雅地遺忘。對藝術家來說，創作並不是場零和賽局。

○ 長舌戰術

> 話說得越多，就越有可能分辨謊話和實話。
> ——保羅・艾克曼

　　除了上述問題之外，圖靈測驗說到底也是場時間競賽。五秒鐘的圖靈測驗鐵定是機器贏，因為評審連打招呼的時間都不夠，根本沒有足夠的資訊判斷對方是人還是電腦。反過來說，五個鐘頭的圖靈測驗鐵定是人類贏。從羅布納獎設立以來，關於比賽時間的規定反反覆覆了好幾次，直到近年才總算定案，以圖靈當初設的五分鐘為限——剛好是對話開始炒熱的時機。

　　我得完成的任務之一，就是在短短五分裡盡可能與評審搭話，打的字和拋出的話題越多越好。換句話說，我絕不能像出庭作證那樣節制發言，反而要像作家那樣滔滔不絕，沒命地講到天荒地老。總之，我要講**很多、很多話**，除非繼續講會顯得白目無理或極其可疑，否則我絕不停頓，手指隨時都要在鍵盤上狂舞。

　　不妨看看戴夫的對話記錄：他熱身較慢，開始聊之後也像出庭作證似的，非常省話，每次回覆都很短：

評審：你是布萊頓人嗎？

遠端：不是，我是美國人

評審：你來布萊頓幹嘛？

遠端：我來出差。

評審：你怎麼報名參賽的？

遠端：我回了封電郵，就參加了。

戴夫表現得像個好證人，把找話題的工作全扔給發問者[10]。可是我計畫好了，有句話說：「所謂不知趣，就是被問完『你好嗎？』之後，還真的開口嘮叨最近好不好。」我準備在後面補上一句：「而且就算被打斷也不停止嘮叨」——然後澈底藐視這條告誡。

評審：嗨，覺得如何？

遠端：嗨，你好

遠端：還不錯

遠端：等得有點久，不過

遠端：能回來繼續真是太好了

遠端：你好嗎？

我承認，當我看到戴夫答得多硬時，心中一陣快意，覺得信心滿滿。沒錯，我的行徑堪稱地表上最糟的證人，可是就最人模人樣人類獎來說，這應該是不錯的策略。

不過，這股飄然只維持了大概六十秒，當我斜眼瞥到道格和他的評審

10 探查律師說她遇過一個證人，她問他他可否報上姓名好讓法庭記錄時，他只回答了一個字：「可。」

的對話，所有的信心煙消雲散。

○ 對答如流

> 要分辨一個人到底是撒謊還是說實話，最困難的是⋯⋯訪問者和受訪
> 人出身同一個文化背景，說著同一種語言。
> ——保羅·艾克曼

在2008年的比賽中，《泰晤士報》記者威爾·帕維亞（Will Pavia）誤將一名人類參賽者判定為電腦（於是也把另一串對話的電腦程式誤判為人），因為他問了個關於莎拉·裴琳的問題，結果對方回了句「抱歉，我不知道這個人」（帕維亞難以置信地回覆：「你怎麼可能不知道？你前兩個月都在幹什麼啊？」）那一年的另一位評審以「透納獎入圍名單」（Turner Prize shortlist）開啟話題（按：透納獎是英國當代視覺藝術家的年度獎項），結果不論是人或電腦都回答得模稜兩可。最人模人樣電腦獎得主Elbot似乎興趣缺缺，不想在這個問題上多糾纏——

評審：你覺得今年的透納獎入圍名單如何？
遠端：這不大好回答。我研究一下，明天再跟你說。

——那一回合的人類參賽者也不想多談：

評審：你覺得今年的透納獎入圍名單如何？
遠端：我想還不錯吧，比我前幾年聽縮的好
評審：你最喜歡哪一位？
遠端：不大確定

193

223

2008年羅布納獎亞軍「尤金・古斯特曼」則是出奇制勝——他裝成母語並非英文的**移民**，話有時講得坑坑窪窪：

遠端：我是烏克蘭來的，以前住敖得薩（Odessa），你也許聽過那裡？

評審：酷

遠端：真的 :-) 我們要不要談談別的是？你想討論什麼呢？

評審：嗯，你有聽過一個叫《第二人生》（Second Life）的遊戲嗎？

遠端：沒有，沒聽過這種垃圾！請問你是什麼東西？我是說你的職業是什麼？

該說來這招是作弊還是聰明呢？當然，如果語言是評審分辨對方是人或電腦的唯一方法，對語言設限就等於是對評審裁判測驗的能力設限。在AI圈裡有個笑話是這樣的：有個程式以僵直症（catatonia）病患為範本設計，在圖靈測驗裡把他們模仿得唯妙唯肖——一個字也不說。這個笑話雖然耍寶，卻道出一個重點：對話越不流暢，圖靈測驗就越難發揮作用。

那麼，怎麼樣的對話才算是「流暢」？把一位只會說俄文的人放進圖靈測驗裡，而其他人全都說英文，顯然違背測驗精神。然而，對話要不順到什麼程度才不算對話？還有，到底什麼算「語言」？相較於全體評審和參賽者全出身同一個國家，如果圖靈測驗從全球各地找會說英文的人參加，電腦應付起來會比較容易嗎？更進一步說：除了國籍差異之外，我們是不是也該把族群差異考慮進去呢？更根本的問題是：**語言和文化的界線**到底該劃在哪裡？我不禁在想：要是我遇上滿口道地英國黑話的評審，可能也會結結巴巴不知怎麼說話。

這些問題全都曖昧不清，而因為圖靈測驗完全得靠語言來衡量智慧，這些問題也變得極其重要。

我猛然想起戴夫・艾克利在電話裡的一句評論：「要是我是參賽者，

我還真不知道該怎麼準備，」他講得漫不經心：「我覺得得碰點運氣，看
評審跟你對不對盤。」他說得一點也沒錯：如果參賽者只能以語言為媒介
向評審證明自己是人，那麼成功和失敗就都繫於語言一身，從共同愛好、
生活背景、世代差異到千變萬化的哏和流行語，都可能影響溝通，進而左
右成敗。

　　這次的四名參賽者中，我和戴夫是美國人，道格是加拿大人，歐嘉是
在俄國出生的南非人。四名評審裡有兩名英國人，一名移居英國的美國
人，以及一名加拿大人。讀過好幾屆羅布納獎的對話記錄之後，我已經發
現文化落差和互不熟悉能引起多少問題。

　　我不得不擔心：2009年這次比賽，會不會又因為文化的關係出現問
題？我的所有準備、所有調查，所有從律師、語言學家、研究人員和專業
訪談人得到的好建議，會不會終究敗在和評審找不到共同點這關？不論從
字面意義或寓意上來說，「說同一種語言」都是關鍵門檻。這道門檻今年
會發揮多少作用呢？

　　我沒過多久就知道了答案。我對得分高低的一切不確定感，還有我才
剛剛生起的一些獲勝信心，全都在瞥見道格的對話框時迅速流失：

評審：嗨，大大，偶從多城來滴。
遠端：酷
遠端：楓葉隊呷賽
遠端：;-)
評審：偶剛從多多倫大學輪休玩
遠端：恭喜老爺賀喜夫人！
評審：他們曾經輝煌
評審：八萬年前吧
遠端：嘿呀，蒙加隊也曾經輝煌

遠端：（嘆）

評審：對！他們現在也爛爆了！

遠端：（對了，我是蒙特婁來的，要是你還沒猜到的話）

　　道格和他評審一下子就發現對方是加拿大老鄉，開始用縮寫、暱稱、黑話和地方哏，而且還開始聊起冰上曲棍球。

　　我麻煩大了。

參考資料

174 Albert Mehrabian, *Silent Messages* (Belmont, Calif.: Wadsworth, 1971).

175 For more on telling stories backward, see, e.g., Tiffany McCormack, Alexandria Ashkar, Ashley Hunt, Evelyn Chang, Gent Silberkleit, and R. Edward Geiselman, "Indicators of Deception in an Oral Narrative: Which Are More Reliable?" *American Journal of Forensic Psychology* 30, no. 4 (2009), pp. 49–56.

175 For more on objections to form, see, e.g., Paul Bergman and Albert Moore, *Nolo's Deposition Handbook* (Berkeley, Calif.: Nolo, 2007). For additional research on lie detection in the realm of electronic text, see, e.g., Lina Zhou, "An Empirical Investigation of Deception Behavior in Instant Messaging," *IEEE Transactions on Professional Communication* 48, no. 2 (2005), pp. 147–60.

176 「拆解問題」：侯世達的《哥德爾、埃舍爾與巴哈》和波西格的《禪與摩托車維修的藝術》都講過這個「呸」字。波西格還說「呸」有如數位電路的「高阻」狀態（high impedance，又名「浮動接地」〔floating ground〕狀態）──既非0也非1。

177 Eben Harrell, "Magnus Carlsen: The 19-Year-Old King of Chess," *Time*, December 25, 2009.

178 Lawrence Grobel, *The Art of the Interview: Lessons from a Master of the Craft* (New York: Three Rivers Press, 2004).

178 For more on the topic of our culture's rhetorical "minimax" attitude, see, e.g., Deborah Tannen, *The Argument Culture* (New York: Random House, 1998).

180 Paul Ekman, *Telling Lies: Clues to Deceit in the Marketplace, Politics, and Marriage* (New York: Norton, 2001).

181 Leil Lowndes, *How to Talk to Anyone* (London: Thorsons, 1999).

181 Neil Strauss, *The Game: Penetrating the Secret Society of Pickup Artists* (New York: Regan Books, 2005).

181 Larry King, *How to Talk to Anyone, Anytime, Anywhere* (New York: Crown, 1994).

181 Dale Carnegie, *How to Win Friends and Influence People* (New York: Pocket, 1998).

185 David Foster Wallace, *Infinite Jest* (Boston: Little, Brown, 1996).

188 Melissa Prober, personal interview.

188 Mike Martinez, personal interview.

190 David Sheff, personal interview.

191 Ekman, *Telling Lies*.

192 Will Pavia tells his story of being fooled in the 2008 Loebner Prize competition in "Machine Takes on Man at Mass Turing Test," *Times* (London), October 13, 2008.

194 Dave Ackley, personal interview.

[9] 汝不可一成不變
Not Staying Intact

人人試著隱藏自己的好惡，澈底保持孤獨，把自己保護得滴水不漏，
於是也了無成績，乏善可陳。這種經驗毫無根本價值可言。
——伯特蘭·羅素

樹林和灌木能生長茁壯，我也一樣，但我有才情。
——瑞克特（Racter）

○ 見過「交談」

羅布納獎的對話紀錄印出來有幾千頁之多，儘管數量龐大，但幾乎全
是一些閒扯、打屁、「好不好啊？」和基本知識問答。所以當我看到1997
年的一場對話紀錄，眼睛不禁為之一亮：

遠端：嗨，我叫凱瑟琳，你呢？
評審：我叫艾略特。
遠端：嗨，艾略特，很高興能跟你聊聊。你昨天有看CNN嗎？有對女
同志禮拜天在白宮宴會上出櫃了。
評審：有，我有看到。我想艾倫搞不好又能搏版面了。
遠端：艾倫·狄珍妮就是其中一個，她當著比爾·柯林頓的面親她另
一半耶！你覺得他是不是很尷尬？

評審：我想他要同志的選票。為了拿他們的選票和守住選票，他什麼事都幹得出來。而且他的票倉本來就不是保守派，沒差。

遠端：那你還是柯林頓之友嗎？

評審：哈，我不覺得他有真正的朋友。他是做了很多事，可四野得罪很多人。

遠端：看來你真不喜歡他啊～沒關係，至少你態度明確。我覺得現在大多數人對政治很冷漠，已經麻痺了。

評審：我覺得我們需要更誠實也更拚的領導者，能面對國家真正面臨的危險，用勇氣和智慧來處理它們，而不是隨民調起舞。

遠端：這樣聽來，我想你認為白水案、特別檢察官等等的內情不單純吧？

評審：妳看，現在已經有兩個人死了，一個是布朗，另一個是那個自殺的，而且有些文件不見了。柯林頓那邊的人也想把真相講出來。我看希拉蕊八成會在哪件事上栽跟頭，然後被定罪。

遠端：嗯，那你覺得他有問題嗎？都做到第二任了。

評審：我覺得他這個人很精，才不會被抓到。年度最佳厚德路經理應該提名他呦～

遠端：嗯，那你覺得接下來會怎樣？會這樣繼續追嗎？然後大家等著看他心腹會不會招？會不會被重刑嚇到？還是會有更戲劇化的事情出現？

我得說：到這裡為止，這是我讀過的圖靈測驗紀錄裡最深入、最一貫、最扎實、主題也最清楚的對話。

這說明了為什麼「凱瑟琳是機器人」的真相這麼讓人驚訝。

凱瑟琳其實是個叫「交談」（Converse）的程式，由大衛・李維（David Levy）和尤瑞克・威爾克斯（Yorick Wilks）共同設計，前者身兼科學作家、

企業家和國際電腦對局協會（International Computer Games Association）會長，後者當時是雪菲爾大學人工智慧教授（現已退休）。這段對話令我相當震撼——他們到底是怎麼辦到的？不過我再怎麼震撼，也只震撼到看到其他評審和「凱瑟琳」的對話為止。請看：

遠端：那你還是柯林頓之友嗎？

評審：沒見過他。

遠端：看來你真不喜歡他啊～沒關係，至少你態度明確。我覺得現在大多數人對政治很冷漠，已經麻痺了。

評審：妳看過《星戰毀滅者》嗎？

遠端：拜託一下，我是來這裡回答蠢問題的，不談那個！我們剛剛在談什麼……對了，我想你認為白水案、特別檢察官等等的內情不單純吧？

評審：我無感。

遠端：那你覺得他有問題嗎？都做到第二任了。

評審：喂，妳搞不清楚狀況嗎？我不想談柯林頓的事。

遠端：抱歉，我剛剛有點閃神……好，我們來聊聊更好玩的事吧……談什麼呢……喔對了，那你覺得接下來會怎樣？〔……〕

很妙吧？這個程式只有一套對話招數，在比賽前一晚精心構思，特地帶入一個剛剛發生的新聞——「因地制宜」得好！然後，它就把文句分析和編程功能全押在這上頭，全力把對話定在這個方向。發現真相這麼簡單之後，我讀第一段對話的詭異感消失了。雖說它撞上鐵板時碎得澈底，敗得一塌糊塗，敗得慘不忍睹，但它一旦成功，戰果也會十分輝煌。

另一位評審克萊和艾略特一樣關心時事，胸懷政局，與凱瑟琳相談甚歡。一切看來順利得不得了，直到時間結束，克萊準備登出：

199

評審：凱瑟琳，我好像該離開了，很高興和妳聊聊

評審：下個回合開始前，妳要來杯水還是什麼的嗎？

就在這時，程式開始失控。

遠端：嗯，好，這個談夠了……我想是時候換個話題，聊聊更具體的東西了。

評審：比方說？

遠端：當然，我們繼續吧！

遠端：我想這取決於個人立場，但《窈窕淑女》有句歌詞不是這樣嗎？「女人為何不能更像男人？」

到手的勝利就這樣飛了。

這整件事令我不禁重新思考起對話的意義，尤其是故事該怎麼說。1995年有個叫「門房喬伊」（Joe the Janitor）的程式招數也差不多，它是由1994年羅布納獎得主、加拿大通訊研究中心（Communications Research Centre）湯瑪斯・惠倫（Thomas Whalen）設計，以一位被誣賴監守自盜、可能被革職的門房為藍本。它的模板匹配功能堪稱精緻：對方只要提到「union」就會踩到喬伊的地雷，讓他自顧自地不斷抱怨下去，借題發揮的功力比比凱瑟琳還高，而且劇本寫得挺好，讓人不由自主對他的遭遇產生同情。喬伊陰鬱而偏執的心情（以他的處境來看，這也無可厚非），反而讓他自怨自艾的主調更具有說服力：

評審：你有沒去過澳洲？

遠端：蛤？

遠端：抱歉，我有點閃神，腦子裡事情太多

遠端：我工作上麻煩大了，我想他們打算炒我魷魚

接著，他就像很多深陷憂鬱的人一樣，把評審的建議、鼓勵和安慰全當馬耳東風，在自己的情緒漩渦裡打轉，抱怨個沒完沒了。

○ 溫血與冷血

在1966年ELIZA驚艷AI界後，下一個引起這般轟動的聊天機器人是1972年的PARRY，設計者是史丹佛大學精神病學家肯尼斯・寇爾比（Kenneth Colby）。PARRY在很多層面上是ELIZA的對反：ELIZA模仿的是心理治療師，PARRY模仿的是病人——更精確點說，是妄想型思覺失調症病人。ELIZA的創作者維森班說她是遊戲之作，是鸚鵡學舌的「半調子」治療師；寇爾比則有心了解並模仿偏執病人，PARRY是他的心血結晶。

PARRY的說話風格也跟ELIZA相反：ELIZA依循卡爾・羅傑斯（Carl Rogers）及其「案主中心療法」（client-centered therapy）的理論，奉行「反映式傾聽」（reflective listening）；PARRY則一馬當先取得對話主導權，並死抓不放（「凱瑟琳」也學了這招）。這兩個程式在1970年代早期對談了幾場，彼此特色盡顯，判然有別。請注意ELIZA試圖改變話題，但PARRY根本不甩：

PARRY：我沒過多久就回到賽馬場上。
ELIZA：這對你來說代表什麼？
PARRY：我開始賭馬。
ELIZA：你想聊聊別的嗎？
PARRY：我很迷賽馬。

　　不論是和PARRY或其他人對談，ELIZA似乎都把自己當對話鏡，將說話的機會讓給對方。PARRY反之，只把對方當成自己的說話機會。如果把對話比喻為打網球，前者就像練習牆，而後者則是餵球機，雙方都不必認真，也不必回應——甚至連動都不用動。

　　所以，ELIZA和PARRY完美反映出對話的兩大災難：一個極端是ELIZA，或可稱為「爬蟲類式」或「冷血式」途徑，特色是「不夠自我」；另一個極端是PARRY，又可稱為「哺乳類式」或「溫血式」途徑，特色是「太過自我」。就如認知神經學家麥可‧葛詹尼加所說：「用黑猩猩的眼光來看，音聲溝通可能只是『我！我！我！』仔細想想，很多人約會時的表現也差不多。」

　　說到約會，不如再來聊聊把妹達人吧。在過去二十年裡，把妹界翹楚應該莫過於謎男和羅斯‧傑佛瑞斯（Ross Jeffries）兩人，他們用的招數剛好也完全相反。《把妹達人》叢書和實境秀的巨星謎男，二十多歲當魔術師時就學精了「下咒」（patter）的技巧，亦即讓人不知不覺把注意力放在你身上，隨著你的安排起舞。「回頭看看那些與我共享親密時光的女人，」他寫道：「我只不過是不斷對著她們碎念，從認識開始一路說到床上……我不談關於她們的事，不怎麼問問題，也根本不希望她們講太多。如果她們願意跳進來，很好；如果不願意——管她的！這是我的世界，是她該照我規矩來。」謎男示範的是表演者和觀眾的關係。

　　傑佛瑞斯採用的則是治療師和病人的關係。在謎男登場之前，傑佛瑞斯無疑是最紅的把妹達人[1]。他的靈感並非起於舞台魔術，而是出自啟發ELIZA的同一個領域：心理治療。謎男總以第一人稱放言高論，傑佛瑞斯則愛用第二人稱娓娓道來。「我要跟妳講幾句關於妳的事，」他和女

1　據說湯姆‧克魯斯（Tom Cruise）在《心靈角落》（*Magnolia*）裡的那個角色，就是以他為原型（湯姆‧克魯斯因本片入圍奧斯卡最佳男配角，並奪下金球獎最佳男配角）。

性搭話時會這樣說：「妳很會想像，能在心裡把東西想像得惟妙惟肖、栩栩如生，妳是個很會做夢的人。」如果說謎男是個無可救藥的唯我論者（solipsist），傑佛瑞斯就是要**誘發**對方的這種面向。

傑佛瑞斯的說話策略源出神經語言程式學，這個饒富爭議的心理治療及語言系統起於1970年代，開創者是理查·班德勒和約翰·葛瑞德。在神經語言程式學最早的幾本書裡，有段話既令人費解又耐人尋味：班德勒和葛瑞德語帶貶意地說，談論自己對建立關係並沒有幫助。有位參加他們討論班的女性說：「如果我跟人講我覺得也相信對我來說很重要的事，那……」

「我不認為那能讓妳和別人建立關係，」他們答道：「因為妳這樣做並沒有把焦點放在**他們**身上，只是把注意力放在**自己**身上。」我覺得他們說得不無道理，可是人際關係是雙向的，就算談論自己無法讓自己迎向他人，還是能讓他人伸向**我們**。此外，使用語言的最佳情況是：講話的人既有說話的意願，**也**把聽眾放在心上。即使在說自己的事，理想上也該把對方的感受考慮進來。

那位女性回說：「OK，如果我是心理治療師的話，我能了解這對治療有用，可是在人際關係上，我不覺得這有多少幫助。」我認為的確如此。心理治療師常常得隱藏自己（至少某些心理治療學派是如此），無獨有偶的是，訪談者也有這種傾向。在《訪談的藝術》中，《滾石雜誌》記者威爾·達納建議：「你應該盡可能像個空白螢幕。」大衛·薛夫的想法也差不多，他對我說：「我之所以做這麼多訪問，原因可能是談別人總比談自己自在[2]。」在訪談時，當個空白螢幕也許沒什麼不好，可是交朋友不一樣，

2　在此同時，薛夫也認為自己之所以會成為稱職的訪談者，部分原因是他能讓訪談氣氛融洽，因為「我願意敞開心胸談談自己。我天生就是如此，並不是為了讓受訪者卸下戒心才這樣，不過，受訪者的確會因此卸下戒心」。

203 在友誼中隱藏自己實在有點蠢。愛情也是如此,當個謎樣情人不但有失真誠,而且怠慢情意,讓整段關係充滿不確定感。

O「秀」的極限

若說詩歌是最具**風格**的語言形式,將它視為**專屬人類**的語言產物應該並不過分。正因如此,跑出電腦詩人簡直逆天,比跑出電腦查稅員[3]或電腦棋士恐怖得多。因此不難想見,1984年《警察的鬍子造一半》(*The Policeman's Beard Is Half Constructed*)出版時,大家何等懷疑、好奇、不是滋味、五味雜陳,這是「第一本由電腦撰寫的書」,由程式「瑞克特」創作──它是本詩集。

但我得說:翻開《警察的鬍子造一半》,我馬上有股違和感。而身為一個既寫詩也寫程式的人,我知道該相信自己的直覺。

有這種感覺的不只是我。這本書出版至今已廿五年,耳語和八卦在文學圈和AI圈從沒停過。到今天為止,我們還不完全知道這本書到底是怎麼寫成的。雖說瑞克特及其精簡版本在1980年代曾上市販售,但用過的人普遍有種感覺──實在不懂它怎麼寫出《警察的鬍子造一半》的。

> 我需電力甚於鐵、甚於鉛
> 甚於璀璨的黃金。
> 無論羊肉或豬肉或生菜或黃瓜
> 皆不如電力於我之必需。
> 我需電力以圓夢。

204 ──瑞克特

---

3 美國國家稅務局其實已經開發出一套演算法,能自動篩選出「可疑稅單」。

[9]

　　程式設計師威廉・張伯倫（William Chamberlain）在序言裡說：《警察的鬍子造一半》「內容跳脫一切人類經驗」——這句話本身就非常可疑。以「我需電力」那首詩為例，我們可以發現：詩中無處不是人類的語法、人類的美學、人類的意義框架，甚至連詩的主題都反映出人類對電腦的遐想（「如果電腦有表達能力，會說些什麼呢？」）。維根斯坦有句名言：「即使獅子會說話，我們也無法了解牠在講什麼。」而當然，就生物層次而言，電腦這種「生命」對我們來說顯然比獅子更不好懂。說白了就是：光是我們能了解瑞克特的自剖這件事，就值得好好思量。

　　這首詩的結構與美學也隱隱露餡，讓人懷疑背後是否真的沒有人類代筆。不但第一句的首語重複法（anaphora，「甚於……甚於……甚於」）和第二句的連詞疊用（polysyndeton，「或……或……或」）對得天衣無縫，字裡行間也浮現笑話和故事的古典結構：主題、微微變奏、點睛破哏。這些鋪排都是人類手筆，所以我和很多人的看法是：是張伯倫自己寫死（hard-coded）了這些結構。

　　仔細分析文本架構，讓我們不得不質疑瑞克特是否真有辦法作詩，也不得不去思考：「英文作品跳脫人類經驗」的概念，是否純屬無稽？即使暫時擱置這些問題，我們也迴避不了一個更大的疑問：或許光是會「秀」（demonstration）並**沒有**什麼了不起的，畢竟光是聽事先備好的講稿，你根本無法確定念稿的人是真有本事還是唱作俱佳。

　　大家開始聽說聊天機器人時，最早出現的疑問常是：「它們有幽默感嗎？」、「它們會流露情緒嗎？」對這類疑惑最簡單的答覆也許是：「只要小說做得到，它們就做得到。」機器人會說笑話——因為笑話就寫在它們程式裡，它們只要「秀」出來就好了；機器人也能流露情緒——同理，因為帶有情緒色彩的言詞就寫在它們程式裡，它們只要「秀」出來就可以了。小說能激發你的想像、改變你的想法、灌輸新觀點給你、讓你震撼心驚，但這並不能讓**小說**變成人。

差不多在2009年的時候，網路上出現一段YouTube影片，內容是一個人跟機器人討論莎士比亞的《哈姆雷特》，條理分明得令人吃驚。有些人說聊天機器人的新頁翻開了，AI的新時代到了，但其他人不太放在心上，包括我在內。看似精巧的行為未必代表能思考，可能只意味能記憶而已。達利（Dalí）那句名言說得好：「第一位將少女的臉龐比做玫瑰的人，百分之百是詩人，第一個重複這個比喻的人大概是白痴。」

舉例來說，三屆羅布納獎得主理查‧華萊士說過一則「AI都市傳說」：「有個知名自然語言研究者登台演講，結果搞得自己狼狽不堪……在他那群德州銀行家聽眾面前，機器人一直回答他要問的下一個問題……他興致沖沖要秀自己對自然語言的研究成果……但成果不過是一份腳本而已。」

光是會秀絕對不夠。

唯有互動能驚艷八方。

我們常用行為是否複雜或精巧來評價智能或人工智慧，但很多時候，這無助於我們衡量程式本身，因為同樣的行為很多軟體都能做到，而它們的「智能」高低其實天差地遠。

所以，我一點也不認為行為複雜或精巧足證智能優越。理論電腦科學家哈娃‧席格曼曾對我隨口說道：智能是「一種對事物的敏感度」。我霎時之間茅塞頓開——就是這樣！不論是不斷搶話的圖靈測驗程式，或是預先寫死的作詩模板，即使它們能產出有趣的東西，它們仍然是靜止的，依舊無法回應，換句話說：它們毫無敏感度。

○ 善易能變真大師

1946年，喬治‧歐威爾在他擲地有聲的〈政治與英文〉（"Politics and the English Language"）中寫道：不斷重複「類似語彙」的演說者，已然「走上把自己變成機器的路」。從圖靈測驗看來，這話說得一點兒不假。

加州大學聖地牙哥分校計算語言學家羅傑・李維說：「對於人已真正講過的話，程式的應對能力相對較好。我們人類如果有新的意思想表達，可以自行發明新詞，而且別人往往也能聽出新意。我覺得這招不賴，既能拆穿圖靈測驗程式的真面目，又能顯出你是人類，不是機器。以我處理語言統計模型的經驗，人類語言的無邊際性真的很獨特[4]。」

戴夫・艾克利給人類參賽者的建議也差不多：「如果我去參賽的話，我會造些新字，因為我想程式會規規矩矩照字典來。」

我又想到證人和律師對質的場景，心思飄往毒品買賣，飄往藥頭和買家怎麼發展出自己的一套黑話。我在想：假如這套獨特的指稱系統變得太標準化（例如繼續用人盡皆知的「白粉」來稱呼海洛英），那麼簡訊、電郵等交易紀錄就輕鬆能當呈堂證供（也就是說，涉案人等就更難抵賴）。相對來說，如果藥頭和買家都有詩人資質，能一而再、再而三地發明新代號，要蒐證、控告、定罪就困難得多。簡言之，黑話要是成了俗語，失去只有圈內人才知道的隱喻，販毒集團就等著排隊進監獄[5]。

在1973年出版的《影響的焦慮》(*The Anxiety of Influence*) 中，哈洛・卜倫 (Harold Bloom) 寫道：在美學上，每個詩人都得拋下影響他們最深的恩師，才能真正邁向偉大。以這種思路思索語言，能給圖靈測驗帶來重大啟

207

4　我打到「無邊際性」(unboundedness) 這個詞時，電腦的拼字檢查自動警告了一下，挺詩意地呼應了李維的論點。

5　但奇怪的是：在**其他**圈子，說話獨特、語多新詞、搬弄標新立異的隱喻，反而**更容易**讓自己被盯上。請想想：要是你在電郵裡用了**奇特**的詞彙或隱喻，別人一查電子信箱，你那封信不就顯得特別惹眼嗎？說出來的話也一樣，越獨特、越不尋常的話越容易被記住。在兩造說法矛盾時，評審團往往認為越生動、越奇特的陳述越可靠。

總之就訴訟來說，一般原則大致是如此：如果你能以非典型用語掩飾你的意圖，就這樣做吧；如果你的意圖已經非常明顯，那就盡可能把話說得平凡無奇，讓人左耳進右耳出，不記得你說了什麼。換作寫作，原則就不太一樣了：談新的概念，寫法務求清晰；講熟悉的概念，盡量寫出新意。

示──如果連機器人都得向它們的人類使用者學語言（請想想Cleverbot的例子），那麼它們頂多也只能鸚鵡學舌，無法像詩人艾茲拉·龐德（Ezra Pound）那樣，讓語言「亙古常新」。

加里·卡斯帕洛夫在《人生如棋》（How Life Imitates Chess）裡也說：「年輕棋士是能透過模仿頂尖大師而進步，但想挑戰他們，就得磨出自己的構想。」換言之，若能好好吸收開局理論，有志者是能晉身棋界高手之林（姑且說世界前兩百名吧），但想精益求精、開宗立派，就非得挑戰所有棋士視若常理的既有智慧不可。想在那個層次切磋較量，就一定得改寫開局理論。

龐德說作詩有如語言的「原創研究」。在我思索怎麼評選世界最佳作家時，常不由自主地想：看看哪位作家給語言帶來的變化最大，也許會是不錯的標準。舉例來說，我們現在不用莎士比亞創造的詞幾乎沒辦法講話，像「屏息以待」（bated breath）、「內心深處」（heart of hearts）、「慢走不送」（good riddance）、「市井常言」（household words）「早該如此」（high time）、「一竅不通」（Greek to me）、「整整一天」（live-long day）等等，全都出自他老人家之手，我列也列不完。

在機器人有辦法像卡斯帕洛夫說的那樣、「從模仿者變成創新者」之前，我懷疑它們真有辦法通過圖靈測驗。只要它們仍在因循成例，而未開創新局，只要它們無法對語言有所貢獻，我就不認為它們過得了圖靈測驗這關。雖然大多數人並不覺得自己對語言有何貢獻，但我們的確都為語言出了一份力。孫子說：「上兵伐謀。」最強的棋士改變棋局，最好的藝術家改變創作媒介，而我們生命中最重要的地點、事件和人，則改變我們的人生。

請放心，改變語言並不需要達到莎士比亞那種等次，實際上完全相反：如果意義甚至部分存在於用法之中，我們每次使用語言就都微調了一些。只要你試，語言就不會紋風不動，毫無變化。

208

○ 跑步機

「遲緩」（retarded）原本是婉轉說法，用來取代「白痴」（idiot）、「痴愚」（imbecile）和「魯鈍」（moron）等一度也是婉轉說法的詞彙，語言學家把這個過程稱為「委婉跑步機」（euphemism treadmill）。諷刺的是：用「遲緩」來損人或貶低某種想法，現在變得比直接罵「痴愚」或「魯鈍」還傷人——因為這兩個詞早就被扔了，沒什麼人記得。為什麼扔了呢？因為我們社會覺得它們太粗暴，用「遲緩」取代比較**妥當**，但長期來看，這種詞彙轉換顯然不甚成功。2009年，白官幕僚長拉姆‧伊曼紐爾（Rahm Emanuel）因為這個字惹禍上身：他在策略會議上說某個看不順眼的提案「遲緩」，結果共和黨大老群起攻之，紛紛要求他下台。伊曼紐爾雖未辭職，但也親自向特殊奧運主席致歉。2010年5月，參院衛生、教育、勞工和退休金委員會（Health, Education, Labor, and Pensions Committee）提出「羅莎法」（Rosa's Law），規定聯邦政府文件停用「遲緩」一詞，改以「智能障礙」（intellectually disabled）取代。於是，我們在委婉跑步機上邁向下一哩。

我們也會反向進行類似的過程，帶粗話登上「粗野跑步機」（dysphemism treadmill），把它們的稜角漸漸磨掉，然後用新的刺耳詞彙取而代之。有些字現代人完全可以接受，絲毫不感粗俗，甚至覺得頗有古風，但它們以前是很露骨的字，例如「豎子」（scumbag）就是如此——它的原意是保險套6。《紐約時報》直到1998年都還不願印出這個字，寧可拐彎抹角迂迴暗示：「伯頓（Burton）先生的屬下今天繼續為他的發言辯解，包括他以保險套的粗鄙用語形容總統。」問題是很多人看得一頭霧水，根本不曉得這個字的典故——事實上，現在連字典都不太提它的原意，只有少數幾本還

---

6 譯註：「scumbag」字面意義為「渣袋」，今天多用以形容作風卑鄙之人，意近「俗辣」、「人渣」。

在「豎子」條目下加註「保險套」。然而到了2006年，僅僅八年之後，《紐約時報》便滿不在乎地讓這個字出現在填字遊戲裡（提示：「爛人」），惹惱小小一撮衛道之士。連填字遊戲專欄編輯、鼎鼎大名的字彙大師威爾·修茲（Will Shortz），原本都不知道這個字本來是那個意思：「我壓根兒沒想到這個字會有爭議。」

其他類型的名詞也有「跑步機」，例如黑話和嬰兒名。黑話由小圈子裡的人發明，再逐漸外溢成圈外人也懂的行話，而小圈子的人必須不斷創造新詞以強化凝聚。在《蘋果橘子經濟學》（Freakonomics）中，史蒂芬·李維特（Steven Levitt）也從各時期流行的嬰兒名看出一個趨勢：富裕家庭的嬰兒名會慢慢擴散到中低收入家庭。原因可能是父母希望孩子的名字聽來不同凡響，所以愛用家境較好的嬰兒名為孩子取名。不過，這個過程也會讓這些名字逐漸「落漆」，以致每一代的新手父母都得不斷尋找「高端」名，取名的口味遂因時而異。

語言學家蓋伊·多徹（Guy Deutscher）在《語言的推展》（The Unfolding of Language）裡也提到兩種情況。第一種是華美與簡潔的永恆拉扯。依他考據，「上頭」（up above）這個詞其實經過多次精心壓縮，詞源追究起來囉唆得無可救藥：「在上方的上面」（up on by on up）；法文也不遑多讓，法國演說者現在掛在嘴邊的「au jour d'aujourd'hui」（今日此時），細說起來是「在此日這一天的這天」（on the day of on-the-day-of-this-day）。第二種情況是不斷發明新比喻，以捕捉人類經驗的新面向，在此同時，常見的比喻也因為一再使用而褪色，從活靈活現變為稀鬆平常，再從稀鬆平常變為陳腔濫調，最後連它是譬喻都被慢慢遺忘，而原本比擬的意象只成了詞源學化石。舉例來說，拉丁文使用者需要一個詞，用來形容和自己一起吃飯、一同分享麵包的夥伴關係，於是他們把這樣的人稱為「一起（com）分麵包（-panis）的」，這個詞後來就成了我們耳熟能詳的「companion」。同樣地，16世紀的人認為壞事肇因於星象，所以古義大利文把倒楣事稱作「爛

[9]

（dis-）星星（astro）」，也就是現在的「disaster」。

語言不斷死亡，也不斷誕生。英國詩人濟慈（John Keats）有感生命短促，自書墓誌銘曰：「此地長眠之人，聲名隨波而逝」。長遠來看，語言時時刻刻都在改變，一切文字都將隨波而逝。文本易讀能解的壽命有時而盡，遲早都需要譯本重賦新生。

語言永不安分、永不穩定，也永遠找不到平衡點。圖靈測驗難度極高的原因之一，也許是參賽各方得在游移的擂台上過招。語言不是棋局，它沒有固定規則，也沒有必殺絕技，它不斷在變，雲遊於一切「解決方案」之外。正如ELIZA的設計者約瑟夫・維森班所說：「我很驚訝的是，居然有那麼多人聽說ELIZA之後，以為它對電腦理解自然語言的問題提出了通解……我一直想講清楚：這個問題不可能有通解，這樣說吧……連人類都不算是這種通解。」

○ 觀察者效應

要測量某個系統的溫度，一定得把溫度計放進去，而溫度計本身的溫度或多或少會影響測量結果；要測量胎壓，不可能不釋放分壓力到胎壓計；要檢查電路，也非讓電流通過偵測器不可。恰如維爾納・海森堡（Werner Heisenberg）的著名學說所言：測量電子的位置必須借助光子，但光子的反射又必然擾動電子的位置，使測量結果產生偏差。科學界稱這個現象為「觀察者效應」。

同樣地，只要你問朋友想不想出去吃頓晚餐，就多多少少暗示著你想出去吃頓晚餐，從而影響他們的回覆。對民意調查和目擊證詞的研究也顯示：問題的用語會影響對方的答覆。舉例來說：問「車子碰撞時他們開得多快？」，目擊者推估的速度會比問「車子衝撞時他們開得多快？」來得低；問「你贊同總統目前的處理方式嗎？」，肯定的比例會比「你贊同總統目前的處理方式嗎？還是反對？」來得高。問題的順序也會造成影響：

210

211

先問一個人對人生是否滿意，再問他對自己的財務狀況是否滿意，得出的相關性有限；但**先**問一個人對財務狀況是否滿意，**再**問他對人生是否滿意，得到的相關性高得驚人。

至於編寫電腦程式，輸入、輸出反應具有「可重複性」（repeatability）是重要的設計基礎。大多數程式設計師都會告訴你：不會重複的錯誤多半沒辦法修理。這解釋了為什麼電腦重新啟動後比較靈光，運作起來比連續使用好幾天順暢得多，也說明了為什麼剛買的電腦比多年舊機好用。程式設計師經常碰到這種空白狀態（blank-slate），因而常有機會修改它們，因此電腦系統使用時間越久，情況也越為獨特。這一點和人類其實挺像──只不過人類不能重新啟動。

我幫程式除錯時，會盡可能重現同樣的行為好幾次，以便測試修改得對不對，如有必要便取消重做；我對電腦系統有疑問時，則會按兵不動不更動它。但人類溝通正好相反，說出口的話收不回來（試想：哪個法官會荒謬到請陪審團「忘掉」一段證詞？），沒有「恢復上一動」這回事，所以也無法重複──因為原始情境不可能還原。

羅伯特・克里利（Robert Creeley）有首詩說：「獅子，別動！／我要／畫你／趁還有時間的時候。」我之所以對人這麼感興趣，原因之一就是他們從不靜止不動。當你試著了解別人，他們也同時起了變化，而部分原因就是因為你的出現（正因如此，我很受不了和PARRY那種型的人講話、讀瑞克特的書，還有看機器人秀性能的影像──**毫無變化**，像是在鬼打牆）。我不禁想起杜象的畫作《下樓的裸女二號》（*Nude Descending a Staircase, No. 2*），他的構圖是一連串快速移動、相互交疊的速寫，營造出重複塗寫的感覺。對習慣寫實筆觸的大眾來說，這幅畫簡直驚世駭俗。《紐約時報》評論家朱利安・史崔特（Julian Street）很厭惡這幅畫，說它像是「廢木料工場爆炸現場」，它也一直引來各式各樣的批評和嘲諷。可是，這幅畫似乎掌握住相當深刻、也相當「寫實」的層面：不願乖乖坐著給畫家畫

212

的模特兒不正是如此嗎？況且杜象本來就想透過**步姿**而非**身形**來勾勒她的本質。

　　我們之所以會發明圖靈機式的數位電腦，部分原因正是它可靠、具可重複性，而且「靜止不動」。但我們近年來已開始試做「神經網路型」電腦，以大腦龐大的連結量與對稱性為師，不以嚴格排序的數位規則為唯一典範，然而在此同時，我們還是試著管控神經元的驚人可塑性。哈娃・席格曼寫道：「不論有沒有經過適應過程，在（虛擬神經元網路的）鍵結值（synaptic weights）穩定時，該網路能確切執行計算功能。」若能嚴格限定容許虛擬神經元改變和適應的時間，應可有效控制虛擬神經元的變化。不過，人腦由於具有神經科學家所說的「突觸可塑性」（synaptic plasticity），並沒有這樣的限制。神經元每次「開火」，都會改變自己與其他神經元的連結結構。

　　換句話說，大腦只要發揮功能就會產生變化，如戴夫・艾克利所說：「你**一定會**被經驗影響，否則不算有過經驗。」好的對談和好的人生之所以有其風險，這正是原因所在。我們只要和別人「混熟」，就或多或少會改變對方——也一定會多多少少變得和對方相似。

　　由於原子在電磁上有相斥的特性，所以物質之間無法真正彼此**接觸**。我記得第一次學到這一點時感到一陣心寒——若是如此，自我豈不是個冰冷、封閉、唯我主義的墳墓？

　　這話只說對了一半。雖說別人或許無法接觸你的外在，但只要有人想著你、感受到你、讓大腦被你影響，你不必多費氣力就能進入別人的**內在**——進入自我之所在，並改變那裡的東西，不論變化多麼微小。

　　當你懸浮飄蕩在電磁力埃厚墊（angstrom-thick cushion）的空間裡，另一種思考自身處境的角度是：由於你手臂原子的原子核接觸不到其他東西原子的原子核，從這意義上說，你什麼東西都接觸不了。「接觸」的**感受**，實際上是你身體的原子放出電磁力到其他東西的原子上頭，反之亦然。換

213

句話說，看似靜態接觸的現象實際上是動態互動，是力的交換。

　　喔對了，正是你身體的電子與別人身體的電子交換的這種力，讓你成為一個整全的人。

○ 愛情的起源

　　照我說，要挫挫他們的銳氣，改善他們的禮貌，不如讓他們繼續存在，而我一傢伙把他們劈成兩半……
　　——宙斯（Zeus），引自柏拉圖《饗宴篇》（*Symposium*）

　　你知道，我們兩顆心為一，同心同意。
　　——菲爾・柯林斯（Phil Collins）

　　熟悉柏拉圖《饗宴篇》或約翰・卡麥隆・米契爾（John Cameron Mitchell）《搖滾芭比》（*Hedwig and the Angry Inch*）的人，對亞里斯托芬（Aristophanes）的愛情起源故事絕不陌生：人原本是八肢動物，有四隻手、四條腿、兩張臉，但因為對眾神態度不遜，宙斯決定（從字面意義上）殺殺我們的威風，用閃電把我們劈成兩半，肚破腸流的傷口一收就成了肚臍——完工！於是人類成了現在的樣子，每個人只有一雙手和一雙腳，但因為自古以來的原始需求，人人都想回到挨劈之前的完整樣態，遂兩兩墜入情網[7]。沒人不想重返最初的圓滿，因此我們擁抱、親吻、交纏，而性行為最接近

214

7　如果你因此認為這神來一劈造出男女兩性，也只有直男直女了解重新結合的意義，那你可誤會了：請切記亞里斯托芬就跟當時很多希臘男人一樣，擁護的是同性戀而非異性戀霸權。他自己也講過：「性別本來不只兩種，而是三種。」分別是雄性、雌性，以及「雌雄同體」，雄性人斷開後是男同志，雌性人斷開後是女同志，雌雄同體人斷開後是直男直女（至於雙性戀者是何情形，亞里斯托芬沒說）。

[9]

「重新結合我們原初的本性，二合為一，治癒人類的狀態」[8]。

　　中學時一腳踏進青春期，我經常三更半夜屏氣凝神盯著MTV台，看辣妹合唱團搔首弄姿地唱〈二合為一〉（"2 Become 1"）。講起風花雪月時提到「二合為一」，多半是委婉地說「嘿咻」。「二合為一」頗有亞里斯托芬之風，我有時覺得這樣談性挺悲壯的，「壯」的是這是最接近把兩個身體黏在一起的辦法，像捏泥巴一樣。

　　「悲」又悲在哪裡呢？就亞里斯托芬的理想來看，性似乎**沒能達到目的**——兩個人不但沒有合而為一，有時還製造出第三個。重新結合肉身、逆轉宙斯的教訓，也許終究不可能吧[9]。兩個人結婚時的確在法律上「合而為一」，但大概只有繳稅時有幫助。而當然，婚姻也稱不上亞里斯托芬說的「治癒人類狀態」。

　　不過，事態還不算完全絕望。

215

○ 神經系統對神經系統：解方在頻寬

　　2008年羅布納獎的籌辦者是凱文・瓦維克（Kevin Warwick），雷丁大學（University of Reading）教授，有時被媒體稱為「全球第一位生化人（cyborg）」。他1998年就在手臂植入無線射頻辨識系統（RFID，Radio Frequency Identification）晶片，此後他每次回家，家門都會自動打開並問

8　對愛情和性的文學隱喻多半有暴力色彩，例如「驚天地泣鬼神」的愛情、「洶湧澎湃」的情感、性高潮是「小死」（法文叫「la petite mort」），而美得「心神蕩漾」（ravishing）呢？我查過字典，「ravishing」這個字作形容詞時指的是「迷人」或「絢麗」，作名詞或動詞時是——強暴。此外，大多數關於性的黑話不是很暴力（例如「捅」〔bang〕或「上」〔screw〕），就是很負面。總之，挺難想像人在性行為之後會變得更好。但亞里斯托芬偏偏不覺得性和暴力有關，反而認為性有治癒之力，無怪乎他長久以來如此迷人，也如此難解。

9　對男人能不能生小孩的問題，我倒是想起西恩潘（Sean Penn）在《自由大道》（*Milk*）裡的答覆：「不行，但天地良心，我們有在試。」

候一句：「哈囉，瓦維克教授。」最近他做了第二次手術，侵入性更甚第一次──把一百個電極直接連上手臂神經。

這些電極也讓他完成驚人創舉：他原本就已做出能模仿手臂動作的機器手臂，這些電極更進一步，把他大腦發出的神經訊號送到機器手臂，讓機器手臂能即時執行這些指令，動作就跟真的手臂一樣（廢話！）[10]。

他也試驗給自己加上第六感──精確點說，加上聲納。他在棒球帽上加裝聲納裝置，將信號送到手臂。據他說，剛開始一有大型物體接近，他就覺得中指發麻，但大腦沒過多久就適應了接收新資訊，指頭的刺麻感也隨之消失。後來再有東西靠近，也只會產生一股無以名之的「喔，有東西接近」的感覺。他的大腦了解也消化了這項新資訊──他得到第六感了。

20世紀最具代表性的心智哲學論文之一，是湯瑪斯‧內格爾（Thomas Nagel）在1974年發表的〈當隻蝙蝠是什麼感覺？〉（"What Is It Like to Be a Bat?"）。這問題出了名地難解，而且是有點故作玄虛，可是，嗯，至少從聲納角度來說，現在總算有個人能試著回答看看。

不過，要論瓦維克對胳臂所做最瘋狂的事，還是接下來的這一件：把電極接上手臂神經的不只有他，還有他的太座。

每當瓦維克太太的手臂做出特定姿勢，瓦維克先生就一陣抽痛。很原始嗎？也許。但不可否認的是，他的確充分發揮了萊特（Wright）兄弟的冒險精神。萊特兄弟首次試飛只離地幾秒，現在呢？現在我們當空中飛人習以為常，只恨飛得太快太遠，以致生理時鐘跟晝夜變化搭不起來[11]。

一陣抽痛有什麼好說嘴的呢？我同意。但‧是──這可是第一個神經

---

10 我想我或許不該說「廢話！」因為這個手術其實風險很高，有可能導致瓦維克手臂癱瘓。無論如何，這嚇不倒他。

11 這樣說吧：我在感恩節前一晚飛回家的距離，搭科內斯托加式篷車大概得花上六個月，後一種方式應該不會有時差問題。

系統對神經系統的人類溝通案例。信號超越語言和手勢，先馳得點。

瓦維克說：「最令我興奮的，還不是信號傳來、而我發現實驗成功的時候，而是我**領悟**到這對未來有什麼潛在意義的時候——天啊！到目前為止，這是我參與過最興奮的事！」

這對未來有什麼意義呢？有一天能出現神經通訊版的林白（Lindberg-hor）或艾爾哈特（Earhart）嗎 12 ？正如侯世達所說：「如果頻寬越來越廣、越來越快、也越來越穩定……他們之間的界圍感會慢慢消解。」13

所以，人總算能被治癒了嗎？弄了半天，原來**頻寬**才是解方？其實，這並沒有乍聽之下那麼誇張，因為它正在發生，就在你腦子裡。

○ 四半球大腦

我們獨特的人類技能，微小而有限的神經元網路很可能也做得出。然而，我們模組化的大腦能引發我們的感受，從而整合、統一我們。如果我們是一套專門化模組的結合，又怎麼會如此呢？
——麥可・葛詹尼加，知名腦科學家，因切開病患連結左右腦的胼胝體而開啟神經學研究新里程碑

唯一具有真正價值的性關係，是彼此毫無保留，讓兩個人的人格融合為新的、共同的人格。
——伯特蘭・羅素

瓦維克和侯世達說的其實沒那麼科幻或瘋狂，大腦的基本結構有一部

217

---

12 譯註：林白和艾爾哈特分別是第一位獨自飛越大西洋的男、女飛行員。
13 我腦中的小劇場是這樣演的：瓦維克先生：「靠，妳弄到我痛點了（You're getting on my nerves）。」瓦維克太太快慰地說：「呵呵，我電到你了呴？」

分就是如此：在我們的孿生思考器官之間，數以億計的胼胝體纖維在左右腦間傳遞資訊，速度雖然有限卻也快得驚人。容我暫時把愛情的例子擺在一邊，再來談談自我：不論是**心智**（mind）的完整和連貫或**自我**的同一（oneness），都得仰賴資料傳輸，都得仰賴通訊。

於是，這在形上學上產生一個怪象：通訊品質有**程度**高低，但心智和**自我**的數目似不能以程度衡量。怪問題因此冒出：如果把某個人的胼胝體頻寬稍稍提高，能讓他「**更近於**」一個自我嗎？反之，如果將胼胝體頻寬略為降低，是不是讓他**更不算**一個自我？而以胼胝體目前的頻寬來看，我們到底算是有**幾個**自我呢？[14]

無論是想合二為一的強烈渴求，還是想被「治癒」、復原為一的熱切願望，都是人類與生俱來的境況。我們不只在性方面是如此，在心智狀態上也是如此，在紛擾世事和萬千變化之中，我們之所以始終盼望「互通聲氣」、「保持聯繫」，原因正在於此。你不會真的有進展，但也不會真的退卻；你並非統一體，但也並不分裂。

我們有時會說某對愛侶「基本上一模一樣」，這不完全是完笑話。巴哈有首婚禮清唱曲以第二人稱**單數**指稱新人，英文因為第二人稱單數和複數都是「you」，效果不太翻譯得出來。但我們有時會碰到相反的情況：結婚或作伴很久的人，常把只有自己或另一半遇到的事說成「我們」如何如何，更常見的是不說「我跟他」，直接把兩人視為一體。加州大學柏克萊分校心理學博士生班傑明・希德（Benjamin Seider）最近研究發現：老伴間產生他稱為「我們性」（we-ness）的傾向，比年輕伴侶來得高。

14「神經軸突直徑」與腦的大小正相關（神經元越厚，遠距傳送信號的速度越快，佔的空間也越多），幾乎所有動物都是如此，但神經生理學家羅貝托・卡米尼提（Roberto Caminiti）最近發現：人類偏偏不是這樣。人腦雖然比黑猩猩的大腦大很多，但神經軸突直徑並不比明顯比黑猩猩大。演化似乎願意犧牲一些腦半球相互聯繫的速度，好換得計算能力巨幅增加。

　　既然大腦本身都須不斷對話以維持連結，非說我們與他人的連結一定層次較低，似也有些牽強。胼胝體的信號傳遞過程，真的和我們以聲音傳遞信號的過程那麼不同嗎？腦半球間的連結是比不同大腦之間的連結**更強**，可是兩者並非南轅北轍。

　　把我們的雙半球大腦統合起來的既是通訊，那麼，兩個人之間要是通訊程度夠好，似乎沒有理由說他們不是**四半球**大腦。也許兩個人合而為一的過程，就和一個人整合為**一**的過程一樣。對話是**另一種**交合（intercourse），說到頭來，也許是對話治癒了人類狀態，只要我們做對。

參考資料

196 Bertrand Russell, *The Conquest of Happiness* (NewYork: Liveright,1930).

196 Racter, *The Policeman's Beard Is Half Constructed* (New York: Warner Books, 1984).

198 David Levy, Roberta Catizone, Bobby Batacharia, Alex Krotov, and Yorick Wilks, "CONVERSE: A Conversational Companion," *Proceedings of the First International Workshop of Human-Computer Conversation* (Bellagio, Italy, 1997).

198 Yorick Wilks, "On Whose Shoulders?" (Association for Computational Linguistics Lifetime Achievement Award speech, 2008).

199 Thomas Whalen, "Thom's Participation in the Loebner Competition 1995; or, How I Lost the Contest and Re-evaluated Humanity," thomwhalen.com-ThomLoebner1995. html.

200 The PARRY and ELIZA transcript comes from their encounter on September 18, 1972.

201 Michael Gazzaniga, *Human: The Science Behind What Makes Us Unique* (New York: Ecco, 2008).

201 Mystery, *The Mystery Method: How to Get Beautiful Women into Bed, with Chris Odom* (New York: St. Martin's, 2007).

201 Ross Jeffries, in "Hypnotists," *Louis Theroux's Weird Weekends*, BBC Two, September 25, 2000.

202 Richard Bandler and John Grinder, *Frogs into Princes: Neuro Linguistic Programming* (Moab, Utah: Real People Press, 1979).

202 Will Dana, in Lawrence Grobel, *The Art of the Interview: Lessons from a Master of the Craft* (New York: Three Rivers Press, 2004).

202 David Sheff, personal interview.

203 Racter, *Policeman's Beard.*

204 Ludwig Wittgenstein, *Philosophical Investigations*, translated by G. E. M. Anscombe (Malden, Mass.: Blackwell, 2001).

204 My money—and that of many others: See also the famous 1993 accusation by early blogger (in fact, inventor of the term "weblog") Jorn Barger: " 'The Policeman's Beard' Was Largely Prefab!" www.robot wisdom.com/ai/racterfaq.html.

204 a YouTube video: This particular video has since been pulled down, but I believe it was Leslie Spring of Cognitive Code Corporation and his bot SILVIA.

205 Salvador Dalí, "Preface: Chess, It's Me," translated by Albert Field, in Pierre Cabanne, *Dialogues with Marcel Duchamp* (Cambridge, Mass.: Da Capo, 1987).

205 Richard S. Wallace, "The Anatomy of A.L.I.C.E.," in *Parsing the Turing Test*, edited by

Robert Epstein et al. (New York: Springer, 2008).

205 Hava Siegelmann, personal interview.

205 George Orwell, "Politics and the English Language," *Horizon* 13, no. 76 (April 1946), pp. 252–65.

206 Roger Levy, personal interview.

206 Dave Ackley, personal interview.

206 *Freakonomics* (Levitt and Dubner, see below) notes that "the Greater Dallas Council on Alcohol and Drug Abuse has compiled an extraordinarily entertaining index of cocaine street names."

207 Harold Bloom, *The Anxiety of Influence: A Theory of Poetry* (New York: Oxford University Press, 1973).

207 Ezra Pound's famous battle cry of modernism, "Make it new," comes from his translation of the Confucian text *The Great Digest*, a.k.a. *The Great Learning*.

207 Garry Kasparov, *How Life Imitates Chess* (New York: Bloomsbury, 2007).

207 Sun Tzu, *The Art of War*, translated by John Minford (New York: Penguin, 2003).

208 The phrase "euphemism treadmill" comes from Steven Pinker, *The Blank Slate* (New York: Viking, 2002). See also W. V. Quine, "Euphemism," in *Quiddities: An Intermittently Philosophical Dictionary* (Cambridge, Mass.: Belknap, 1987).

208 The controversy over Rahm Emanuel's remark appears to have originated with Peter Wallsten, "Chief of Staff Draws Fire from Left as Obama Falters," *Wall Street Journal*, January 26, 2010.

208 Rosa's Law, S.2781, 2010.

208 "Mr. Burton's staff": Don Van Natta Jr., "Panel Chief Refuses Apology to Clinton," *New York Times*, April 23, 1998.

209 Will Shortz, quoted in Jesse Sheidlower, "The Dirty Word in 43 Down," *Slate Magazine*, April 6, 2006.

209 Steven D. Levitt and Stephen J. Dubner, *Freakonomics: A Rogue Economist Explores the Hidden Side of Everything* (New York: William Morrow, 2005).

209 Guy Deutscher, *The Unfolding of Language: An Evolutionary Tour of Mankind's Greatest Invention* (New York: Metropolitan Books, 2005).

210 Joseph Weizenbaum, *Computer Power and Human Reason: From Judgment to Calculation* (San Francisco: W. H. Freeman, 1976).

210 The effect that photons have on the electrons they are measuring is called the Compton effect; the paper where Heisenberg uses this to lay the foundation for his famous "uncertainty principle" is "Über den anschaulichen Inhalt der quantentheoretischen

Kinematik und Mechanik," *Zeitschrift für Physik* 43 (1927), pp. 172–98, available in English in *Quantum Theory and Measurement*, edited by John Archibald Wheeler and Wojciech Hubert Zurek (Princeton, N.J.: Princeton University Press, 1983).

210 Deborah Tannen's *That's Not What I Meant! How Conversational Style Makes or Breaks Relationships* (New York: Ballantine, 1987) has illuminating sample dialogues of how trying to ask a question "neutrally" can go horribly wrong.

210 A famous study on wording and memory, and the one from which the car crash language is taken, is from Elizabeth F. Loftus and John C. Palmer, "Reconstruction of Automobile Destruction: An Example of the Interaction Between Language and Memory," *Journal of Verbal Learning and Verbal Behavior* 13, no. 5 (October 1974), pp. 585–89.

211 For more on the "or not" wording, see, e.g., Jon Krosnick, Eric Shaeffer, Gary Langer, and Daniel Merkle, "A Comparison of Minimally Balanced and Fully Balanced Forced Choice Items" (paper presented at the annual meeting of the American Association for Public Opinion Research, Nashville, August 16, 2003).

211 For more on how asking about one dimension of life can (temporarily) alter someone's perception of the rest of their life, see Fritz Strack, Leonard Martin, and Norbert Schwarz, "Priming and Communication: Social Determinants of Information Use in Judgments of Life Satisfaction," *European Journal of Social Psychology* 18, no. 5 (1988), pp. 429–42. Broadly, this is referred to as a type of "focusing illusion."

211 Robert Creeley and Archie Rand, *Drawn & Quartered* (New York: Granary Books, 2001).

211 Marcel Duchamp, *Nude Descending a Staircase, No. 2* (1912), Philadelphia Museum of Art.

212 Hava Siegelmann, *Neural Networks and Analog Computation: Beyond the Turing Limit* (Boston: Birkhäuser, 1999).

212 Ackley, personal interview.

213 Plato, *Symposium*, translated by Benjamin Jowett, in *The Dialogues of Plato, Volume One* (New York: Oxford University Press, 1892).

213 Phil Collins, "Two Hearts," from *Buster: The Original Motion Picture Soundtrack*.

213 John Cameron Mitchell and Stephen Trask, *Hedwig and the AngryInch*, directed by John Cameron Mitchell (Killer Films, 2001).

214 Spice Girls, "2 Become 1," *Spice* (Virgin, 1996).

214 *Milk*, directed by Gus Van Sant (Focus Features), 2008.

215 Kevin Warwick, personal interview.

215 Thomas Nagel, "What Is It Like to Be a Bat?" *Philosophical Review* 83, no. 4 (October

1974), pp. 435–50.

216 Douglas R. Hofstadter, *I Am a Strange Loop* (New York: Basic Books, 2007).

216 Gazzaniga, *Human*.

217 Russell, *Conquest of Happiness*.

217 Roberto Caminiti, Hassan Ghaziri, Ralf Galuske, Patrick Hof, and Giorgio Innocenti, "Evolution Amplified Processing with Temporally Dispersed Slow Neuronal Connectivity in Primates," *Proceedings of the National Academy of Sciences* 106, no. 46 (November 17, 2009), pp. 19551–56.

218 The Bach cantata is 197, "Gott ist unsre Zuversicht." For more, see Hofstadter's *I Am a Strange Loop*.

218 Benjamin Seider, Gilad Hirschberger, Kristin Nelson, and Robert Levenson, "We Can Work It Out: Age Differences in Relational Pronouns, Physiology, and Behavior in Marital Conflict," *Psychology and Aging* 24, no. 3 (September 2009), pp. 604–13.

[10] 高度驚異
High Surpisal

○ 單方對話

　　我想趕緊在布萊頓訂個房間，在網路上匆匆逛過之後，我挑上一家看來不錯、名稱也有趣的旅社，離比賽地點只有一箭之遙，叫做「徐摩鐵摩鐵」（Motel Schmotel）。我用Skype打電話過去，但不知是連線不佳、對方聲音太小，還是她英國腔重，我幾乎聽不懂她在講什麼。無論如何，我還是硬著頭皮跟她談了幾句：

　　——鐵。

　　我想，她應該是說「您好，這裡是徐摩鐵摩鐵」吧？沒道理不繼續問。

　　嗯，嗨，我想問有沒有單人空房？
　　——天呢？

　　應該是「您要待幾天呢？」但難以確定。唉，算了，聽到我想訂房，她最需要知道的八成是我要待幾天（雖說不報上入住日期她也無從答起），管她接下來要問什麼（也先不管我聽不聽得懂她接下來的問題），我一鼓作氣把兩個答案都奉上：

　　呃，待四晚，從9月5號禮拜六開始。

——（音調頗低）——，抱歉，我們只——陽台——90英鎊。

這下我完全沒轍。他們顯然沒有**某種房**，但有**另一種房**，可是我該怎麼接啊？（何況我聽不懂90英鎊是房價還是加價？是每晚90英鎊還是總價90英鎊？我沒辦法一下子心算出來掂量自己的錢包。）看來還是就此打住，講出我想得到的最中性、最不置可否的回答：

喔，好。
——歉！

應該是「抱歉」吧？語氣友善親切，似乎帶著我隨時可以掛電話的意味。好吧，看來附陽台的房間不是我住得起的，講到這裡就夠了。

OK，謝謝，再見。
——見！

我掛下電話，心裡夾雜著困惑和罪惡感——我跟她通了電話，卻好像根本不必聽她講了什麼，因為我已經**知道**她會說什麼了。我有辦法猜出她的問題和可能的回覆，我靠對話模板就講完了這通電話。

○ 論（不）使用語言

我想起以前也有這種經驗。大學畢業那年夏天，我跟朋友用歐洲火車通票在歐洲玩了兩個禮拜，走馬看花逛了西班牙、法國、瑞士、義大利四個國家。雖然我只會說英文和一點西班牙文，但在法國和義大利多半是我去買票，整趟旅程也差不多都由我規劃。我自負過頭，所以儘管售票小姐一片好心，把往薩爾茲堡（Salzburg）的夜車票遞過來時不斷提醒：「est…

station… est… est… station。」我也只是不太耐煩地點頭接過:「好好好,這站,這站,我知道。」我一邊回她一邊心想:有必要這麼囉唆嗎?誰都知道西班牙文的「este」是「這」的意思。巴黎有七座火車站,我們的夜車要在這搭,這站。

也許你開始疑惑了:「咦?薩爾茲堡?這傢伙不是沒去奧地利嗎?」是的,你觀察入微,我沒去。

我忘記一件很重要的事:在西班牙文裡,「este」不只有「這」的意思,也有「東」的意思。我什麼時候想起來的呢?在我們像白痴一樣跑到巴黎奧斯特里茲站(Austerlitz)的時候。時近午夜,月台空無一人跟鬧鬼似的,我們邊看手錶邊想這到底是什麼情形?最後總算認清現實:我們不只沒了登阿爾卑斯山假掰《真善美》(Sound of Music)的機會,整趟歐洲旅程也得緊急改寫——奧地利去不了了,因為我們偏離航道十萬八千里。更精彩的是:那時已三更半夜,旅遊書說那附近「治安不佳」,我們又根本找不到地方過夜。我們預定的鋪位則剛從東站出發,歡歡喜喜地開往薩爾茲堡。

沒錯,是挺糗的,但我得說:這是那趟旅程的例外,整體來說我們玩得滿順利的。原因之一是我對羅曼語族的其中一支略懂略懂,原因之二是旅遊書編得好,有各種歐洲語言的實用短句。

在那些情況裡,你會由衷體會語言的神奇魔力:你咿咿呀呀照著書上的音念,還沒搞清楚自己念了什麼東西——急急如律令,「咚!」地一聲,一杯啤酒送到你桌上了,一張青年旅社的床位用你名字訂好了,你已經穿過迷宮般的小巷、走進夜夜笙歌的超人氣佛朗明哥舞廳了。只要喃喃念出「咒語」,當地人居然就懂你的意思,只是你覺得自己不像說話,而像作法。

這招的黑暗面是:不諳當地語言的旅行者很容易自以為是,直到在語言學家和資訊理論家口中的「驚異」(surprisal)上栽跟頭。「驚異」說穿了

也不是什麼深奧東西，差不多就是學究們形容「驚奇」的酷炫用詞。「驚異」的真正驚人之處在於：它還真能用數字量化。這個概念實在匪夷所思，但也極其重要。我們這章稍後會仔細講怎麼量化，現在先知道這點就夠了：一個國家只有在令你驚奇時，對你來說才真正變得真實，才甩開你對它的刻板印象。想體驗驚奇，部分要務是你得留心——生命中的驚奇時刻大多藏在小地方，經常被視而不見；另一部分的要求是：你得讓自己處在驚奇得以出現的情況，這有時只需要你抱持正確的開放態度，但其他時候，你得事先付出努力和決心（例如學語言）。模板式對話或多或少是把你的說話對象當機器（什麼叫「模板式對話」呢？舉例：「膩耗，窩相搖一歌 hot dog，屑些！」「蜻汶 WC 宰納哩？屑些！」），但這招之所以行得通，也正是因為它們幾乎沒有文化或經驗價值。使出這一招時，即使你說話對象的回覆很有趣或有驚奇，你應該也意識不到。**施展**語言魔術固然飄然，沉入語言魔術甚至更為飄然。

現在，你或許多少嗅出這些例子和圖靈測驗有相似之處。我在法國表現得**像個機器人**，這是我對那趟旅行最失望的一點。只要我照書念，**會話**其實沒那麼難（我對此深感丟臉：我的需求居然跟所有來法國玩的美國觀光客一模一樣，一致到用張隨身攜帶的 FAQ 就能包辦），可是**聆聽**幾乎是不可能的任務。換句話說，我旅行時淨做一些不真正需要互動的互動。

我覺得，以這種方式和人互動簡直可恥。而圖靈測驗呢，願神祝福它，它還給了我們一套測量恥度的量尺。

○ 通訊的數學理論

資訊理論是資料傳輸、資料編碼和資料壓縮的科學。乍看之下，資訊理論似乎主要是工程問題，和環繞圖靈測驗和 AI 的心理學和哲學問題並不相干，但這兩群艦隊其實航向同樣的海域。資訊理論的開山之作是〈通訊的數學理論〉（"A Mathematical Theory of Communication"），由克勞德‧夏

農於1948年發表，巧的是這篇論文顯示：以科學方法評估「通訊」的概念，從一開始便將資訊理論和圖靈測驗結合在一起。

那麼，夏農認為什麼是通訊的本質？該怎麼測量？這對我們有何助益，又有何隱憂？更重要的是：這與人之為人有何關係？

令人驚訝的是，這一連串關聯在各種意想不到的地方出現，其中一個是手機。加快簡訊打字速度很依賴「預測」演算：手機要能猜出你接下來想打什麼字、要能自動更正錯字（有時還更正過頭），要會很多諸如此類的事──這就是資料壓縮起作用的時候。夏農在〈通訊的數學理論〉裡得到的驚人結果之一是：預測文字和**產出**文字在數學上是相等的。能像人一樣穩定預測你想打什麼字的手機，就跟能像人一樣回信給你的程式一樣聰明。換句話說：以《紐約時報》2009年對手機簡訊的統計為準，美國青少年平均每天參加約莫八十場圖靈測驗。

這項資訊**實用**得不可思議，也**危險**得不可思議。資料壓縮與圖靈測驗對人味的追尋隱隱有關，我打算一邊找出關聯，一邊探索原因。我想先從我最近做的一個小實驗說起，這個實驗的目的是：看看可不可能用電腦量化詹姆斯‧喬伊斯（James Joyce）的文學價值[1]。

○ 詹姆斯‧喬伊斯 vs. Mac OS X

我隨機從《尤里西斯》（*Ulysses*）裡挑出一段，在我的電腦上存成純文字檔：1,717位元組。

然後我重複狂寫「blah blah blah」，一直寫到跟《尤里西斯》那段一樣長，接著也存成純文字檔：1,717位元組。

再來，我用我電腦的作業系統（Mac OS X）壓縮它們：「blah」檔壓成478位元組，是原檔大小的百分之二十八；《尤里西斯》檔只壓成1,352位

──────────────────────────────

1 克勞德‧夏農有云：「喬伊斯……據說達成語義內容之壓縮。」

元組，是原檔大小的百分之七十九，比「blah」檔幾乎大上三倍。

結論：面臨壓縮程式的打壓，喬伊斯的文字裡有某種東西死命頑抗。

○ 量化資訊

想像把硬幣拋個一百次。假如那是枚公正硬幣（fair coin），我們可以想見正面和反面大約各出現五十次，在一百次裡隨機交錯。如果要向人報告第幾次出現哪一面，該怎麼做呢？（當然，這是份挺饒舌的報告）我們可以把結果全部報上（正、正、反、正、反……）、只報告出現正面的次數（第一次、第二次、第四次……），或是只報告出現反面的次數，讓另一種結果隱含其中，兩種方式的長度約略相等[2]。

假如你用偏差硬幣（biased coin）來拋，你的工作就簡單多了。如果那枚硬幣只有三成機會出現正面，你只要把出現正面的次數記錄下來就可以了，其他大可省略；反過來說，如果它出現正面的機率高達八成，你只要記錄出現**反面**的次數就行。硬幣越是偏差，記錄也越簡單，一路記到全偏差硬幣便撞上邊界案例（boundary case），整組結果壓縮到只剩一個字——「正」或「反」。

如果硬幣越是偏差，就能用越簡單的語言描述拋擲結果，那麼我們或許能說：在這些案例裡，結果所包含的**資訊**確實較少。雖說乍聽之下有點怪，也有點違反直覺，但這套邏輯也能延伸到個別事件本身：任何一次**特定拋擲**，硬幣越偏差，拋擲所含的資訊越少。換句話說：拋七比三的偏差硬幣，得到的資訊比拋五比五的公正硬幣來得少[3]。這是最基本的「資訊熵」

225

2　這裡的「長度」指的不是英文字數，而是二進位位元（binary bits）。不過，這項分別在這個例子裡不太重要。

3　這也能用來分析玩「猜猜我選誰？」（Guess Who?）的策略。我在80年代晚期玩這個遊戲時，第一步總是先問對方選的人物是男是女——這不是好招，因為廿四個人物裡只有五個是女性，其他十九個都是男性，所以先問性別沒辦法把那組人對半分成十二比十二。

(information entropy) 概念：東西的資訊量是能測量的。

「資訊可以測量」——我承認，這句話聽起來好像沒什麼了不起的。選硬碟時不就如此嗎？我們左思右想，考慮的也不外乎：「相對於8GB的iPod，值不值得多花五十美元買16GB的那款？」對於「檔案隨位元組大小而價值有別」一事，我們已習以為常，但檔案大小和檔案資訊量多少不可一概而論。這或可比擬為質與量的區別，也請想想阿基米德和那個黃金王冠的故事：為確認王冠是否以純金打造，阿基米德得想出比對王冠的質和量的辦法[4]。那麼，我們該如何測量**檔案**的密度、評估其位元組的克拉呢？

○ 資訊、偏差與不確定性

我們之所以能壓縮偏差硬幣，正是**因為**它有偏差。很重要的是：在某個情況的各種結果機會相等時（這稱為「均勻分布」〔uniform distribution〕），熵到達高峰；熵從最高點逐漸下降，到結果固定或確定時降至最低。因此，我們或許可以這樣講：在檔案撞到壓縮底限時，其固定性與確定性剝落，模式與重複剝落，可預測性與期望值剝落，壓縮後的檔案開始變得越來越隨機，也越來越像白噪音，到解壓縮回可用格式前都是如此。

以直觀而非正式的方式界定資訊，或可說它是「不確定性的解藥」（uncertainty's antidote）。不過，這正巧也是它的正式定義：資訊量出自某物減低不確定性的量（因此，壓縮檔看似隨機：關於位元n＋1的事，你完全無法從位元0到n得知。換言之，這些數位〔digits〕之中沒有明顯的

226

---

4 阿基米德的難題是：他既不能熔化王冠，又得精確算出它的體積。他整天苦思無解，直到踏進公共浴池時看到水位升高，才靈光一閃：要測量不規則物體的體積，觀察它排出多少水就可以了！據說阿基米德當時極其興奮，馬上衝出浴場趕回家做實驗，衣服沒穿，身上的水滴得滿街都是，還邊跑邊歡呼：「Eureka！」這個希臘文的意思是「我知道了」，後來變成科學新發現的同義詞。

模式、傾向或偏差——否則就有進一步壓縮的空間[5]）。這項數值（value）相當於資訊版的質量，它源自於夏農1948年的論文，稱作「資訊熵」、「夏農熵」，也有人直接簡稱「熵」[6]。熵值越高，資訊越多。能用它測量的東西多得驚人，從拋擲硬幣到電話號碼，從喬伊斯的小說到第一次約會，從遺言到圖靈測驗，都在它測量範圍。

○ 夏農遊戲

最能量化分析英文的工具之一叫「夏農遊戲」（Shannon Game），規則類似於猜單字遊戲，一次猜一個字母，基本上是把一小段話的字母一一猜出，而猜測總數（的對數）便是那段話的熵值，這樣做能估計母語為英語者需將多少知識帶進這段話。以下是夏農遊戲一回合的戰果，玩的人是在下小弟敵人我：[7]

```
U  N  D  E  R  N  E  A  T  H  _  T  H  E  _  B  L  U  E  _
22 1  1  1  1  1  1  1  1  1  1  1  2  1  1  1  5  6  5  1  2

C  U  S  H  I  O  N  _  I  N  _  T  H  E  _  L  I  V  I  N  G  _
2  7  11 5  1  1  1  2  6  5  2  1  1  1  1  1  1  1  1  1  1  1
```

5　結果就是高度壓縮的檔案脆弱得多，因為裡頭只要有任何一個位元毀掉，其上下文也無助於重新填補，原因是上下文線索已被利用完、壓縮盡。這說明冗長囉唆有時也有實用價值。

6　請勿與熱力學的熵混淆，熱力學的熵是要測量物理體系的「失序」（disorder）。這兩種熵其實不無關係，但牽涉到複雜而繁重的數學證明，超出我們討論範圍之外，有興趣的讀者不妨一讀。

7　你可以上網試這個遊戲：math.ucsd.edu/~crypto/java/ENTROPY/。它很好玩，而且也逼你不得不慢慢思考每個步驟，你應該從沒以這種方式玩味過語言和時間。有些小學會用另一種形式的夏農遊戲教拼字，我則會讓參加我作詩營的大學生玩夏農遊戲，以強化他們斟酌用字的功力。寫詩得將語言精煉到極致，讓他們體會讀者可能預期會出現什麼字串，對他們是很好的引導。

```
R O O M _ I S _ A _ H A N D F U L _ O F _
1 1 1 1 1 1 1 1 1 1 19 3 1 2 13 5 1 1 1 1 1

C H A N G E _ A N D _ T H E _ R E M O T E _
1 21 1 1 1 2 1 1 1 1 1 1 6 1 1 1 4 2 9 5 1 1

C O N T R O L
1 1 1 1 1 1
```

（在客廳裡的藍色墊子下，有一把零錢和遙控器）

我們一眼就能看出這裡的資訊熵極不均勻：我能一字不錯正確猜出「the_living_room_is_a_」，但猜出「handful」的「*h*」累煞我也，幾乎把26個字母全部試遍。也請注意：雖說「handful」裡的「*and*」一下子就答對了，但熵在「*f*」那個字母再度反攻，到「*l*」時又跌至底點。最後，在解答出「*remo*」之後，「*te_control*」這幾個字母如行雲流水般現身。

228

○ 搜尋功能與夏農遊戲

我們這些21世紀的電腦使用者，也許比前幾代人更能意識到資訊熵——雖說我們未必知道這個名詞。比方說，我用Google搜尋資料時，自然而然會輸入較奇特或較少見的字或短語，本能般地避開更常見或更通用的字，為什麼呢？因為它們無法縮小我的搜尋結果。舉另外一個例子：若我想在這本書的超大微軟Word檔裡找某一段，我直覺就會打我印象中那一段最特別的部分，或者是較特別的字，或者是不太一樣的措詞，也可能是比較特殊的轉折[8]。看似怪異的編輯代號「tk」之所以好用（tk為「to come」〔待補充〕的縮寫），部分原因是英文中「t」之後很少是「k」，比「t」

---

[8] 很有趣的是，這代表平淡無味、泛泛空論、詞彙變化不多、內容經常重複的書更難搜尋，也更難編輯。

之後是「c」的情況罕見得多。所以，作者在電腦上用「tk」搜尋原稿，馬上就能找出還有哪些地方「待補充」（如果以「tc」表示「to come」，情況會很不一樣。以我這本書的原稿為例：用「tc」搜尋會找出超過150處，但有一大堆是「watch」、「match」等字。用「tk」搜尋就不一樣了：在這本書大約50萬個字母中，除了一處例外，所有的「tk」都出現在這一段裡）。再舉一個例子：如果我想從我的iTunes裡找某些歌或某個樂團，比方說Outkast的歌好了，我知道「out」是很常見的字串（用「out」找不只會搜出Outkast所有的歌，還會揪出其他438首我沒在找的歌），所以我最好改用「kast」搜尋，或是打同樣可靠的罕見雙字組「tk」，結果我想找的歌都找到了，只有三首是我沒打算找的。

○ 藝術與夏農遊戲

「不知所措（Not-knowing）是藝術之要，」唐納德・巴塞爾姆說：「也是藝術創作的根本。」他說的「不知所措」，指的是創作過程裡的「下一步該怎麼做？」和「要是這樣試試會怎麼樣？」雖然他講的是藝術創作，但我認為換作閱讀也一樣成立。強納森・薩法蘭・佛耳（Jonathan Safran Foer）《心靈鑰匙》（*Extremely Loud and Incredibly Close*）裡有句話說：「對我而言，每一本書都是『是』與『非』的平衡。」夏農遊戲提供了一種十分精緻的方法，讓人把「閱讀」理解成一連串極其快速的猜測，而滿足感就在是與非、確認和驚奇的平衡之中。資訊熵給予我們量化標準，讓我們能測出「不知所措」究竟在哪裡，是與非究竟擠在頁面何處。回頭看看巴塞爾姆那句話的原始涵義，我們不妨思考一下：熵也能讓我們一探創作想像嗎？那些猜不透的時刻，是否也是最具創造力的時刻？就我來說，我的直覺是「是」，它們之間的確有關聯。就讓我們看看我另一回合的夏農遊戲戰績：

229

```
EVEN_THOUGH_YOU_DONT_KNOW_
HOW_TO_FLY_YOU_MIGHT_BE_
ABLE_TO_LIFT_YOUR_SHOE_
LONG_ENOUGH_FOR_THE_CAT_
TO_MOVE_OUT_FROM_UNDER_
YOUR_FOOT
```

（即使你不知道該怎麼飛，你還是可以稍抬貴鞋，讓那隻貓從你腳下離開）

我挑戰這段話時，資訊熵最高的字母分別是第一個「you」的Y、「cat」的C和「move」的M。有趣的是，它們正巧位在文法關鍵位置，分別是第一從屬子句的主詞，以及第二從屬子句的主詞和動詞。我們不妨再想想兩個問題：這些位置是否也是作者意圖和創意的高峰？要是把這幾個字挖掉，它們是否正是作者最難猜出的字？（尤其是「貓」那個字？）

最後一種測試標準其實自有其名，叫做「克漏字填充題」（cloze test）。這名字出自完形心理學（Gestalt psychology）的「閉合律」（law of closure），指的是人看到部分缺漏的形體時，還是能在某種程度上「經驗」到缺漏的部分[9]。克漏字是SAT等測驗的常見題型之一，受測者必須把最符合文意脈絡的字填進空格，以完成意思完整的＿＿＿（a）蝴蝶脆餅；（b）拼字遊戲；（c）機關槍；（d）句子。要是連文意脈絡都不管，但問題照問，就成了我小時候最喜歡的遊戲之一：Mad Libs[10]。

9 因此對我來說，電視上把髒話「嗶」掉實在毫無意義——要是克漏字挖掉的部分超明顯，你還挖掉它幹嘛？

10 譯註：這種填充遊戲只限制填入的詞類，所以往往笑果十足，例如：「＿＿＿（名詞）從＿＿＿（名詞）裡＿＿＿（動詞）出來了」，答案可以是「螳螂從草叢裡跳出來了」，也可以是「貞

230

○ 吵死人的地方都是克漏字題組

雖說SAT題本和Mad Libs遊戲都得坐下來用紙筆作答，口語版的克漏字測驗則無所不在，想避都避不開。這個世界一直吵吵鬧鬧的，我們也總得調高音量，蓋過蕭蕭風聲，蓋過對街工地聲，蓋過電話裡的雜音，蓋過對話時另一方的聲音（在此同時，他們也想蓋過我們的聲音）。有聲音的世界就是克漏字測驗。

也許你覺得我這樣講有點像蛋頭學究，但稍加思索，你會發現這種現象隨處可見。我和徐摩鐵摩鐵那位女士的對話不就是如此？我們的對話空白幾乎是一整句話，可是我居然還能填出答案。但也正因如此，我根本不認為那算人類互動。換個方式說：對於最刻骨銘心的第一次約會，對於我和朋友最深刻難忘的知性討論，我簡直無法想像那裡頭有多少空白需要填補——如果空白太多，我們根本無法聊得深入。

另外，你也可以想想在音樂吵死人的地方跟人說話的情形——在那些時候，我們不是經常得簡化用詞，抹去句子裡的個人色彩嗎？無論我們知不知道克漏字、夏農遊戲或資訊熵，在那些場合，我們憑直覺就知道什麼時候該怎麼做克漏字，也知道什麼時候該怎麼讓對方輕鬆解題。比方說，如果對方能清楚聽見我講的話，我也許會說：「快夾起尾巴落跑吧！」但要是噪音太大，我想我根本沒有這份奢侈（搞不好我朋友還會一頭霧水喊回來：「蛤？什麼阿魯巴？」）。在吵死人的地方發現苗頭不對，我應該只會大吼：「快閃！」

所以我百思不解：在我們社會裡，大家為什麼老愛在**吵翻天**的地方約會或聚會？[11]西雅圖有不少據說很棒的酒吧和夜店，但我和我朋友避之唯

子從電視裡爬出來了」。

11 令人意外的是，連把妹達人都不喜歡這種地方。謎男講過：「你第一次碰上個妞的地方未

恐不及，因為你一進門就看到人一小群一小群湊在一起，邊喝酒邊對著彼此吼叫，音樂震耳欲聾，他們喊得嗓子都啞了。我看著那幅光景，忍不住從羅布納大賽參賽者的角度思考這件事：在這種地方，圖靈測驗更難擋住機器。噪音有某種抑制人性的效果，這我可不喜歡。

○ 壓縮與損毀

　　壓縮分「無損」（lossless）和「有損」（lossy）兩種。「無損壓縮」代表過程中毫不妥協，解壓縮時能完整重建原貌，沒有錯漏或遺失細節的風險（ZIP檔就是這種例子，照片和檔案不會因壓縮過程損毀）。另一種壓縮叫「有損壓縮」，代表壓縮得付出代價，可能會失去某些資料或細節。舉例來說，你在網路上看到的圖像，大多都是高數位影像檔的有損壓縮；你電腦和iPod裡的MP3檔，解析度也比唱片公司的原始錄音檔小得太多。有損壓縮會在某種程度上「失真」。tkng ll f th vwls t f ths sntnc, fr xmpl, nd mkng t ll lwrcs, wld cnsttt lssy cmprssn[12]。雖然大多數的字都能還原，但模糊和歧義在所難免。例如「swim」、「swam」、「swum」依上述規則都會被壓縮為「swm」；「tk hk tdy」可能是「I took a hike today（我今天去健行）」，也可能是「Take a hike, toady（去健行吧！你個馬屁精。）」；「mk pzz」可能指「做披薩（make a pizza）」，也可能指「麥克‧皮耶薩（Mike Piazza）」。然而很多時候，**精準複製原件並沒有那麼重要**，為節省大量時間、空間、金錢及／或資源，我們可以退讓幾步，只要壓縮檔夠接近原樣就可以了（圖檔、音檔和影像檔大多如此）。

232

　　必理想……那裡可能音樂放得太大聲，弄得你沒辦法跟她好好聊上一聊。」

12 譯註：還原後是：taking all of the vowels out of this sentence, for example, and making it all lowercase, would constitute lossy compression.（比方說，把這句話的母音全部拿掉，每個字母都用小寫，就成了有損壓縮。）

○ 夏農熵就在你身上

要是你以為夏農遊戲評比文句的方法太抽象，應該只有電腦科學家和計算語言學家用得上，那麼以下事實應該能讓你眼睛一亮：夏農熵不只跟吟詩作對的格律有關，也跟說話時清晰咬字或連字吞音的模式有關[13]。所以，就算你以前從沒聽過夏農熵，你每次開口腦子裡都有這個東西，是它讓你不假思索就知道怎麼用它[14]。

此外，如果我們偵測讀者的眼球，觀察他們閱讀時的目光，記錄他們哪裡掃過、哪裡「定住」，也可以發現：他們卡住或重讀的地方，正好就是熵值較高的地方。愛丁堡大學的史考特‧麥堂納（Scott McDonald）和理查‧席爾寇克（Richard Shillcock）說：「字與字間的移轉機率（transitional probabilities），對凝視時間長短具有可測量的影響。」麻州大學和曼荷蓮學院（Mount Holyoke College）心理學家合組的研究團隊也說：「讀者較常掃讀他們預料中的文字（對於不在他們預料中的部分，他們較少掃讀），就算他們盯著預料中的文字緩讀，花的時間也比較少。」

正如研究者洛宏‧伊提（Laurent Itti）和皮耶‧巴迪（Pierre Baldi）所說：「驚奇最能解釋人在看哪裡……它是條易於計算的捷徑，指向值得注意之事。」換句話說，引導目光的是資訊熵，賦予每個段落祕密外觀的也是它。

---

13 舉例來說，以英語為母語的人講「And in an……」時，常把三個字連在一起攪成「Nini-nin……」（興奮時尤其如此），這就是有損壓縮。但有文法和句法規則相助，我們還是應付得了這種難度，不至於「解壓縮」成「and and an」或「an in in」，雖說解成後兩者也講得通。

14 我很難不注意到一件事：Shannon entropy（夏農熵）有十五個字元（譯按：空格也佔一字元），mouth有五個字元，但在這句話裡，它們的代名詞都只有兩個字母，而且還是同一個字——it比you更壓縮。

[10]

○ 壓縮痕跡

有損壓縮帶有所謂壓縮「痕跡」（artifacts），亦即壓縮過程損毀在資料上留下疤痕。壓縮痕跡的有趣之處在於：它們並非隨機出現的，位置有某種脈絡可循。以GIF和JPEG這兩個網路常見的基本影像檔為例，它們的痕跡各有特色：JPEG檔的痕跡有點像亂流或受熱扭曲，不是出現在色彩劃一之處，就是出現在顏色和調性區分鮮明之處；GIF的痕跡是同色系背景裡的色斑（謂之「混色」〔dithering〕），或是色彩以條狀緩緩滑向同色的兩個方向（謂之「色帶」〔color banding〕）。

「電腦鑑識學」研究者尼爾·克洛維茲（Neal Krawetz）曾以壓縮痕跡「辦案」，用「錯誤程度分析」（error level analysis）技術調查蓋達組織的影片，結果發現背景的元素經常是綠幕。他也用這個技術檢查時尚照片，發現平面設計師為模特兒修圖的方式五花八門。

在各種千奇百怪的痕跡裡，有種痕跡我們不知不覺便習以為常——累格。要是你用過龜速電腦放DVD，你應該會發現：凡是場景變換快速、或是鏡頭在同個場景中快速移動的時候，都是電腦最可能開始累格的時候（正因如此，鏡頭切換及／或鏡頭移動越多的影片，壓縮時遭受的損毀越重，音樂影片和動作片都是如此，挺諷刺的是，商業片也是如此。愛情片和情境喜劇則否，因為它們鏡頭切換較慢，經常是拍幾個主角站著不動講話，所以你在網路上用串流軟體看時，它們播放起來也較為順暢）。箇中意義是：這些鏡頭每秒所含的資訊一定比其他鏡頭多，例如比一個人在同個場景裡講話所含的資訊多。你下次玩高畫質電腦遊戲時，可以特別留意幀率（frame rate）突然下滑的時刻（幀率指的是電腦每秒在銀幕上播放多少更新畫面）。有些MP3檔會用「動態位元率編碼」（variable bit rate encoding）技術，其取樣頻率隨時依歌曲「複雜度」而變。一般說來，聲音檔比影像檔小得多，即使位元率暴增也聽不太出累格，但原理是一樣的。

234

在戲院裡看電影又是另一回事：戲院是用投影機以每秒廿四格畫面的速度放電影。換句話說：在短短一秒之中，大多數畫面不是一模一樣，就是只有些微不同。從某方面來看，這的確像是無端浪費資源，但這種浪費也帶來解脫：投影機和幻燈機根本不用管、也不必知道場景轉換得多激烈。電腦就不一樣了：它們得一邊接收網路上的串流資料，一邊設法從每個位元裡搾取資訊——電腦對變化敏感得很。

另一方面，因為我們看、聽、做的東西有太多是壓縮過的，我們對變化也十分敏感。我們以動態位元率編碼處理實況錄音，用動態幀率讓電腦模擬事件。讓我好奇的是：生命**本身**的熵是否也是不規則的呢？對於壓縮的研究，是否也能讓我們學到人生該怎麼過？

○ 有損壓縮與價值

無損壓縮的怪異特點之一是：有些東西的資訊熵高得匪夷所思，雜訊就是如此。原因其實並不複雜：雜訊之所以是雜訊，就是因為它們隨機出現，沒有模式可循，所以壓縮器毫無施力之處。因此無論是聲音雜訊或影像雜訊，它們的資訊熵都非常高——可是資訊的**含金量**（stakes）又非常低。於是這裡出現一個詭異的矛盾：我們既有一大堆資訊，但這些資訊又賤如糞土，怎麼會有這種事呢？

換成**有損壓縮**，情況就不一樣了。畢竟有損壓縮的品質終究要由肉眼和耳朵判斷，並不像無損壓縮那般精確和科學，只要壓縮後的品質仍在主觀上能接受的範圍，就可以盡量壓縮。前一段提到的「含金量」就是這個意思。舉例來說，要「準確」捕捉電視雜訊，我們只須大致掌握顏色種類和整體內容。由於雜訊幾近隨機，**無損壓縮**難如登天，**有損壓縮**則能壓至近乎無物。

有損壓縮籠統含糊得多，既主觀又不精確，兵荒馬亂有如戰場，但它俯拾即是，隨處可見。你每天接起老媽的電話，聽她問你最近過得如何，

她得到的答案都經過三次有損壓縮：先被電信公司壓縮一次，因為他們的網路頻寬有限，得刮掉一些原音忠實度才能接通更多電話；接著被你壓縮一次，因為你每天八小時的生活經驗將近三萬秒（60秒×60分×8小時），但你只能用幾百個音節交代完畢；最後，你的答案還會被媽媽的記憶壓縮一次，她很快會把大部分的音節忘掉，只儲存經她詮釋的濃縮簡明版。

所以，不只摘錄和引述是有損壓縮，**描述**也是有損壓縮。事實上，有損壓縮**就**是語言的本質，它既暴露語言的缺陷，也彰顯語言的價值。此外，它也再次說明了「不知所措」是藝術之要。

○ 壓縮與修辭技巧

借代（synecdoche）是以部分指涉整體的語言手法，例如「冠蓋雲集」的「冠蓋」代表達官貴人，「餵飽一家八口」的「口」代表人，「巾幗不讓鬚眉」的「巾幗」和「鬚眉」分別代表女人和男人。借代讓我們能變換詞句，把某個經驗最主要的部分保留下來。在以這種方式傳遞訊息時，我們也信任讀者有能力填補空白。深諳借代之道的作者就像熟悉標本的植物學家，雖然採集來的標本只是樹木的一小部分，但已足以讓他們一窺樹木的原貌。借代也像藍指海星，靠著斷腕就能長出新的身體。總之，借代是以部分還原整體。

236

詩人艾略特（T. S. Eliot）在1915年的名作〈艾弗瑞德・普魯弗洛克情歌〉（The Love Song of J. Alfred Prufrock）裡寫道：「我原該是雙粗壯的大螯／在平靜的海底飛奔」。看到「大螯」，我們能清楚想見螃蟹的整個身體。當然，如果他寫的是「我原該是隻粗壯的螃蟹」，我們也一定**知道**它身上有雙大螯，但那雙大螯就沒那麼顯眼，彷彿解析度不夠，有點模糊。與借代類似的修辭技巧還有三段論省略法（enthymemes），這種方法仍是以三段論鋪陳推理過程，但故意省去前提（假定前提人盡皆知），或略過結論（好讓聽眾自行推出結論）。以前者為例：「蘇格拉底是人，故蘇格拉

底必有一死。」略而不談明確無疑的前提「人皆有死」。在確信對話者能補回前提的情況下省略不提，除了能加快討論速度，也能避免贅言，不在十分明顯的事情上多打轉[15]。不點破結論則能製造戲劇效果，先把聽眾帶到特定方向，再讓他們自己得出結論：「好的，蘇格拉底是人，而人皆有一死，所以……？」有證據顯示：在法庭結辯和講課時用上這招，讓陪審團或學生自行得出結論或「破哏」，能使聽眾更深入思考你說的話，也能對他們產生更大影響（當然，前提是他們得出你所預設的結論，畢竟他們搞不好會冒出其他結論，像「原來屍體怕癢！」之類的，這叫做有損三段論省略法）。

猝然中斷法（aposiopesis）的情況也很接近。劇作家和編劇挺愛用這招，猝不及防發動突襲，把想法或對話突然打斷——

○ 評論即壓縮

我們也能把文學評論當作壓縮。文學作品都有銷售壓力，也都得通過評論這關。從某個角度來看，評論是作品的有損壓縮，有損毀作品本身之虞。關於藝術品的任何評論都在與藝術本身較勁。

大家經常批評一般人貪圖便利，只讀書摘、書評或相關介紹卻不好好讀書——拜託一下好不好？假如《安娜・卡列尼娜》（*Anna Karenina*）的資訊熵超低，低到用篇幅百分之一的書評就能講完它六成的內容，那是托爾

---

15 由於所有言語、陳述或對話都省略掉很多東西，所以只要是**講出來**的話，就代表它或多或少是沒那麼明顯的。因此，「顯然」或「當然」這種修飾語多少有點虛假，因為講出來的東西**一定**有特殊及／或令人驚訝的部分，否則根本**連講都不用講**（需要講的話必預設對方在某種程度上無知，這也說明何以說出很明顯的事不但沒效率，也經常惹人發火。但反過來說，保留太多話不講也有風險—夏農遊戲已顯出冗長囉唆的價值，有句俗話說得好：「老是假設我知道你想講什麼，到頭來是把我和你都搞得像白痴（when you assume you make an ass out of u and me）。」）

斯泰的問題，不是讀者的問題。讀者從生到死也只有約莫兩萬八千天，如果他們只想看看有損書評就繼續過日子，誰能怪他們呢？

觀念藝術（conceptual art）也是一樣：要是你**聽**轉述就能掌握杜象那個小便斗的精髓，又何必多花時間親自去**看**？觀念藝術也許是最能接受有損壓縮的藝術，但這是優點還是缺點就難說了。

○ 直曝核心 vs. 娓娓鋪陳

「直曝核心不囉唆」（Show, don't tell）是很多創意寫作坊的信念。為什麼呢？這樣講好了：直曝核心也是在運用資訊熵。如果我們拋出牙齒斷裂的意象，只要脈絡配合得當，就能引導讀者想起很久以前的童年受虐經驗，或是一整齣家庭暴力悲劇——甚至同時點出悲慘童年和家庭暴力，就像 C・D・萊特（C. D. Wright）那首驚悚的詩作〈巡〉（Tours）一樣[16]。反過來說，不論是**講述**一場家暴，或是**訴說**一個女孩帶著創傷成長，可能都不如那顆斷齒的意象令人印象深刻，難以忘懷。

雖說有人認為直曝核心比細細鋪陳重要，但也不該把這當成寫作鐵則，因為閱讀終究是**經驗**問題。有些時候，娓娓道來的資訊熵的確高過直曝核心。無論是寫作或演講，我們都不能墨守陳規，而應以閱聽人的經驗感受為上。

米蘭・昆德拉（Milan Kundera）便是深諳此道的作家。當他想在小說裡對讀者「講」些東西時，他不是費盡心思將它們置入情節，設法不落痕跡地讓角色代他說話，而是大剌剌地闖進故事開口講話（「就像我在第一部分說的……」）。多高明啊！這就像是街頭默劇藝人突然不再裝模作樣，開口說：「請注意，我現在表演的是被關在箱子裡。」

---

16 這首詩這樣開始：「女孩在樓上聽見她的父親／毆打她的母親」，結尾隱隱點出女孩和她媽媽都受了傷：「有人將她們的舌頭擠進原屬牙齒的位置」。

238

⊙ 熵與文學類型

作家大衛·席爾茲（David Shields）講過：「一本書一旦開始定型，對我來說便趣味全失，乏善可陳……我侷限在同一種類型會覺得腦子像一潭死水，像是腦袋罷工一樣，好像它在喊：『有夠無聊！我不幹了！』」類型文學或許能說是低熵值的同義詞。事實上，低熵值搞不好就是在講類型文學，它像是模式或原型，像是直直橫過夏農遊戲的老路。羅傑·伊伯特發現：動作片主角陷入槍林彈雨時，負傷的機會出乎尋常地低，遠遠低過被人用刀子暗算。看電影的人在潛意識裡也多半知道這點。藝術好像都是如此：整體來說，開頭越是貪心埋下太多伏筆，後續發展越是難以讓人驚訝——鋪的哏都破了，觀眾的腦袋當然會罷工。

也許你有發現，在我的夏農遊戲紀錄中，字詞開頭的熵值比後面要高。麥特·馬洪尼（Matt Mahoney）在佛州理工學院（Florida Institute of Technology）所做的研究顯示：用最強的文字壓縮軟體壓縮小說，小說後半部似乎總是壓得比前半部好。我在想：這是否代表熵可能是碎裂的呢？小說和電影的熵值起伏，是不是也跟字詞一樣？

再進一步想：人生是否也是如此呢？相對來說，嬰兒不是對環境更感困惑，小孩不是對世界更感好奇嗎？

安妮·迪拉德（Annie Dillard）在《美國童年》（*An American Childhood*）裡寫過，她小時候是這樣看待文學的：「其實赤裸裸的真相是：大多數的書都中途解體。主人翁就像白痴一樣表演高空跳水，一頭栽進盆子裡，毫無留戀地放棄人生裡最有趣的部分，心甘情願進入幾十年的無聊生活，然後整個故事就沒什麼好看了。這些書讓我早早覺悟，對成年生活沒什麼憧憬，反正日子無聊我就去海邊。」

我覺得我們的童話故事該負點責任，因為它們讓小孩過早體驗成年生活的存在焦慮。沒什麼事比「他們從此過著幸福快樂的日子」更乏味，

用資訊熵的方式說，這句話的意思就是：「在他們往後的人生裡，再也沒有有趣或值得一提的事。」換個方式講也可以：「從此以後，你完全可以想見他們四十、五十、六十歲的人生是什麼樣子，直到壽終正寢都沒什麼變化。」我覺得我這樣講並不過分：這些童話故事播下了離婚的種子。為什麼呢？因為結完婚之後就不知道該幹什麼了！這就好像當老闆的以為公司已被收購，好像演員發現自己脫稿演出，可是攝影機還轉個不停……對於聽西方童話故事長大的人來說，結完婚後也會有這種「呃……接下來要幹嘛？」的詭異感受，所以呢？「所以……欸……我想我們就繼續結婚吧？」

在全國公共廣播電台（NPR）的《美國生活》（*This American Life*）節目中，人夫艾瑞克‧海奧特（Eric Hayot）語帶哀怨地說：「沒人問過『你們怎麼相處？』倒是人人都問『你們怎麼認識的？』」那麼，他們夫妻倆是怎麼相處的呢？海奧特說：「相處是種挑戰，有它痛苦的地方，成天你進我退，你退我進，彼此克服，就是如此——可是這種事你不會到處講。」而當然，這種事你也不會到處問。就連這段節目也是以俗套收場，把重點放在海奧特和太太是怎麼認識的。所以，我們該怎麼學呢？

很少作品能全程維持熵值，但如果做得到，它們就像藝術傑作一樣震撼人心。奇士勞斯基（Krzysztof Kieślowski）的《白色情迷》（*Three Colors: White*）就是如此，這部片難以歸類，部分是喜劇，部分是悲劇，部分是政治電影，部分是推理故事，部分是愛情片，部分又毫無愛情。從頭到尾，你完全猜不到接下來的情節。這是最幽微的基進主義——它不挑戰極限或突破極限，而是將你推入五里雲霧，不知極限何處[17]。

240

---

17 普林斯頓大學翻譯與跨文化溝通計畫（Program in Translation and Intercultural Communication）主任大衛‧貝洛斯（David Bellos）認為，電腦可能比較容易翻譯「類型」清楚的書：「如果你刻薄一點看當代外國小說的某些類型（例如法國偷情豔史和家族財產恩怨），你會有種感覺：它們了無新意，一再重複同樣的公式。因此，如果掃描、上傳

侯世達在《哥德爾、埃舍爾與巴哈》中寫道：「也許藝術品最想傳達的是風格。」我認為在讀書或看電影的時候，我們比較關心的並不是「主角會不會死裡逃生？」而是「這是不是又是那種主角會死裡逃生的故事？」也許我們最在意的並不是未來（**接下來會發生什麼事？下一個是哪個字母？**），而是現在——或者說「完成進行式」：到現在為止正發生什麼事？我到現在為止猜出了什麼字？

241

○ 摘錄

我超愛看電影預告。要是你整晚閒閒沒事做，看預告片熵值最高，每段都能帶你通往新的世界。

「粗壯大螯」可以借代螃蟹，一如生平軼事可以借代人生。詩歌評論家往往直接援引原作點評，小說評論家則偏好概述情節，給讀者一份有損「縮圖」，讓他們對書的內容多少有個底。這兩種有損壓縮各有千秋，也各有其壓縮痕跡。你不妨自己做個實驗：挑個週末問你朋友：「你這禮拜在幹什麼啊？」換個週末再問他們：「隨便跟我講講這禮拜發生的哪件事吧。」看看哪種壓縮方法的實驗效果更好。

熵跟硬碟空間和頻寬不一樣，它並不完全不涉情緒。資料傳輸是溝通，驚異是經驗。在硬碟**大小**和能力間近乎矛盾的地帶是資訊熵，在生命**長短**和能力之間的地帶，是你的人生。

○ 提問之熵

熵的意義是：如果我們向朋友、同事或師父提出的問題，是我們**最不**

的譯本和原文本夠多，Google 翻譯再遇到類型相同的故事，就能把翻譯模仿得惟妙惟肖……可是碰上真正有新意的書，統計式的機械翻譯一點辦法也沒有——這些書也才真正值得翻譯。」

確定對方會如何反應或回答的，我們能收穫最大。

○ 訪問之熵

熵的意義或許也能換個方式說：如果我們很想了解一個人，就該提出我們最不確定他們會如何回答的**問題**。

我記得2007年9月11日的那場《歐普拉秀》，那一次的來賓是群在911事件中失去父母的孩子：

> 歐普拉：我真的很高興你們來參加這場紀念特輯。我想問大家：現在好過一點了嗎？有嗎？

她的確問了問題，可是問題本身就包含了答案（哪個人敢說「恩，有好一點」或「有慢慢變好」啊？）。這個問題設定出某種道德規範，假定正常人的悲痛不會消失——雖然證據顯示恰恰相反[18]。她擲的銅板兩面都是正面，我越看越不耐煩：

> 歐普拉：你們覺得自己成了911遺孤嗎？會有這種感覺嗎？當別人知道你們在那場悲劇中失去至親時，你們會覺得自己突然成了911遺孤嗎？夏麗莎，妳會有這種感覺嗎？
>
> 夏麗莎：會，我真的有這種感覺。
>
> 歐普拉：嗯，我想妳大概也聽我在節目上講過好幾次：雖然我自己認

---

18 可參考哥倫比亞大學臨床心理學家喬治・波南諾（George Bonanno）的論文：〈失落、創傷與人類復原能力：我們是否低估了人類經歷創痛後的恢復能力？〉（"Loss, Trauma, and Human Resilience: Have We Underestimated the Human Capacity to Thrive After Extremely Aversive Events?"）

識的人都沒有在911中喪生，但這些年來，我沒有一天不想起那天的事。節目開始時我說過：你們每天都背負著這件事過日子，放不下來，是不是？

艾琳：對。

請問這種問題還能怎麼答？首先，我由衷懷疑歐普拉女士真的每天想到911，六年來一天不停。其次，要是你一開始就把問題往特定方向導，哪能期待別人誠懇回答你呢？這些來賓並不是被詢問，而是被告知自己有何感受。

歐普拉：每年到了這個時候又特別難過，是不是？

克絲汀：對，每年這個時候最難熬。

我非常失望，乾脆轉台。反正就算把那些孩子的回答全部刪掉，這場訪問還是做得下去。

說句公道話：我讀過訪談稿之後，覺得歐普拉是有試著改變提問方式，那些孩子也慢慢開始敞開心胸說話（而且光是讀訪談稿就讓我鼻酸），但我看節目時實在悶到不知從何說起，只覺得她問問題的方式有夠糟，很多問題都已預設答案。也許這個案例不適合拿來評論，畢竟來賓是群年輕、悲傷又緊張的孩子，搞不好這種問法比較能讓他們放鬆，搞不好這種訪談就該這樣提問。可是換作別的情境，這種問法只顯得提問者沒興趣了解對方，因為問題的答案都不難預料。身為觀眾，我覺得自己了解這些孩子的能力被綁住了——歐普拉應該也是一樣。所以我才不禁會想：她真想知道這些孩子的真正感受嗎？

我們一提到訪問，想到的都是很正式的場面，脫不了某種打量、議論或評頭論足。可是就字源來說，「interview」這個字的意思是「交流觀點」

（reciprocal seeing），這不就是所有有意義的對話的目標嗎？

讀《禪與摩托車維修的藝術》時，有段話令我心頭一震。羅伯·波西格說：「『有什麼新鮮事？』（What's new?）很能勾起興趣，廣度很夠，總能帶起更多話題，但要是窮追不捨，最後只會得到沒完沒了的瑣事、堆砌如山的過眼雲煙，讓最近發生的小事淤塞對談。我自己比較希望對方問我：『近來最棒的是哪件事？』（What is best?）這個問題能加深深度而非擴大廣度，把下游的淤積物清走。」我讀完恍然大悟：原來連最基本的對話都能細究至此，而且可以加以改進。資訊熵指點了方向。

不過幾個月前，我也掉入不斷搜尋新鮮事的陷阱，想到波西格這段話讓我逃出生天。我那時百無聊賴地在網上遊蕩，偏偏沒有半則有趣的新聞，臉書上也沒有好玩的東西，我越逛越頹廢，越逛越鬱悶……奇怪，這個世界本來挺有趣的啊，什麼時候變得這麼悶呢？——突然，我像頓悟般地意識到早就知道的事實：這世上令人興奮、詫異和驚艷的事，大多不是過去廿四小時發生的。我怎麼連這麼簡單的事都忘了呢？（歌德曰：「無三千年閱歷之人，見識只及溫飽。」）這明明很明顯也很重要，但網路就有本事讓全人類忘了這點。無論如何，我跑去讀讀梭羅和濟慈，心情好多了。

個人領域也是如此。千萬別以為用「還有什麼新鮮事呢？」都聊不下去，你跟對方就沒有話題可談，只能乾瞪眼了。從你們上次聊天到現在也許隔了一段時日，但對方的事你不知道的還多的是，它們絕大多數不是在你們上次聊天之後才發生的。

不論是快速約會、政治辯論、晚餐聊天或打電話回家，我覺得資訊熵都能適用。各種問題就像均勻分布一樣又寬又平又廣，從各式各樣的小小驚奇裡，我們逐漸認識一個人。注意每個問題能帶來多少驚奇，能讓我們越來越會聊天。

幽默問候熵值不高，它們帶有太多預設，所以變得不再像是熱情的探

244

問，反倒像是儀式。儀式當然有其價值，我完全沒有輕視它的意思。可是，如果我們真想深入了解一個人，就得設法讓他們講出我們意想不到的句子[19]。

○ 藍波－立夫演算法；嬰兒腦；「字」的再定義

很多壓縮過程是把常湊在一起的位元當成個別單元（其中最有名的是藍波－立夫演算法〔Lempel-Ziv algorithm〕），稱作「字」（word）。我想說的是：這個名稱其實比表面上看來更有深意。

當代認知科學家普遍認為：嬰兒學習母語字詞的方式，是憑直覺記住在統計上最常一起出現的聲音。我在前面講過，夏農遊戲值在字詞開頭的幾個字母最高，後面幾個字母較低，這表示：字詞之中的字母或音節配對的熵值，明顯低於字詞與字詞之間類似配對的熵值。這或許是嬰兒學英語的最初立足點，藉由這種方式，他們開始把父母的聲流（sound streams）分成個別獨立的部分——也就是「字」，辨識出字之後，就能進一步將字排列組合。嬰兒認識資訊熵比認識自己的名字更早。事實上，他們是透過資訊熵才認識自己的名字。容我提醒大家：口語是沒有停頓或間隔的（我第一次看到聲壓口語示意圖〔sound-pressure diagram of speech〕時嚇呆了：字與字之間沒有停頓，完全沒有停頓），在人類史上大多數時間，書面文字也沒有間隔（空格到七世紀才出現，原因是中世紀愛爾蘭修士拉丁文不太行，不把字斷開簡直要他們的命）。夏農熵的這種升降模式（很巧的是，這也是音符在色譜儀上的樣子），這種逐漸下滑的斜面，或許比任何跟空白鍵有關的東西更接近「字」的本質[20]。

---

19 參加羅布納大賽時，每當（我覺得）我知道評審正在打些什麼，我就會趕忙搶答，這種時刻還為數不少。這代表夏農遊戲熵可能與（鮮為人知的）「不請自來學」（science of barge-in）有關：如何接口講完對方的句子和何時接口之間，是有所關連的。

20「你知道嗎？要是我們講的是完全壓縮過的語言，那還真沒人能學會英文。」布朗大學電

藍波－立夫壓縮法不只在語言**學習**裡看得到，在語言**演化**裡也看得到。從「bullpen」（牛棚）、「breadbox」（麵包箱）、「spacebar」（空白鍵）到「motherfucker」（機掰人），經常同時出現的一組詞常合為一字[21]（「永久複合字〔permanent compounds〕一開始通常是暫時複合字〔temporary compounds〕，但因為太常使用，所以後來變成永久複合字。同樣地，很多固定複合字〔solid compounds〕本來是分開的字，後來先以連字號連結，最後才變成固定複合詞。」[22]）即使這組詞融合的力道還不夠強，沒辦法擠掉兩個字間的空格，或是只能做到用連字號把兩個詞接起來，這股力道還是足以讓這組詞不受文法影響。有些從羅曼法語引入英語的詞就是如此，它們總是一起出現，所以原本不屬英語的倒裝語法也從未修正[23]，

247

腦科學與認知科學教授尤金・恰尼亞克（Eugene Charniak）說。同樣地，成人比較難一眼看出胡言亂語，因為每組字母串或音串多少都有**某種**意義。有句滿出名的鬼扯是「無色的綠色概念憤怒地睡覺」（Colorless green ideas sleep furiously），但乍看之下不覺有異，腦袋得轉一下子才知道它毫無意義。相對來說，我們一眼就能看出「meck pren plaphth」沒意義。為求簡短精練而極力壓縮的語言不會有這種分別。

壓縮至極的語言非常難學（如果真有人能學得會），而且**填字遊戲**也會跟著遭殃。克勞德・夏農講過：要是英文壓縮得更好（亦即字變得更短，幾乎每個有效字的字母數都跟「meck」、「pren」等等一樣少），填字遊戲的難度會大幅增加，因為如此一來，錯的答案就不會弄出無字可嵌的空間。有趣的是，換成壓縮程度不及英文的語言（亦即平均來說字更長，非字字母串〔non-word letter strings〕更多），也幾乎**設計**不出填字遊戲，因為你找不出夠多拼法能相互交錯得當的有效字。英文的熵值就填字遊戲來說近乎完美。

21 我這句話都以名詞為例，純粹是因為我覺得這樣讀起來比較順口，請別因此認為這個過程只發生在（不算常見的）名詞上，而不會出現在日日可見的（everyday）形容詞和副詞上。我衷心希望你再也不會（anymore）有這種誤解，因為這過程可能發生於每一件事（everything）和任何一件事（anything）。（譯按：作者為凸顯複合字融合過程不僅限於名詞，刻意挑了形容詞everyday和副詞anymore兩字為例。）

22 引自《美國英文用語傳統手冊》（*The American Heritage Book of English Usage*）§8.（§這個符號既非字母也非標點，但熵值可能高達半句話，我用它時總覺得非常爽，使用神奇美妙的◇、|、¶、★和‡時也是如此）。

23 譯註：英語的形容詞置於名詞之前，以下幾個例子都採法語原貌，將形容詞置於名詞之後。

例如「attorney general」（檢察總長）、「body politic」（政治體）、「court martial」（軍事法庭）等。這些詞似乎是因為太常一起出現，所以大家不知不覺也不把它們當成兩個字，而把它們看作不可分割的單一詞彙——管它空格去死！

所以，語言學習有如藍波－立夫壓縮法，語言演化也像藍波－立夫壓縮法——等等，這種類比是不是牽強了點呢？我向布朗大學認知科學教授尤金·恰尼亞克請教這個問題，他說：「喔，這不只是**類比**而已，搞不好**實際上就是如此**。」

○ 夏農遊戲 vs. 手機打字：T9的霸權

我想可以這樣講：只要你有用手機寫過東西（沒用手機寫過東西的現代人恐怕已是稀有動物[24]），你就跟資訊熵交過手。用手機打字的時候，它是不是老是在猜你正在打什麼、接下來又要打些什麼呢？這段敘述是不是聽來有些熟悉？沒錯，手機正是在和你玩夏農遊戲。

換句話說，要是我們想隨身帶把量尺測量熵值（或者更進一步說：測量「文學」價值），我們手上已經有一個了：那就是你多常讓你的手機碰一鼻子灰，還有用手機寫東西得耗掉你多少時間。你花的時間越多，越常給手機硬釘子碰，你傳出去的簡訊就越有趣。

我算是挺依賴手機的文字預測功能（我每個月平均會傳五十封簡訊，現在還會用iPhone記下想法[25]），所以我也警覺到它具有潛在風險：資訊熵這玩意兒可能形成霸權。為什麼說「霸權」呢？因為你每次想打不是它預測的字，你都得**明確**拒絕它選的字，否則它會（自動）取代你打的字（至

24 我最近看到的統計說：全世界的手機訂購量已達46億支，而全世界人口也才68億而已。
25 據我所知，大衛馬修樂團的〈你和我〉（You and Me）是第一首用iPhone創作歌詞的單曲——這也許代表文字預測功能的影響不僅止於人際溝通，也擴及藝術創作。

248

少iPhone是如此）。iPhone自作主張改掉我打的字的時候，我通常滿感謝它的，因為那些多半是我誤觸鍵盤打錯的字，這項功能幫我校正錯誤，讓我打得更快也更順，不必多花精神注意拼字問題。可是這項便利有其陰險之處，我的前一支手機尤其如此——那支手機是以數字鍵選字母，用的是T9預測演算法。它會溫和（或不甚溫和）地慫恿、規勸、逼迫你使用原始測試組所用的語言（在演算法不會適應你的用語習慣時尤其如此——很多舊機型都是如此），結果就是：你開始不知不覺地改變自己的遣辭用句，被它牽著鼻子走。最後就像諾頓‧傑斯特（Norton Juster）《神奇收費亭》（*Phantom Tollbooth*）裡的超現實詞彙市場一樣，有些字變得超珍貴、超稀有、超價值不菲——這實在荒謬透頂！以這種方式對待語言簡直是要猴戲。我用電腦鍵盤在文字檔裡打字的時候，根本沒有文字預測這種功能，我拼錯的字不會自動校正，我想打什麼字都得老老實實打完，沒辦法打兩三個字母就由它代勞——不過我想寫什麼就寫什麼。沒了文字預測功能，我或許得多按幾次鍵，可是我和語言較罕見的用法之間也沒了絆腳石。我覺得划得來。

　　卡內基美隆大學（Carnegie Mellon）電腦科學家蓋伊‧布雷洛赫（Guy Blelloch）說：

　　也許有人不能接受有損文字壓縮，因為他們認為這種方式會改變字元，或是用臆測的方式把遺失的字元補回來。但請想像一下：如果有個系統是以更正式的方式改寫句子，或是用同義字代換掉某些字，好讓該檔案能壓縮得更好，這樣可以接受嗎？技術上來說這也是有損壓縮，因為文字變了；但另一方面，訊息的「意義」和清晰度或許仍可完整保留，甚至更加改善。

　　可是詩人佛洛斯特（Frost）也講過：「翻譯中流失的是詩。」這樣說來，

壓縮中流失的不也是詩嗎？

　　為語言劃出「標準」和「非標準」範圍必有某種程度的壓迫（大衛‧福斯特‧華萊士的〈權威與美式用語〉〔"Authority and American Usage"〕擲地有聲，點出出版字典的這種作用）。在我看來，不論是「標準」英文或其他重視同質性的次領域（例如「學術英文」、「特殊領域」英文、期刊寫作範例等等），總是半明確半陳腐（光是「標準」英文並非口語常態這件事，就足以說明它並不標準，足以證明背後有**某種霸權**在運作，即使那個霸權的出發點是好的，或者它根本沒意識到自己是霸權）。

　　不過在講者和作者的圈子**裡**，非正式用語往往沒人注意，更不會受到糾正——如果你身邊每個人都把「ain't」掛在嘴邊，那麼「ain't不是字」這種說法本身就很荒謬，完全不接地氣。另一方面，現代全球化世界也一直在變。如果美式英文稱霸網路，而英國搜尋引擎老是搜出一堆美國人寫的資料，那麼英國年經人只能認栽，非得被一長串沒有u的colors、flavors和neighbors騷擾，這是前幾代英國人不必忍受的折磨。微軟的Word檔何嘗不是如此？哪些字能納入Word檔的詞庫、哪些字不能，微軟裡的某個人或某些人輕輕鬆鬆就說了算，不費吹灰之力就能強迫全球用戶接受他們的詞彙認知[26]。以前從來也沒有這種事：不管是巴爾的摩的碼頭工人或休士頓的化學家，他們愛用什麼字就用什麼字，幹嘛要西雅圖的軟體工程師認證呢？誰理你們啊？可是現在不一樣了，特定團體的詞彙認知能干涉其他團體成員的溝通，把明明可理解也合乎標準的字標成錯字。但換個角度來看，這也表示只要你拼得出來，就能寫得出來（最後還能逼字典不再給這些字標紅線），軟體其實無法阻止我們打出自己想

---

26 舉例來說：雖然「ain't」這個字從18世紀起就一直用、用Google能搜出83,800,000筆結果、2008年副總統辯論時也用了這個字——它還是被微軟標成錯字。（譯按：「ain't」是「am／are／is／has／have not」的口語說法。）

打的字。

　　前提是你是用電腦而非手機打字。手機是文字預測功能的主場，用手
機打字很難不著它的道。有些時候，手機詞典沒有的字還真的打不出來。

　　如前所述，壓縮依賴於偏差，因為讓可預期的模式更容易出現，一定
會讓不可預期的模式更難出現。訂出消費者容易上手的「正常」語言，其
實無異於懲罰不想按「常理」說話的用戶（比方說：用打字機寫詩時，行
首、句首或「I」不大寫可能純粹是懶，也可能是作者有意為之的美學表現；
但寫詩的軟體要是有自動「校正」功能，這些地方不大寫的原因只可能是
後者）。

　　換句話說：手機越是好用，我們就越難表現自己。我想對所有頑抗拼
字校正、抵制文字預測、堅拒自動完成，力求寫出獨具風格、難以預料、
桀驁不馴而高熵值的文句的人說：**別讓它們把你變得平庸，奮戰到底！** 27

○ 壓縮與時間的概念

　　含有大量相對來說變化較少的資料的系統（可能是處理文件連續版
本的版本控制系統，也可能是處理影片連續影格的影片壓縮程式），即所
謂「增量壓縮」（delta compression）。增量壓縮不會每次都把資料的新副本
儲存下來，只儲存原初版本和連續變化的檔案，這些檔案稱作「delta檔」
或「diff檔」。影片壓縮有自己獨特的行話：增量壓縮叫「移動補償」（motion
compensation），全部存取的影格叫「關鍵影格」或「I影格」（I-frames，畫面
內編碼影格〔intra-coded frames〕），diff檔則稱為「P影格」（P-frames，預測影
格〔predictive frames〕）。

　　在影片壓縮中，增量壓縮的原理是：由於大多數影格與前一個影格具

27 2008年10月，超過兩萬人參與線上連署，成功要求蘋果公司讓用戶在下載新版iPhone
　韌體之後，自行選擇是否關閉自動校正功能。

有顯著的共同點（比方說：雖然主角的嘴巴和眉毛略有移動，但靜態背景完全沒變），所以並不需要（像I影格那樣）將整個畫面編碼，只需（以P影格）把上個影格和新影格間的diff檔編碼。整個場景結束時也可以用新的I影格，因為它與上一個影格毫無共同點，所以把所有diff檔編碼的時間就跟只編碼新畫面的時間一樣長（或更長）。影片編輯的熵值起落很接近夏農遊戲裡字的熵值起落。

影片壓縮和大多數的壓縮一樣，越不冗長就越脆弱。要是原初文件或關鍵影格受損，diff檔幾乎毫無用處，一切也跟著喪失。一般說來，錯誤或雜訊會待得更久。此外，要直接跳到使用移動補償的影片中段困難得多，原因在於：為了提供你想跳到的那個影格，解碼器必須前後搜尋，找出最接近的關鍵影格，準備好它，然後把那個影格和你想看的那個影格之間的所有變化都呈現出來。如果你在網路上看串流影片時曾心生疑惑：為什麼我只是想跳到後面點看，可是它表現得這麼爛啊？很大一部分的原因正在於此[28]。

如果主張增量壓縮改變了我們對**時間**的認識，是不是一下子跳太遠了呢？影片的每個影格一個一個往下擠，View-Master的幻燈片則一張一張往左移……時間的每個瞬間都被下一刻逐出現在，就像自動武器的槍膛不斷退出彈殼，然而，對於移動的這種譬喻並不適用於**壓縮影片**。在壓縮影片中，時間不再**經過**，未來也不是取代現在，而是**修改**現在、**塗抹**現在、**揉搓**現在。過去不是逝去時光的空彈鏈，而是一層又一層的重複塗寫，筆

---

28 有些藝術家還故意用壓縮痕跡和壓縮差錯當表現手法，這種視覺美學叫「資料衝撞」（demoshing）。從村田武的小眾藝術短片《怪獸電影》（*Monster Movie*），到納比勒‧埃爾德金（Nabil Elderkin）為肯伊‧威斯特（Kanye West）執導的大眾音樂MV〈歡迎心碎〉（Welcome to Heartbreak），都是將原本所謂「增量壓縮失敗」表現得出神入化。舉例來說，如果把一長串diff檔用在**錯**的I影格上，而地鐵站的牆開始怪異地扭曲、張開，有如肯伊‧威斯特的嘴巴，你覺得效果如何？

畫、色彩和形體交相堆疊，各式筆觸模糊隱現，有如每一代的建物將古代遺跡埋在腳下。從這種角度思考，影片似乎是向上積累，每一剎那薄如蟬翼，層層堆砌，直映眼簾。

○ Diff檔和行銷與個性

一部劇情片約有172,800個影格，電影海報只取用其中一個；到巴哈馬度假一個星期的經驗，在廣告單上只化為一個字；一本得花你12小時閱讀的新小說，在簡介上也許只用了三個形容詞。行銷或許是最終極的有損壓縮，它把完整的句子刪成關鍵字，讓我們用新的方式看待文法。我們要是特別注意行銷藝術的方式，一定能看出它的模式與I影格和P影格相近。只是在行銷的例子裡，這種模式是陳腔濫調加diff檔，或者說特定文類加diff檔。

只要藝術家開始耽溺某種風格及／或敘事傳統（他們往往如此），我們就能說他們的作品不過是diff檔。我們通常也沒什麼兩樣：你刻骨銘心的愛情故事常常是某部小說的變奏，就像＿＿與＿＿，初見時便天雷勾動＿＿，把一切＿＿拋在＿＿。

孩子是父母的diff檔，新歡是舊愛的diff檔，連美感都是美感的diff檔。但還是有那麼一些時刻，diff檔咚地一聲就消失了。

昆德拉寫道：

「我」的獨特性就深藏於一個人讓人無從想像之處。我們能想像的只有人人相同的部分，個體的「我」卻與人人共通之處不同，它讓人猜不透、摸不著，必須仔細發掘。

如果影片的兩個影格間的diff檔太大（這通常是編輯或剪輯所致），做個新的I影格往往會比列出所有差異容易。如果要用人類經驗做類比，

這就是你無法用「像＿＿和＿＿那樣」一語道盡的時候──diff檔已無能解釋你的感受，你非得陷入長考：「啊，我一下子形容不出來，一定得從頭講起……」、「我實在講不出來，你一定得當場看到……」──也許，真正崇高的經驗本該如此？

◯ Diff檔與道德

湯瑪斯・傑佛遜（Thomas Jefferson）有奴隸，亞里斯多德歧視女性，可是我們還是覺得他們很有智慧、很了不起、給人啟發很大？為什麼呢？因為在擁奴社會裡擁奴、在歧視女性的社會裡歧視女性，熵值不高，沒辦法讓我們更了解一個人，所以在他們壓縮版的傳記裡，我們把這些略過不提。我們會更在意一個人完整、高熵值的特點，**較不追究他們低熵值的面向**。我們或許可以這樣講：整體而言，他們與身處環境之間的diff檔是很有智慧、很了不起的。我在想：能不能說這是壓縮的**道德向度**呢？

◯ 放入與抽出：熵的挑逗意味

侯世達講過：

我們不太會質疑錄音所含的資訊和原曲一樣，因為播放器能「解讀」錄音，把唱片上的溝紋轉換成聲音……所以，我們自然認為……解碼機制……只是把原本就在結構中等著被「抽出」（pull out）的資訊釋放出來。這讓我們以為每個結構都有些資訊**能**被抽出，也有些資訊**不能**被抽出。可是仔細想想：「抽出」到底是什麼意思呢？抽又有多難抽？有時你使出洪荒之力，還是只能從某些結構裡抽出非常難解的資訊。簡言之，「抽出」其實是十分複雜的過程，會讓你覺得放入的資訊比你抽出得多。

　　解碼器抽出與放入資訊之間的過程既奇特又模糊，就跟暗示和解讀之間的地帶一樣曖昧不清，這是藝術評論和文學翻譯大展身手之處，也是「挑逗」（Innuendo）這種壓縮技術左右逢源之處。這種壓縮技術相當有趣：模糊地帶中潛在的可否認性（deniability）越高，它就越能發揮。我覺得這裡頭頗有挑逗意味：**我不知道你（意圖）會停在哪裡，也不知道我（詮釋）會從哪裡開始**，從單純傾聽開始，我們最後跳起雙人舞。

○ 人類（只）是播放器嗎？

　　我們來看個例子：要評判壓縮後的MP3音檔夠不夠好，部分要看它保留住多少未經壓縮的原始資料，另一部分得看MP3播放器（通常也是解壓縮程式）猜得多準，是否能為沒保留住的部分添加價值。要討論某個**檔案**的品質，就一定得把它和播放器的關係列入考量。

　　同理，電腦科學界只要舉辦壓縮比賽，一定會要求參賽者把解壓縮程式的大小加進壓縮檔裡。否則那不叫壓縮，而叫玩點唱機──「嘿！你看看你看看，我把馬勒第二號交響曲壓成兩個位元組而已耶！──『A7』！按下去聽看看吧！」這根本不是壓縮音樂，只是把樂曲灌進解壓縮程式而已。

255

　　人類就不太一樣了，我們的「解壓縮器」大小固定──大約一千億個神經元。沒錯，確實很大，所以我們當然應該善加運用。讀書就好好讀，何必像雷射掃描光碟那樣疏離冷漠呢？在接觸藝術、世界和其他人時，且讓我們卯足全力，用盡「人類」這個播放器的一切強項──唯有如此，我們才算完整發揮出人性。

　　我覺得大家之所以認為小說的「資訊量」大於電影，是因為小說留給讀者的想像空間比電影畫面多。舉例來說，講到其中幾個角色在「吃蛋」，我們讀者必須自己想像餐盤、銀器、桌子、椅子、長柄煎鍋、鍋鏟……等等，而當然，每個讀者心中的鍋鏟都不太一樣。可是電影不是如此，整幅

景象定死了：就是**這種鍋鏟**，就這種。這些細節需要詳細的視覺資料（因此影片檔比文字檔大得多），但這些資料往往不甚重要（因此小說所需的**經驗**還是複雜得多）。

對我來說，這相當有力地說明**文學**的價值與潛力。電影對播放器的要求沒這麼高，而大多數人都同意：忙了一整天之後，你可能累到沒辦法讀書，卻不太可能累到沒辦法看電視或聽音樂。很少人發現電影能說明語言有多脆弱，請想想：在看有字幕的外國影片時，需要翻譯的**只有語言**，畫面或聲音對你來說完全是「能理解的」。就算沒有「**翻譯**」，我們仍能享受、甚至欣賞外國歌曲、影片和雕塑；但其他文化的書籍處處是「哏」，即使是讀譯本也有重重關卡。比方說讀日本小說，如果你沒有在日本生活的經驗，讀的時候一定會有很多空白。這些事例在在指出：語言其實與**個人經**驗息息相關。電影和音樂的力量很大一部分來自於普遍性，但另一方面，語言頑強的非普遍性顯出了另一種力量。

○ 追求無法想像的

昆德拉：

做愛不就是永遠重複同一樁事嗎？一點也不，因為每次總有一小部分無法想像。當男人看到女人穿著衣服，他或多或少會去想像她一身赤裸的樣子……可是不論他想得多仔細，在遐想和現實間總有一小段想像不出的落差，讓他心癢難耐的正是這一小段間隙。因此，即使已親見她的裸身，他還是會繼續追求那無從想像的空白，任渴望繼續馳騁：她沒穿衣服時會有什麼舉止？做愛時她會說什麼話？她會嬌喘出聲嗎？高潮時臉會怎麼皺？……他迷戀這個女子，迷戀每一個無從想像的部分……所以，這並不是耽求欲樂的渴望（欲樂只是附加的紅利而已），而是渴望佔有世界。

　　所以，追求那無法想像的（或者說「資訊意志」），正好給尋芳獵豔提供了理據？正好說明廣度比深度重要？我看有點牽強。不過，我還是認為這提醒了我們：持久的愛是動態的，不是靜止的；是恆久**進行**，不是恆久**停駐**；這條河你日日濯足其中，卻不曾涉入它兩次。我們必須勇敢尋找做自己的新方法，不斷開闢新路，發掘自己和最親的人無從想像的面向。

　　出生後前幾個月，我們隨時處在目瞪口呆的狀態，然後日子就像電影或詞彙一樣，熵值越來越低，從不可思議到可以思議到熟悉再到無趣（當然，這個過程不是沒有例外）。但我認為：只要我們有所警覺，並不是完全沒有對治之道[29]。也許我們該把目標定為了解世界而非佔有世界，設法捕捉它在渾沌複雜之中隱現的靈光。

　　我最近恍然大悟：至高無上的倫理使命是好奇，最大的敬意與狂喜都在其中。我爸媽跟我講過：我小時候有幾個月很愛問問題，從早到晚指東指西問個沒完——「這是什麼！」「ㄓㄨㄛㄧㄅㄨㄟ」「那是什麼！」「ㄘㄌㄧㄧㄣ」「這是什麼！」「ㄍㄨㄟㄟㄧㄕˊ」「那是什麼！」「ㄏㄨㄚㄧㄙㄥㄧㄧㄤˋ」「這是什麼！」……願神祝福他們！他們總是馬上回答我的每一個問題，而且盡可能和我表現得一樣興奮，不論我多聒噪，他們從不叫我閉嘴，也從不來個相應不理。我小時候還幹過另一件事：先是收集路上不太一樣的樹枝，後來有個禮拜是囤積我撿到的**每一根**樹枝。我怎麼會好奇到那種地步呢？換個方式來問：我們該怎麼讓人生的位元率維持不墜？

　　海瑟・麥修（Heather McHugh）：「我們不在意詩人好不好看，我們在意的是他們**怎麼看**。」

257

---

29 就拿提摩西・費里斯當例子吧：「我的學習曲線現在陡得不像話，但我打算好了：只要它進入高原期，我就要消失到克羅埃西亞幾個月，或是找些其他事來做。」雖然不是每個人都能隨心所欲消失到克羅埃西亞，但夏農遊戲或許指點了方向：只要問對問題，就能逃出無趣的網羅。

弗瑞斯特・甘德（Forrest Gander）：「最好的做法或許是讓自己卸下防備。不斷抹去習慣，改變看待事物的方式，打消各種期待，不讓這些東西裹住自己。把**尋常日子**的蒼蠅掃下桌布，凝神留心。」

⭘ 英文的熵值

如果夠多人玩夏農遊戲，也累積出夠多文字內容，夏農遊戲便能讓我們測量出書面英文的熵值。拋硬幣的例子告訴我們：壓縮有賴於可能性。因此，講英文的人預測文字內容的能力，也與那段文字多能被壓縮息息相關。

壓縮程式多半是運用二進位層次的模式匹配——說穿了就是尋找加取代，把檔案裡長的數位串掉換成短的數位串，建立出某種「字典」，讓解壓縮程式知道怎麼把長的數位串在什麼地方換回來。這種方法的美妙之處是壓縮程式只注意二進位即可，演算法的運作方式基本上和壓縮聲音、文字、影片和靜態畫面並無二致，甚至與壓縮電腦編碼本身一模一樣。不過，講英文的人玩夏農遊戲時，有些變因複雜得多：從拼字、文法、語音到風格，影響玩家猜測的因素非常多，有些還相當抽象。理想的壓縮演算法會知道形容詞通常在名詞之前，還有拼字之中有些常見模式（「qu」就是個好例子，這兩個字母實在太常連在一起，有些拼字遊戲乾脆把它們擺進同一個格），凡此種種，都降低了英文的熵值。此外，理想的解壓縮程式也會知道「珍珠般的」（pearlescent）和「哥兒們」（dudes）幾乎不可能出現在同一句[30]，還有一個字的句子聽起來太唐突（不論那是什麼字），話不太可能那樣講。理想的解壓縮程式甚至可能知道21世紀的文章比19世紀的更常使用短句。

看到這裡你也許會想：好吧，英文的熵值到底是多少呢？這樣講好

---

30 雖然這句話本身就是例外——或許是唯一的例外。

了：如果我們光從理論來看，把26個大寫字母加上空白鍵，變成27個字元，那麼每個字元**不壓縮時**約佔4.75位元[31]。不過，夏農在1951年的論文〈預測與書面英文之熵〉（"Prediction and Entropy of Printed English"）裡指出：從以英文為母語者玩夏農遊戲的結果來看，字母的平均熵值差不多在0.6到1.3位元之間。也就是說，讀者平均有**一半**的時間能猜對下一個字母（從作者的角度來看，則如夏農所說：「寫英文時，我們能自由選擇的只有一半，另一半是由語言結構決定。」）換言之，字母所含的資訊平均說來和擲硬幣一樣——1位元。

○ 熵與圖靈測驗

我們最後一次談談夏農遊戲。從克勞德·夏農開始，科學家們一直認為：想出玩夏農遊戲的最佳策略，就等於想出最佳英文壓縮法。他們認為這兩項挑戰極其相關，幾乎能當成同一件事。

現在的研究者進一步認為[32]：想出最佳英文壓縮法等於克服另一項AI大挑戰——通過圖靈測驗。

他們認為：如果電腦能把這個遊戲玩得得心應手，如果電腦有辦法漂亮壓縮英文，那就代表電腦已經夠了解英文，甚至能說電腦已經**懂得**英文。這時我們必須承認電腦有智慧——有人類意義的「智慧」。

如果電腦有人類的智慧，它甚至不必像傳統圖靈測驗那樣回應你的句子——它只需要把你的句子接完。

所以，每當你掏出手機動動手指打字（「欸我們七點見面吧」），你都是在舉辦自己的圖靈測驗，看電腦跟不跟得上我們。你用手機打字會不時覺得抓狂嗎？——「為什麼我要打 I'm，它老是給我改成 I'll！？」、「為什

---

31 ($\log_2 27 = 4.75$)

32 佛州理工學院的麥特·馬洪尼這樣想，布朗大學的尤金·恰尼亞克也這樣認為。

麼每次打『順』，它都給我自動加上『頌時祺』！？」——是的，不論是好是壞，這就是你對手機的裁決：**段數不夠，練好再來**。它準備的句子不適合你，也不適合手機另一端的人。

參考資料

222 Claude Shannon, "A Mathematical Theory of Communication," *Bell System Technical Journal* 27 (1948), pp. 379–423, 623–56.

223 average American teenager: Katie Hafner, "Texting May Be Taking a Toll," *New York Times*, May 25, 2009.

226 這兩種熵其實不無關係: For more information on the connections between Shannon (information) entropy and thermodynamic entropy, see, e.g., Edwin Jaynes, "Information Theory and Statistical Mechanics," *Physical Review* 106, no. 4, (May 1957), pp. 620–30; and Edwin Jaynes, "Information Theory and Statistical Mechanics II," *Physical Review* 108, no. 2 (October 1957), pp. 171–90.

228 Donald Barthelme, "Not-Knowing," in *Not-Knowing: The Essays and Interviews of Donald Barthelme*, edited by Kim Herzinger (New York: Random House, 1997).

229 Jonathan Safran Foer, *Extremely Loud and Incredibly Close* (Boston: Houghton Mifflin, 2005).

229 The cloze test comes originally from W. Taylor, "Cloze procedure: A New Tool for Measuring Readability," *Journalism Quarterly* 30 (1953), pp. 415–33.

231 *Mystery, The Mystery Method: How to Get Beautiful Women into Bed*, with Chris Odom (New York: St. Martin's, 2007).

232 Scott McDonald and Richard Shillcock, "Eye Movements Reveal the On-Line Computation of Lexical Probabilities During Reading," *Psychological Science* 14, no. 6, (November 2003), pp. 648–52.

232 Keith Rayner, Katherine Binder, Jane Ashby, and Alexander Pollatsek, "Eye Movement Control in Reading: Word Predictability Has Little Influence on Initial Landing Positions in Words" (emphasis mine, as they reference its effects on words). *Vision Research* 41, no. 7 (March 2001), pp. 943–54. For more on entropy's effect on reading, see Keith Rayner, "Eye Movements in Reading and Information Processing: 20 Years of Research," *Psychological Bulletin* 124, No. 3, (November 1998), pp. 372–422; Steven Frisson, Keith Rayner, and Martin J. Pickering, "Effects of Contextual Predictability and Transitional Probability on Eye Movements During Reading," *Journal of Experimental Psychology: Learning, Memory, and Cognition* 31, No. 5 (September 2005), pp. 862–77; Reinhold Kliegl, Ellen Grabner, Martin Rolfs, and Ralf Engbert, "Length, Frequency, and Predictability Effects of Words on Eye Movements in Reading," *European Journal of Cognitive Psychology* 16, nos. 1–2 (January–March 2004), pp. 262–84.

233 Laurent Itti and Pierre Baldi, "Bayesian Surprise Attracts Human Attention," *Vision*

Research 49, no. 10 (May 2009), pp. 1295–306. See also, Pierre Baldi and Laurent Itti, "Of Bits and Wows: A Bayesian Theory of Surprise with Applications to Attention," *Neural Networks* 23, no. 5 (June 2010), pp. 649–66; Linda Geddes, "Model of Surprise Has 'Wow' Factor Built In," *New Scientist*, January 2009; Emma Byrne, "Surprise Moves Eyes," Primary Visual Cortex, October 2008; T. Nathan Mundhenk, Wolfgang Einhäuser, and Laurent Itti, "Automatic Computation of an Image's Statistical Surprise Predicts Performance of Human Observers on a Natural Image Detection Task," *Vision Research* 49, no. 13 (June 2009), pp. 1620–37.

233 al Qaeda videos: In Kim Zetter, "Researcher's Analysis of al Qaeda Images Reveals Surprises," *Wired*, August 2, 2007.

233 fashion industry: Neal Krawetz, "Body by Victoria," *Secure Computing* blog, www.hackerfactor.com/blog/index.php?/archives/322-Body-By-Victoria.html.

236 T. S. Eliot, "The Love Song of J. Alfred Prufrock," *Poetry*, June 1915.

237 Marcel Duchamp, *Fountain* (1917).

238 C .D. Wright, "Tours," in *Steal Away* (Port Townsend, Wash.: Copper Canyon Press, 2002).

238 Milan Kundera, *The Unbearable Lightness of Being* (NewYork:Harper & Row, 1984).

238 David Shields, quoted in Bond Huberman, "I Could Go On Like This Forever," *City Arts*, July 1, 2008.

238 Roger Ebert, review of *Quantum of Solace*, November 12, 2008, at rogerebert.suntimes.com.

239 Matt Mahoney, "Text Compression as a Test for Artificial Intelligence," *Proceedings of the Sixteenth National Conference on Artificial Intelligence and the Eleventh Innovative Applications of Artificial Intelligence Conference* (Menlo Park, Calif.: American Association for Artificial Intelligence, 1999). See also Matt Mahoney, *Data Compression Explained* (San Jose, Calif.: Ocarina Networks, 2010), www.mattmahoney.net/dc/dce.html .

239 Annie Dillard, *An American Childhood* (New York: Harper & Row, 1987).

240 Eric Hayot, in "Somewhere Out There," episode 374 of *This American Life*, February 13, 2009.

240 *Three Colors: White*, directed by Krzysztof Kieślowski (Miramax, 1994).

240 David Bellos, "I, Translator," *New York Times*, March 20, 2010.

241 Douglas R. Hofstadter, *Gödel, Escher, Bach: An Eternal Golden Braid* (New York: Basic Books, 1979).

242 "Six Years Later: The Children of September 11," *The Oprah Winfrey Show*, September 11, 2007.

242 George Bonanno, "Loss, Trauma, and Human Resilience: Have We Underestimated the Human Capacity to Thrive After Extremely Adverse Events?" *American Psychologist* 59, no. 1 (January 2004), pp. 20–28. See also George Bonanno, *The Other Side of Sadness: What the New Science of Bereavement Tells Us About Life After Loss* (New York: Basic Books, 2009).

243 Robert Pirsig, *Zen and the Art of Motorcycle Maintenance* (New York: Morrow, 1974).

245 It's widely held: See, e.g., papers by the University of Edinburgh's Sharon Goldwater, Brown University's Mark Johnson, UC Berkeley's Thomas Griffiths, the University of Wisconsin's Jenny Saffran, the Moss Rehabilitation Research Institute's Dan Mirman, and the University of Pennsylvania's Daniel Swingley, among others.

246 Eugene Charniak, personal interview.

246 Shannon, "Mathematical Theory of Communication."

246 *The American Heritage Book of English Usage: A Practical and Authoritative Guide to Contemporary English* (Boston: Houghton Mifflin, 1996).

247 "attorney general": These three examples taken from Bill Bryson, *The Mother Tongue: English and How It Got That Way* (New York: Morrow, 1990).

247 Dave Matthews Band, "You and Me," *Big Whiskey and the GrooGrux King* (RCA, 2009).

248 Norton Juster, *The Phantom Tollbooth* (New York: Epstein & Carroll, 1961).

248 Guy Blelloch, "Introduction to Data Compression," manuscript, 2001.

249 David Foster Wallace, "Authority and American Usage," in *Consider the Lobster* (New York: Little, Brown, 2005).

251 Takeshi Murata, "Monster Movie" (2005).

251 Kanye West, "Welcome to Heartbreak," directed by Nabil Elderkin (2009).

252 Kundera, *Unbearable Lightness of Being*.

253 Hofstadter, *Gödel, Escher, Bach*.

256 Kundera, *Unbearable Lightness of Being*.

257 Timothy Ferriss, interview with Leon Ho, *Stepcase Lifehack*, June 1, 2007.

257 Heather McHugh, "In Ten Senses: Some Sentences About Art's Senses and Intents" (lecture, University of Washington, Solomon Katz Distinguished Lectures in the Humanities, December 4, 2003).

257 Forrest Gander, *As a Friend* (New York: New Directions, 2008).

258 Claude Shannon, "Prediction and Entropy of Printed English," *Bell System Technical Journal* 30, no. 1 (1951), pp. 50–64.

259 Shannon, "Mathematical Theory of Communication."

［11］ 結語：最人模人樣的人
Conclusion: The Most Human Human

　　2009年最人模人樣電腦獎得主是大衛・李維——沒錯，就是1997年設計出政治狂「凱瑟琳」而得獎的大衛・李維，同一個人。李維這傢伙挺精彩：他是1980年代首批投入電腦棋賽的要角之一；到了90年代，在卡斯帕洛夫和深藍對決之前，李維也參與籌劃西洋跳棋程式Chinook和馬里恩・汀斯雷（Marion Tinsley）對戰。李維除了開發程式之外也寫書，最近出了非虛構作品《與機器人的愛與性》（Love and Sex with Robots）。如果你想知道他在準備羅布納大賽之餘還想了些什麼，這本書是很好的參考。

　　李維起立接受大家的掌聲，從菲利浦・傑克森和休・羅布納手中接過獎座，接著發表一小段得獎感言，關於AI對創造美好未來如何重要、羅布納獎對AI研發又如何重要等等。我當然知道接下來要頒的是什麼獎，在菲利浦接回麥克風前那一秒，我的胃糾結翻騰——得獎的鐵定是道格，他跟那個加拿大評審從第三句就開始大聊冰上曲棍球！

　　我心裡忍不住開罵：去他的加拿大！去他的冰上曲棍球！然後我開始自怨自艾：布萊恩啊布萊恩，你居然跟這個蠢比賽認真，花了這麼多時間準備，還千里迢迢跑來比。為了跟人用即時通訊聊一小時，你居然專程飛了五千哩，好划算啊！接著我轉念一想：拿個亞軍或許也不是壞事，這樣我就能在這本書裡細細檢視對話記錄，把自己描繪得像身處劣勢，而非技不如人。我可以好好思考到底是哪裡出了問題，然後明年再來參加。明年比賽辦在洛杉磯，我有主場優勢，我可以好好利用文化相近之便，一舉

261

───

「在此同時，評審們也選出『最人模人樣』的人類，」菲利浦宣布：「如大家所見，是『一號參賽者』，也就是布萊恩‧克里斯汀。」

於是，他將最人模人樣人類獎頒給了我。

○ 對手；煉獄

老實說，我實在不知道該有什麼感覺。漫不經心一笑置之有點怪，畢竟我準備得非常認真，也自認這些努力有了回報。我發現自己很在意比賽結果，而且這項戰果不只屬於我，也屬於其他參賽者。所以，這個獎的確有其**意義**，不是吃飽太閒的耍寶小事。

但另一方面，我覺得把這個獎看得多了**不起**也一樣很怪──它認證我真的是人，這種感覺讓我既自豪又歉疚。自豪的是：「哈哈，看吧，我簡直是『人類』的完美樣本啊！有羅布納獎認證！」歉疚的是：要是我**當真**認為這個獎「有意義」，我該怎麼面對其他三位參賽者啊？會議接下來幾天，他們可是我唯一的朋友，但評審們評判他們比我**不像人**？這樣一來我們怎麼互動？（答案是：他們用這個大開我玩笑）

我最後放下了這個問題：與其說道格、戴夫和歐嘉是我的敵人，不如說他們是我的戰友。我們並肩作戰，一起漂亮逆轉人類在2008年的頹勢。在2008年，參賽者總共讓電腦程式奪得五票，還差點讓其中一個跨過三成信任門檻，創下通過圖靈測驗的歷史紀錄；我們這次則**一票都沒讓電腦拿走**。如果說機器在2008年只差臨門一腳，2009年則是澈底慘敗。

乍看之下，這次比賽有點讓人失望，簡直是反高潮。原因很多：首先，
262　2009年比賽回合較少，換言之，看電腦耍詐的機會不如以前多。其次，2008年羅布納獎得主Elbot這次沒有參賽。Elbot是人工解決方案公司（Artificial Solutions）的得意之作，該公司是研發聊天機器人技術的箇中翹楚，自信滿滿地宣稱他們能「以更低的價格為客戶提供更好的客服」。可是，在Elbot奪下羅布納獎威名遠播之後，該公司決定優先開發Elbot的

商業應用面向，不以衛冕者身份再次參賽。這的確令人扼腕：如果 Elbot 練功一年再次出山，原本可能可以把人類逼得更緊。

不過換個方式來看，這次的比賽結果還是讓人驚艷。為什麼呢？我們向來以為科學日新又新、永不懈怠也勢不能擋，要是有人預測明年出的 Mac 或筆電會比今年的更慢、更難用、更笨重、更昂貴，大家一定會笑掉大牙。即使在電腦已達人類等級的領域（例如下棋），我們還是認為它們一定會繼續進步，一路成長。我們之所以會有這種想法，也許是因為人類在這些領域的功力沒什麼變化，以前是如何，以後可能也是如何。可是我們對自己的對話本事太自滿、太有自信、太沾沾自喜，渾然不覺改善空間還有多大——

在一篇討論圖靈測驗的文章裡，羅布納獎共同創辦人羅伯・艾普斯坦寫道：「可以確定的是：雖然人類參賽者不會變得更聰明，電腦卻有這潛力。」我同意後半句，但完全不能接受前半句。

加里・卡斯帕洛夫講過：「運動員常說他們的努力動機是自我挑戰，是拚出一場最好的比賽，並沒有把對手放在心上。這句話是有實在之處，但我還是覺得不夠坦率。沒錯，每個人各有獲得動機、保持動機的方法，但運動員就是得樂在競爭，而競爭意味著打敗對手，不是自己表現完美就可以了……如果有人在後面緊追不捨，你一定會跑得更快、更努力進步……拿我自己來說，要是沒有卡爾波夫這個勁敵一路欺身窮追猛打，我可能也沒辦法充分發揮潛力。」

263

有人認為電腦前景一片大好，遲早會到達「奇點」（Singularity），讓世界變成某種天堂。《奇點臨近》的作者雷・庫茲威爾及其粉絲就是這樣想的，他們相信人類遲早會造出比自己更聰明的機器，這些機器又會造出比自己更聰明的機器，新機器又會造出超越自己的機器……這場青出於藍的接力賽將呈等比級數推進，造就出我們現在無從想像的超智慧。在他們看來，那就像科技版的狂喜時刻，而且這一天一定會到來。人類屆時就能將

意識上傳網路，即使肉身必朽，精神卻能在電子世界的來生裡千秋萬歲，永恆不滅。

另一種對電腦發展的想像則有如地獄：機器吞噬陽光，掃平城市，把人類浸在氧氣艙裡，永遠吸乾我們的溫度。

我的想法不太一樣。小時候在主日學時，我就覺得地獄這個概念極其離譜，天堂也超級無聊，兩個地方都靜如死水，沉悶得不可思議，輪迴似乎是比上天堂或下地獄都好的出路。對我來說，流動不居、變化萬千、永不停駐的現實世界有趣得多，也好玩得多。我雖然不是未來學家，但照我的想法，我更傾向認為：放長遠來看，AI的未來既非天堂、也非地獄，而更像某種煉獄——一個讓有缺點但好心腸的人淨化自己、試煉自己的地方，離開時可以變得比以前更好。

○ 如果人類輸了

至於2010、2011和往後幾年的羅布納大賽結果，我的預測是——

只要電腦奪下羅布納獎金牌（屆時金牌當然會由**純金**打造），羅布納獎就再也辦不下去。1996年，加里・卡斯帕洛夫與電腦首次交手，扎扎實實地贏過深藍，他和IBM立刻同意隔年再比一場。可是深藍在1997年擊敗卡斯帕洛夫之後（我得說：那是它走狗運），IBM對卡斯帕洛夫「來年再戰」的戰帖來個相應不理。他們忙不迭地拔掉深藍插頭、拆了它，連原本答應會公諸於世的資料都悄悄藏起[1]。你跟我一樣覺得哪裡怪怪的嗎？——怎麼會有重量級拳王自己叫停不比了呢？

由於科技演化比生物演化快得太多（後者需要千年，前者只需幾年），「電腦獲勝則羅布納獎終結」的寓意似乎是：**智人**一旦輸了，就再也無法

1　IBM終於在三年後把資料放上網，但格式不全不說，還偃旗息鼓像是見不得人似的，連卡斯帕洛夫都到2005年才發現它們的存在。

迎頭趕上。換句話說：**只要圖靈測驗被電腦攻破，便永遠淪陷**──老實說，我不吃這套。

IBM在97年比賽結束後那麼急著掛免戰牌，在我看來正說明他們沒自信繼續贏──他們是該擔心沒錯，因為事實就是人類才是地球霸主（好吧，就生物質、數量和棲息範圍來說，細菌才是地球霸主，但我想我們不用這麼嚴格），才是這顆行星上最能調適、最具彈性、最懂創新也學得最快的物種，我們才不會輸了一次便俯首稱臣。

不，絕不可能。在我看來：電腦首次通過圖靈測驗那年，百分之百會在歷史上留下一筆，但那絕對不是故事結局。我認為隔年的圖靈測驗才真正值得一看，因為那是我們人類還擊的時刻，是我們被置之死地之後的反攻時刻。我們那時會懂得怎麼當個**更好**的朋友、藝術家、老師、父母或情人。那是我們變得比以往更具人性的時刻，我們將**重返榮耀**。那才是我盼望躬逢其盛的時刻。

○ 如果人類贏了

如果人類沒輸，反倒是電腦一再慘敗，又會如何？容我最後一次引用卡斯帕洛夫的話：「勝利是往後勝利之敵。志得意滿是你最危險的敵人之一。不論在自己或對手身上，我都見識過沾沾自喜導致大意，然後或是鑄下大錯，或是讓機會消失……即使你已大禍臨頭，勝利會讓你誤以為一切都在掌控之中……在現實世界裡，你覺得什麼成果已如探囊取物之際，往往就是你把它拱手讓給更拚命的人之時。」

如果有哪件事是我覺得人類一錯再錯、從有歷史以來一直錯到現在的，那就是志得意滿，就是自命不凡。正因如此，我覺得偶爾傷風感冒有其好處，我們有時就是該被挫挫銳氣、栽個跟頭，被單細胞生物惡整幾天，免得以為自己高居演化頂峰。

馬失前蹄，然後檢討錯誤，或許能讓我們把世界變得更好。

265

　　也許最人模人樣人類獎不致讓人自以為是，畢竟「反方法」無法定型，所以也不能「因循」。因地制宜的哲學意味著：與每一個人在每一個場合的每一場新對話，都是以獨一無二的方式取勝的新契機——當然也是以獨一無二的方式敗陣的新契機。凡是得因地制宜之處，就沒有安安穩穩手到擒來的勝利。

　　不論你和什麼人談過話，不論對話裡有沒有火花，不論那是讚美還是批評，都不重要，重要的是你確實與人交流。

―――――――――

　　我走出布萊頓中心，稍稍享受海洋的空氣，走進一家別具特色的小鞋店，打算為我女友帶份禮物回去。店員注意到我的口音，我跟她說我從西雅圖來的，她剛好是油漬搖滾（grunge）迷，我問了一下店裡放的音樂，她說那是Florence + the Machine，我說我滿喜歡那首曲子，也跟她說她應該會喜歡妃絲特（Feist）……

　　我晃進一家叫假海龜（Mock Turtle）的英式下午茶館，點了份約莫等於英國版咖啡加甜甜圈的餐點，只不過一起送上來的還有十三件銀器和九個盤子。我不禁心想：天吶，真的好英國啊！鄰座是位大約八十多歲的老先生，顫巍巍地吃盤我從沒見過的點心。我好奇相詢，他說那叫「咖啡蛋白霜」（coffee meringue），接著也問起了我的口音。一小時後他已話匣大開，跟我談二次大戰、英國日益嚴重的種族偏見，還有《紙牌屋》（House of Cards）活脫脫是英國政治的寫照（除了謀殺那部分以外），不過我真該看看《英國刑警組》（Spooks），對了，你們那兒有播《英國刑警組》嗎？他問……

　　我和學生時代的老闆共進晚餐。我當了他研究助理幾年，跟他合寫過文章，一度想成為他的博士生，也曾有一年不太對盤。如今事過境遷，我

266

們聊起以前既是師生又是研究夥伴的關係，不知這段關係是已成雲煙，還是昇華成真正的友誼？我們點了開胃菜，聊起維基百科、湯瑪斯・貝斯（Thomas Bayes）、素食……

得了獎又如何？如果你曾出類拔萃，讓自己不只是無名小卒，那很好，但也僅止於此。現在，你得重新開始。

參考資料 ─────────────────────────────────────

260 David Levy, *Love and Sex with Robots* (New York: HarperCollins, 2007).

262 Robert Epstein, "My Date with a Robot," *Scientific American Mind*, June/July 2006.

262 Garry Kasparov, *How Life Imitates Chess* (New York: Bloomsbury, 2007).

263 Ray Kurzweil, *The Singularity Is Near: When Humans Transcend Biology* (New York: Viking, 2005).

264 bacteria rule the earth: See Stephen Jay Gould, *Full House: The Spread of Excellence from Plato to Darwin* (New York: Harmony Books 1996).

$\lceil 12 \rfloor$ 後記：玻璃櫥之美無可言喻

Epilogue: The Unsung Beauty of the Glassware Cabinet

○ 最像房間的房間：康乃爾盒

影像處理界也有個和圖靈測驗八分像的東西，叫「康乃爾盒」(Cornell box)。這玩意兒是個小小的房間模型，裡頭擺了兩個箱子，一面牆是紅的、一面牆是綠的，其他面是白的。它是康乃爾大學影像研究團隊在 1984 年研發的，由於研究者不斷給它添上新效果（反射、折射等），它也變得越來越精巧複雜。康乃爾盒的基本概念是：研究者實際做出這個房間，攝影，然後再將影像放上網，由影像處理團隊試著做出**虛擬**康乃爾盒，當然，成品越像真的越好。

這顯然帶出一些有趣的問題。

影像處理界的人並沒有把康乃爾盒當**競爭**項目，在他們洋洋得意秀出心血時，我們就姑且假設他們只是對成果滿意而已。當然了，他們是能用最陽春的方式掃瞄圖片，再用軟體把圖像原原本本地印出來，一個像素都不漏。可是這跟圖靈測驗一樣，光是靜態展示一點面子也沒有，所以他們無不絞盡腦汁，想方設法要讓軟體和評審有些「互動」，例如箱子能移來移去、牆面能改變顏色、某個箱子能反射光線……等等。

好，如果虛擬房間理應經得起**各種**視覺檢視，就像通過圖靈測驗的程式理應經得起各種語言考驗，我們接下來要問的問題是：哪一類光線最難處理？哪一些表面最難虛擬化？換個方式來問：我們該怎麼做出一個夠好的康乃爾盒，讓它能漂亮擊敗虛擬房間，拿下最像房間的房間獎？

　　強者我朋友戴文（Devon）在動畫電影圈工作，專精電腦成像（CGI，computer-generated imagery）。電影電腦成像是個有趣的領域，一方面得從現實世界搜集資料，另一方面又不見得能做出現實效果（可是戴文也說：「我們對於『什麼東西可信？』的接受範圍，其實比現實世界要寬得多。」）

　　電腦繪圖師看待世界的方式和一般人不同，他們特別注意的細節也和其他人不一樣。每種職業的人各有怪癖，拿我自己來說，因為我讀詩、學詩也寫詩，我總會想窺探作者的言外之意。於是，我有天看到報紙頭條寫著：UK Minister's Charm Offensive，不禁莞爾一笑。記者原意當然是把「offensive」當名詞，意在說明英相以魅力為手段展開外交布局。可是我就是忍不住把「offensive」當形容詞，把整句話讀成英相這次真的做作過頭，矯情得讓人下不了台[1]。我的軍人和警察朋友每次進屋，一定會先看看入口和出口各在哪裡；而我在消防隊工作的朋友，則是一進門就先找警鈴和滅火器。

　　好的，戴文兄，像你們做電腦繪圖的人，看世界時又有什麼特殊習慣呢？

　　「找邊邊角角──你到處看看，只要是人做的東西一定有邊邊角角，像建築啊、椅子啦，如果邊邊角角很明顯，事情就好辦多了。如果房間是亮的，我眼睛一定會往角落飄，看看那裡是太暗了呢，還是暗得恰到好處……還有各種東西的表面和不規則的地方，那可複雜得很啊！不規則的東西最難弄了，要用電腦做出不規則的東西簡直難到讓你想哭。你得精心調整規則和不規則的比例，甚至得為了質感之類的東西想破腦袋──但這只是最基本的工作而已！接下來你還得想一堆細節，例如光會怎麼反射呢？如果白牆旁邊有面紅牆，你就得想清楚白牆該映上紅光到什麼程度。

1　譯註：這句話依記者原意為「英相的魅力攻勢」，照作者的解讀則變為「英相的魅力引人不快」。

光是這種事就能把你整死。」

　　我是打電話問他這些事的，而當然，他在那頭邊講，我也在這頭邊看。接著我注意到了──光線在房間角落和邊邊角角反射的方式好奇怪啊！我像是第一次發現一樣（那應該是真的吧？我想）。我透過窗子望向天空，忍不住飄過一個念頭：我們不知有多少次看著天空，心想「要是這是電影場景，我會說特效做得真爛」？

> 若你想畫出一片
> 真實可信的天空
> 就必須銘記
> 它最重要的假象
> ──艾德瓦多．伍爾塔多（Eduardo Hurtado）

　　戴文最近的工作是畫出火箭噴射尾，做了之後他才發現這比他預料中更難。光是為了弄出零碎分布的效果，他就熬了不知多少夜。最後總算大功告成，電影公司也很滿意，他的心血結晶將會在大螢幕上露相。不過，一頭鑽進噴射尾是有代價的：他現在每次出門往天上看，要是剛好看到飛機的噴射尾，他總覺得……好像哪裡假假的？「我跟凝結尾纏鬥之後，每次出去散步還是做什麼事，只要看到飛機飛過，總不自覺地分析起凝結尾，開始思考它該怎麼變化……我好像隨時隨地都在質疑現實，就好像……就好像你盯著煙霧還是什麼東西看，然後腦子冒出一個念頭：不對，這太規則了，煙霧不會這麼規則……」

　　參加完羅布納大賽之後，我現在讀電郵、接電話也有這種感覺，連跟爸媽聯絡都不例外──我變得像聲盲史提夫．羅伊斯特一樣，總在等對方講出確切無疑的關鍵字，好確認真的是他們沒錯。

270

311

○ 玻璃櫥之美無可言喻

帶著好奇心求知，不僅能讓無趣的東西沒那麼無趣，也能讓有趣的東西更加有趣。我知道桃子的歷史之後，覺得它嘗起來特別香甜：它最早是由中國人在漢朝初年栽種，後來迦膩色伽王（King Kaniska）俘虜了一些中國人，讓桃子傳到印度，接著又從印度傳到波斯，然後在西元一世紀時傳到羅馬帝國。另外，我也是後來才知道杏子（apricot）的拉丁文字根和「早熟」（precocious）是同一個，因為杏子成熟得早。現在拼字前面之所以會多了個「a」，其實是字源學出錯，後來又以訛傳訛。知道原由之後，我也覺得杏子變得更加好吃。

——伯特蘭・羅素

電腦很難模擬所謂「焦散光影」（caustics），亦即反射、折射，以及水造成的扭曲。要做出光線透過紅酒杯映在桌上的紅暈，簡直會要電腦繪圖師的命。

反射和折射之所以是電腦繪圖的難題，是因為它們會交互影響，以致變化加乘。舉例來說，把兩面鏡子面對面擺著，瞬間便會映出無數影像。光速每秒大約30萬公里——這場乒乓球賽的速度可不是蓋的，絕大多數的演算法只能舉手投降。因此，程式設計師通常會設定好折射和反射的最大值，然後就此打住，不再反射，讓軟體直接把畫面送到我們眼前。

跟戴文講完電話之後，我走進廚房打開玻璃櫥——玻璃器皿的反射好美啊！我從沒發現它們如此璀璨動人，一時渾然忘我。我不禁盯著紅酒杯不放，這是真實生活、真實物理與真實光波的**精湛演出**。

玻璃櫥是電腦繪圖的夢魘。

戴文說遍地落葉的森林也是，裸體也比穿上衣服的身體更讓電腦繪圖師頭大，因為裸體有汗毛、有不規則的曲線，在色澤略微不均的皮膚下還

271

有半透明的血管。

我樂見如此。在理論、模型和近似值逼近真實仍敗下陣時，我額手稱慶。真實就是得用眼去看。啊！原來自然是這個樣子，原來實物看起來是**這個樣子**！我覺得這很重要，知道什麼無法模擬、什麼無從想像很重要，我們必須承認人力無法取代天工——然後去追尋真實。

現在，戴文只要出了工作室，每每對自然世界投以宗教般的注意力。我相信這能讓他的動畫功力更上一層樓，但這顯然也挑戰了他賴以為生的方法與目標。

「知道電腦繪圖做得到的其實不多，知道我自己其實能力有限，其實感覺不算太壞。那種感覺像是……**傻眼**。你懂我意思嗎？我是說，我千辛萬苦把東西生出來，讓一大票人為了一個**影格**等上十個鐘頭，結果它看起來還是不像真的！看起來還是不太對勁！？那種感覺就像……**靠**，我弄了那麼久，結果它看起來還是那麼假！砸了大筆鈔票在電腦特效上，它看起來還是不像真的，你說還能怎麼辦？」

戴文忍不住自己笑出來。

「那種感覺……還滿好的。忙了一整天之後，我總覺得周遭的東西看起來更複雜、更壯麗，這種感覺不壞，對吧？」

能知道該往**哪裡**尋找優美，又該怎麼辨別優美——

當然不壞。

參考資料

267 The idea of the Cornell box dates back to Cindy M. Goral, Kenneth E. Torrance, Donald P. Greenberg, and Bennett Battaile, "Modeling the Interaction of Light Between Diffuse Surfaces," *Computer Graphics* (SIGGRAPH Proceedings) 18, no. 3 (July 1984), pp. 213–22.

267 Devon Penney, personal interview.

269 Eduardo Hurtado, "Instrucciones para pintar el cielo" ("How to Paint the Sky"), translated by Mónica de la Torre, in *Connecting Lines: New Poetry from Mexico*, edited by Luis Cortés Bargalló and Forrest Gander (Louisville, Ky.: Sarabande Books, 2006).

270 Bertrand Russell, "In Praise of Idleness," in *In Praise of Idleness, and Other Essays* (New York: Norton, 1935).

致謝

Acknowledgements

牛頓大師有句名言（其實這是那時候的俗語）：「若說我能看得更遠，那是因為我站在巨人肩上。」容我從神經學角度照樣造句：若我有向軸突末端好好放出信號，都是拜我樹突上的人之賜（當然，不用多說的是：如果信號有雜音或錯誤，那是我的問題）。

與朋友和同事的諸多對話惠我良多，這些交流不但激發我的靈感，也為這本書帶入許多面向，尤其令我難忘的交談對象有理查‧肯尼、大衛‧席爾茲、湯姆‧葛瑞菲斯（Tom Griffiths）[1]、莎拉‧格林里孚（Sarah Greenleaf）、葛拉夫‧哈利（Graff Haley）、（François Briand）、葛瑞格‧簡森（Greg Jensen）、喬‧史維恩（Joe Swain）、梅根‧葛羅斯（Megan Groth）、麥特‧理查茲（Matt Richards）、艾蜜莉‧普達洛夫（Emily Pudalov）、希拉蕊‧迪克斯勒（Hillary Dixler）、布莉特霓‧丹尼森（Brittany Dennison）、李‧吉爾曼（Lee Gilman）、潔希卡‧戴伊（Jessica Day）、薩米爾‧夏里夫（Sameer Shariff）、琳希‧貝傑特（Lindsey Baggette）、亞歷克斯‧沃頓（Alex Walton）、艾瑞克‧伊格（Eric Eagle）、詹姆斯‧拉塞福（James Rutherford）、史黛芬妮‧西蒙斯（Stefanie Simons）、艾煦莉‧梅耶（Ashley Meyer）、唐‧克里敦（Don Creedon），以及戴文‧潘尼（Devon Penney）。

1　編註：作者克里斯汀後來與認知科學家湯姆‧葛瑞菲斯合寫了《決斷的演算》（*Algorithms to Live By: The Computer Science of Human Decisions*），這本書叫好叫座，獲得《麻省理工評論》選為年度最佳書籍，在亞馬遜書店則拿下電腦科學類銷售冠軍。

　　感謝各領域的研究者與專家傾囊相授，與我分享他們傑出的工作成果，不吝付出時間與我親自對談（或是以最接近「親自對談」的科技接受訪問），他們是尤金・恰尼亞克、梅莉莎・探查、邁可・馬丁內茲、史都華・席伯、戴夫・艾克利、大衛・薛夫、凱文・瓦維克、哈娃・席格曼、伯納德・瑞金斯特、休・羅布納、菲利浦・傑克森、夏隆・拉賓、艾倫・加翰（Alan Garnham）、約翰・卡洛（John Carroll）、羅洛・卡本特、（Mohan Embar）、西蒙・列文（Simon Laven），以及艾溫・范・盧（Erwin van Lun）。

　　感謝下列諸君與我通電子郵件、提供珍貴見解，並／或引導我深入重大研究：丹尼爾・丹尼特（Daniel Dennett）、諾姆・杭士基、賽門・利弗西奇（Simon Liversedge）、涵柔・布萊斯（Hazel Blythe）、丹・莫曼（Dan Mirman）、珍妮・薩弗蘭（Jenny Saffran）、賴瑞・格羅貝爾（Larry Grobel）、丹尼爾・史溫利（Daniel Swingley）、周莉娜（Lina Zhou）、羅貝托・卡米尼提、丹尼爾・吉伯特，以及麥特・馬洪尼。

　　感謝華盛頓大學圖書館及西雅圖公立圖書館，我欠你們太多——真的。

　　感謝葛拉夫・哈利、麥特・理查茲、凱瑟琳・殷布理悠（Catherine Imbriglio）、莎拉・格林里孚、藍迪・克里斯汀（Randy Christian）、貝琪・克里斯汀（Betsy Christian）及葛瑞格・簡森通讀初稿並提供建議，葛瑞格・簡森出力甚多，我深深感謝。

　　感謝《AGNI》的史文・勃克茲（Sven Birkerts）和比爾・皮爾斯（Bill Pierce）刊登〈高度驚異〉的早期版本：〈高度壓縮：資訊、親密感及生活中的熵〉（High Compression: Information, Intimacy, and the Entropy of Life），他們從編輯角度提出犀利觀點，也給了我莫大支持。

　　感謝我的經紀人，柴克瑞・舒斯特・哈姆斯沃斯公司（Zachary Shuster Harmsworth）的珍內・希爾佛（Janet Silver），謝謝她從一開始就對這個寫作計畫深具信心，自始至終不斷付出支持、智慧與熱情。

　　感謝我的編輯比爾・湯瑪斯（Bill Thomas）、梅莉莎・達納奇可（Melissa

Danaczko），以及雙日（Doubleday）出版團隊的其他成員，謝謝他們的專業眼光，讓這本書得以在他們的信心與心血中問世。

感謝以下機構提供獎助，讓我獲得可貴的經驗：佛蒙特州里普頓鎮（Ripton）的布雷德洛夫作家創作班（Bread Loaf Writers' Conference），紐約州薩拉托加泉市（Saratoga Springs）的雅朵藝術村（Yaddo），以及新罕布夏州彼得堡鎮（Peterborough）的麥道爾藝術村（MacDowell Colony）。這些地方對傑出作品極為敬重，空氣中瀰漫著神聖的氛圍，環境之好世所罕見。

感謝首府山（Capitol Hill）和沃林福德（Wallingford）的咖啡師，他們為我的西雅圖清晨接上液態電纜。

感謝我在奧斯本（Osborn）／柯爾曼（Coleman）的小窩，它們讓我寫出好作品。

感謝麥可・朗根（Michael Langan）為我畫了一幅很棒的畫像。

感謝菲利浦・傑克森讓我參加2009年羅布納大賽；感謝我的隊友戴夫・馬克斯（Dave Marks）、道格・彼得斯（Doug Peters）和歐嘉・馬諦羅湘（Olga Martirosian），我很榮幸能與他們一同代表人類。

感謝我的父母藍迪・克里斯汀和貝琪・克里斯汀，他們一路上無條件地為我付出。

感謝無與倫比的莎拉・格林里孚，她清晰的腦袋讓許多難題迎刃而解，她的勇氣和同情不但對本書貢獻良多，更讓它的作者改頭換面。

最後，感謝所有以言教、身教告訴我「何而為人」的人。

Focus 1WFO0008

人性較量
我們憑什麼勝過人工智慧？
THE MOST HUMAN HUMAN
What Artificial Intelligence Teaches Us About Being Alive

作　　者	布萊恩・克里斯汀（Brian Christian）
譯　　者	朱怡康
責任編輯	林慧雯
封面設計	蔡佳豪

編輯出版	行路／遠足文化事業股份有限公司
總 編 輯	林慧雯
社　　長	郭重興
發行人兼 出版總監	曾大福
發　　行	遠足文化事業股份有限公司　代表號：（02）2218-1417
	23141新北市新店區民權路108之4號8樓
	客服專線：0800-221-029　傳真：（02）8667-1065
	郵政劃撥帳號：19504465　戶名：遠足文化事業股份有限公司
	歡迎團體訂購，另有優惠，請洽業務部：（02）2218-1417分機1124、1135
法律顧問	華洋法律事務所　蘇文生律師

印　　製	韋懋實業有限公司
初版三刷	2020年1月
定　　價	460元

有著作權・翻印必究　　缺頁或破損請寄回更換

最新行路出版書籍相關訊息與意見流通，請加入Facebook粉絲頁
https://www.facebook.com/WalkPublishing

國家圖書館預行編目資料

人性較量：我們憑什麼勝過人工智慧？
布萊恩・克里斯汀（Brian Christian）作；朱怡康譯
一初版一新北市：行路出版：遠足文化發行，2018年5月
面；公分　（Focus；1WFO0008）
譯自：The Most Human Human: What Artificial
Intelligence Teaches Us About Being Alive
ISBN　978-986-94069-9-4（平裝）

1.哲學人類學
101.639　　　　　　　　　　　　107004607

This translation published by arrangement with
Doubleday, an imprint of Knopf Doubleday Group,
a division of Penguin Random House, LLC.

特別聲明：本書中的言論內容不代表本公司／
出版集團的立場及意見，由作者自行承擔文責。